Les basiques

Les basiques

HACHETTE
Pratique

Sommaire

Introduction

Vous me connaissez probablement, au moins par mère ou grand-mère interposée !

C'est dire que depuis pas mal d'années, j'essaie de « tenir la main » à des femmes, même à des jeunes hommes de nos jours, pour les aider à réussir la cuisine que j'aime, celle que vous aimez, car vous l'avez dégustée dans votre famille dès vos plus tendres années.

Les goûts évoluent, lentement il est vrai, mais il faut bien admettre que la cuisine « faite à la maison » s'en ressent. Elle n'est plus tout à fait celle de votre enfance.

Oui, la façon de se nourrir n'est plus tout à fait la même qu'il y a 30 ans, menus plus légers, moins construits, plats plus vite faits, peu de cuisine en semaine.

C'est pour cela que j'ai décidé de reprendre - sans les bouleverser - mes recettes basiques dont je suis fière et qui ont fait leurs preuves depuis longtemps : pour une cuisine simple, fiable et économique.

J'y ai apporté les modifications pour qu'elles s'adaptent à nos modes de vie, bien qu'elles soient peu évolutives, car elles sont à la base de la cuisine familiale.

La présentation a beaucoup d'importance. Et c'est là la raison d'être de mon nouveau livre *Les Basiques* : des illustrations pour la plupart des recettes, de celles qui vous font saliver, accompagnées bien sûr des explications de Françoise Bernard, toujours simplifiées, claires, précises…

À vous de jouer !

Françoise Bernard

Entrées

10 min

Œufs à la coque, œufs mollets

Difficulté ★ - **Coût** ★

Pour 4 personnes **Œufs, 4 ▪ Lamelles de pain ▪ Beurre ▪ Sel, poivre**

1 Mettez les œufs dans une casserole d'eau froide salée, sur feu moyen. Dès que l'eau bout à gros bouillons, retirez-les de l'eau. Vous obtiendrez des œufs au blanc encore laiteux.

2 Si vous préférez le blanc entièrement pris, laissez-les 1 min dans l'eau, hors du feu, avant de les retirer de la casserole.

3 Préparez des mouillettes avec les lamelles de pain et le beurre. Vous pouvez ainsi les tremper dans le jaune encore chaud. Poivrez à votre goût.

Mon avis

- *Pour éviter que la coquille ne se brise, sortez les œufs du réfrigérateur 10 min avant la cuisson et portez-les doucement à ébullition. Dans l'eau salée, les œufs se fêlent moins facilement.*
- *Un œuf à la coque « à point » est un œuf dont le blanc, seul, est pris. Le jaune doit être liquide mais chaud.*
- *Pour obtenir un œuf « mollet » (à mi-chemin entre l'œuf à la coque et l'œuf dur), il suffit de laisser l'œuf cuit à la coque 3 min supplémentaires, dans son eau de cuisson, une fois le feu éteint.*

Omelette

10 min

Difficulté ★ - **Coût** ★

Pour 4 personnes **Œufs, 7 ▪ Beurre, 25 g ▪ Huile, 1 cuil. à soupe ▪ Sel, poivre**

1 Dans un saladier, battez les œufs salés et poivrés.

2 Faites tiédir, dans la poêle, le beurre et l'huile. Incorporez-les aux œufs battus.

3 Remettez la poêle sur le feu (sans la laver). Lorsqu'elle est très chaude, versez-y les œufs, laissez-les prendre, sur feu assez vif, 3 à 4 min, en mélangeant plusieurs fois pour que l'omelette cuise à fond. Dès qu'elle est un peu sèche sur les bords, encore baveuse au centre, repliez-la et retournez-la sur un plat chaud.

Mon avis

- *Le plus simple est d'avoir une poêle antiadhésive pour cuire l'omelette. Sinon, utilisez une bonne poêle, bien épaisse. Tenez-la parfaitement propre, la plus petite parcelle d'aliment ou de croûte qui y resterait ferait immanquablement attacher l'omelette. Si, malgré tout, l'omelette a attaché, c'est que : les œufs battus ont été versés dans une poêle insuffisamment chaude ; la poêle avait déjà servi à une autre cuisson et avait été imparfaitement nettoyée et essuyée.*
- *Quelques variantes : omelette aux pommes de terre, aux champignons sautés, aux fines herbes, au lard, au jambon cru ou cuit, aux crevettes additionnées de crème fraîche...*

1 h

Quiche lorraine

Difficulté ★ - **Coût** ★

Pour 4 personnes
Pâte brisée **Farine, 150 g ▪ Beurre, 75 g ▪ Sel, 1/2 cuil. à café**
Garniture **Lard (ou jambon), 150 g ▪ Œufs, 3 ▪ Lait ou crème fraîche fluide, 2 verres ▪ Sel, poivre**

1 Pâte brisée : mélangez la farine, le sel et le beurre coupé en morceaux en pressant et frottant les paumes de vos mains l'une contre l'autre. Ajoutez 1/2 verre d'eau à cette pâte granuleuse. Pétrissez-la vivement. Mettez-la en boule. Écrasez-la avec la paume de la main. Remettez en boule. Répétez cela trois fois. Étendez la pâte au rouleau sur environ 3 mm d'épaisseur. Garnissez-en une tourtière de 18 à 20 cm de diamètre. Piquez le fond.

2 Préchauffez le four à 200 °C (th. 6-7). Coupez le lard en dés. Plongez-les dans de l'eau en train de bouillir. Dès que l'eau est revenue à ébullition, égouttez les lardons sur du papier absorbant et étalez-les dans la tourtière garnie de pâte.

3 Dans une terrine, battez ensemble les œufs, le lait ou la crème, du sel et du poivre. Versez sur les lardons. Enfournez puis modérez la température du four à 170 °C (th. 5-6) pour les 30 min de cuisson. Servez de préférence chaud au sortir du four, ou froid pour l'apéritif ou un pique-nique.

Mon avis

- *Vous pouvez utiliser une pâte brisée toute préparée, fraîche ou surgelée, vendue en grandes surfaces.*
- *Mes amies lorraines font leur quiche avec de la crème fraîche mais, par mesure d'économie, elles mélangent parfois du lait à la crème. Faites-vous votre opinion en essayant la recette avec ou sans crème. Moi, je suis pour la crème !*

30 min

Salade de coquillettes

Difficulté ★ - Coût ★

Pour 4 personnes **Coquillettes, 250 g ▪ Huile, 2 cuil. à soupe ▪ Quelques cornichons ▪ Olives vertes, 20 ▪ Quelques radis ▪ Petites tomates, 3 ▪ Œufs durs, 2 ▪ Fines herbes ▪ Sel ▪ Mayonnaise ▪ Jaune d'œuf, 1 ▪ Huile, 1/4 de l ▪ Moutarde forte, 1 cuil. à soupe ▪ Paprika, 1 cuil. à café ▪ Ketchup, 1 cuil. à café ▪ Vinaigre, 1 cuil. à café ▪ Sel, poivre**

1 Faites cuire les pâtes dans beaucoup d'eau bouillante salée. Égouttez-les aussitôt cuites et mélangez-les avec un peu d'huile (huile d'olive de préférence). Mettez au réfrigérateur pour activer le refroidissement.

2 Coupez les cornichons, les radis et les olives vertes dénoyautées en rondelles ; les tomates et les œufs durs en quartiers. Hachez les fines herbes.

3 Préparez une mayonnaise bien relevée et assez fluide. Au besoin, incorporez-y un peu d'eau froide, à la fin. Mélangez-la avec les coquillettes bien refroidies, les cornichons, radis, olives et fines herbes. Décorez la salade avec les quartiers d'œufs et de tomates.

Mon avis

Cette salade peut être enrichie de dés de jambon ou de blancs de poulet, de coquillages, crabe, crevettes ou langoustines.

20 min

Salade de poulet tandoori

Marinade : 1 h **Difficulté ★ - Coût ★**

Pour 4 personnes **Laitue, 1 ▪ Filets de poulet, 4 ▪ Pomme, 1 ▪ Yaourt, 1 ▪ Citron, 1 ▪ Huile, 1 cuil. à soupe ▪ Épice tandoori, 2 cuil. à soupe ▪ Sel**
Vinaigrette **Huile, 4 cuil. à soupe ▪ Vinaigre, 1/2 cuil. à soupe ▪ Moutarde forte, 1 cuil. à café ▪ Sel, poivre**

1 Épluchez, lavez la salade et égouttez-la avec soin. Coupez la pomme en minces lamelles et citronnez-les.

2 Préparez la vinaigrette dans un saladier. Vous en assaisonnerez la salade au dernier moment.

3 Coupez le poulet en lanières. Mettez dans un plat avec la poudre à tandoori, le jus du citron, du sel, du poivre, l'huile et le yaourt. Mélangez bien et laissez macérer au froid pendant 1 h.

4 Piquez le poulet sur des piques à brochette et faites cuire 10 min environ sous le gril en retournant de temps à autre. Servez sur la salade assaisonnée et agrémentée des pommes.

Mon avis

- *L'épice tandoori se trouve très facilement dans tous les supermarchés. On en trouve de la jaune ou de la rouge : préférez la rouge qui donne une couleur vraiment étonnante à cette salade.*
- *Ces brochettes se servent aussi à l'apéritif, seules ou avec d'autres brochettes d'inspiration exotique (satay, c'est-à-dire à la cacahuète, au citron...).*

Soupe à l'oignon

45 min

Difficulté ★ - Coût ★

Pour 4 personnes **Oignons, 3 gros ▪ Beurre, 60 g ▪ Farine, 20 g (1 cuil. à soupe rase) ▪ Pain de mie, 4 tranches ▪ Gruyère râpé, 50 g ▪ Sel, poivre**

1 Épluchez les oignons. Coupez-les en rondelles minces. Faites-les blondir doucement, avec 1 noix de beurre, dans une grande casserole.

2 Saupoudrez de farine et remuez avec une cuillère en bois jusqu'à ce que le mélange brunisse un peu. Ajoutez-y 1,5 l d'eau, du sel et du poivre. Laissez bouillir 20 min.

3 Coupez les tranches de pain en quatre. Faites-les dorer à la poêle avec 40 g de beurre. Égouttez le pain et mettez-le dans un poêlon ou une cocotte allant au feu. Allumez le gril du four.

4 Versez la soupe à l'oignon sur le pain. Parsemez de gruyère râpé. Faites gratiner quelques minutes sous le gril.

Mon avis

- *Pour éviter que les oignons n'attachent au fond de la casserole, ajoutez-leur – quand ils sont assez colorés – 1 ou 2 cuil. à soupe d'eau froide. Couvrez et laissez mijoter doucement.*
- *Vous pouvez mélanger 1 ou 2 verres de vin blanc sec à votre soupe à l'oignon ou même 1 verre à apéritif de porto.*
- *Pour gagner du temps, vous pouvez servir la soupe à l'oignon non gratinée. En guise de croûtons dorés, mettez tout bonnement des biscottes. Et si, bien que pressée, vous voulez une « gratinée », faites-la à partir d'un potage en sachet. Il ne vous restera que l'opération « gratin » à mener à bien.*

1 h

Bouchées à la reine

Difficulté ★ - **Coût** ★★★

Pour 4 personnes **Croûtes en pâte feuilletée, 4 ▪ Ris de veau, 500 g ▪ Beurre, 30 g ▪ Carotte, 1 petite ▪ Oignon, 1 ▪ Vin blanc sec, 1/2 verre ▪ Champignons de Paris, 100 g ▪ Citron, 1 ▪ Quenelles de volaille, 1 petite boîte (130 g) ▪ Thym, laurier ▪ Sel, poivre**

Sauce **Beurre, 25 g ▪ Farine, 25 g (1 cuil. à soupe rase) ▪ Jus de cuisson des champignons + jus de cuisson des ris de veau, 1 verre ▪ Muscade râpée, 1 pincée ▪ Sel, poivre**

1 Mettez les ris de veau 2 à 3 h dans de l'eau vinaigrée. Puis placez-les dans une casserole d'eau. Portez lentement à ébullition. Laissez bouillir 2 min. Passez-les sous l'eau froide. Égouttez-les. Retirez-en la graisse et les déchets. Coupez en dés la carotte et l'oignon. Faites-les sauter avec 20 g de beurre. Ajoutez-y les ris de veau, 1 grand verre d'eau, le vin blanc, du thym, du laurier, du sel et du poivre. Couvrez. Laissez cuire très doucement 20 min.

2 Pendant ce temps, ôtez le pied sableux des champignons. Lavez-les. Coupez-les en lamelles. Mettez-les dans une casserole avec 1 noix de beurre et 1 cuil. de jus de citron, du sel et du poivre. Couvrez-les tout juste d'eau. Laissez cuire 5 min.

3 Sauce : faites fondre, sur feu doux, le beurre. Ajoutez-y la farine. Délayez sur le feu quelques secondes jusqu'à ce que le mélange devienne mousseux. Ajoutez-y le jus. Mélangez jusqu'à épaississement. Laissez cuire à feu extrêmement doux pendant 8 min.

4 Mélangez la sauce, les ris de veau coupés en dés, les champignons, les quenelles et la muscade râpée. Maintenez au chaud au bain-marie.

5 10 min avant de servir, réchauffez les croûtes au four à 150 °C (th. 5). Remplissez-les ensuite de garniture. Remettez les chapeaux dessus. Servez aussitôt.

45 min

Soufflé au fromage

Difficulté ★★★ - **Coût** ★

Pour 4 personnes **Œufs, 3 ▪ Gruyère râpé, 75 g ▪ Beurre, 1 noix ▪ Sel**
Béchamel **Farine, 30 g ▪ Beurre, 30 g ▪ Lait, 25 cl ▪ Sel, poivre**

1 Béchamel épaisse : faites fondre le beurre sur feu doux. Ajoutez-y la farine. Délayez sur le feu quelques secondes jusqu'à ce que le mélange soit mousseux. Ajoutez-y d'un seul coup le lait froid. Salez et poivrez. Mélangez jusqu'à épaississement.

2 Préchauffez le four à 170 °C (th. 5-6). Beurrez un moule à soufflé. Cassez les œufs en séparant les jaunes des blancs. Ajoutez 1 pincée de sel à ces derniers. Battez-les en neige très ferme.

3 Ajoutez à la béchamel, hors du feu, le gruyère râpé, les 3 jaunes d'œufs puis, avec précaution, les blancs d'œufs battus. Versez dans le moule. Enfournez de 25 à 30 min.

Mon avis

- *Votre soufflé ne sera réussi que si les blancs en neige sont très fermes. Avant de les battre, ajoutez-y 1 pincée de sel : ils monteront mieux. Mais ne les brisez pas en les incorporant à la béchamel ; faites-le délicatement avec une cuillère et non un fouet.*
- *Pour que votre soufflé monte régulièrement, passez la lame d'un couteau entre le moule et l'appareil.*
- *Mettez le soufflé au four quand vos invités arrivent, pas avant, son temps de cuisson de 25 ou 30 min étant exact. Rappelez-vous qu'«un soufflé n'attend pas, ce sont les convives qui attendent».*
- *En ramequins individuels, les soufflés sont plus présentables et retombent beaucoup moins vite.*

Escargots bourguignonne

45 min

Difficulté ★ - **Coût** ★

Pour 4 personnes **Escargots (en boîte), 4 douzaines ▪ Vin blanc sec, 20 cl (1 verre) ▪ Coquilles vides, 4 douzaines**

Beurre d'escargots **Beurre, 250 g ▪ Ail, 1 gousse ▪ Échalote, 1 ▪ Vin blanc sec, 2 cuil. à soupe ▪ Persil ▪ Sel, 1 cuil. à café ▪ Poivre**

1 Le beurre d'escargots : hachez finement l'ail, l'échalote et le persil. Malaxez le beurre avec une cuillère en bois pour lui donner la consistance d'une crème. Incorporez-y le hachis, du sel, du poivre et 2 cuil. à soupe de vin blanc.

2 Les escargots : égouttez les escargots. Garnissez chaque coquille vide avec 1 noisette de farce, 1 escargot égoutté et, de nouveau, de la farce en tassant bien. Déposez-les au fur et à mesure dans des petits plats à alvéoles, spéciaux pour escargots. À défaut, des plats à œufs feront l'affaire.

3 La cuisson au four : 15 min avant le repas, allumez le four. Versez 2 cuil. de vin blanc dans chaque plat d'escargots. Mettez à four chaud (200 °C, th. 6-7) de 5 à 10 min, jusqu'au moment où la farce se met à bouillonner en moussant.

Mon avis

Si vous voulez que les escargots soient entièrement préparés et cuits à la maison, c'est très long. Faites-les d'abord jeûner plusieurs jours. Au moment de la préparation, mettez-les à dégorger 2 h dans beaucoup d'eau, avec sel et vinaigre.

Faites-les cuire ensuite 5 min à l'eau bouillante. Égouttez-les et sortez-les des coquilles. Coupez la partie noire du pied. Enfin la cuisson au court-bouillon, très aromatisée, est menée à petite ébullition pendant 3 ou 4 h. Voir plus haut pour la préparation finale.

Plats

1 h

Bouillabaisse

Difficulté ★★ - Coût ★★★

Pour 6 à 8 personnes **Poissons variés et très frais (rougets, vives, rascasses, lotte, congre, merlans, grondins), 2 kg ▪ Oignons, 3 ▪ Huile, 4 cuil. à soupe ▪ Tomates, 3 ▪ Fenouil, 1 petite branche ▪ Laurier, 1 feuille ▪ Sarriette (ou thym), 1 brin ▪ Écorce d'orange, 1 petit morceau ▪ Safran, 1 g ▪ Sel, poivre**

Sauce rouille **Mie de pain, la grosseur d'un œuf ▪ Lait tiède, 2 verres ▪ Gousses d'ail, 3 ou 4 ▪ Petits piments forts (frais ou secs), 1 ou 2 ▪ Huile, 12 cuil. à soupe ▪ Sel, poivre**

Garniture du bouillon **Pain, 24 tranches**

1 Videz et lavez rapidement les poissons. Coupez les plus gros en tronçons. Hachez les oignons. Pelez et coupez les tomates.

2 Dans une cocotte, faites chauffer doucement l'huile. Jetez-y les oignons hachés. Laissez-les cuire 5 min sans faire prendre couleur. Ajoutez les poissons. Secouez la cocotte pour bien les imprégner d'huile. Mettez alors les tomates, le fenouil, le laurier, la sarriette ou le thym, l'écorce d'orange, le safran, du sel et du poivre. Recouvrez le tout d'eau bouillante. Faites cuire à gros bouillons, sur feu vif et sans couvrir, de 15 à 20 min.

3 Sauce rouille : faites tremper la mie de pain dans un peu de lait tiède. Une fois imbibée, pressez-la bien. Écrasez au pilon les gousses d'ail et le piment. Ajoutez-y ensuite la mie de pain, puis incorporez l'huile, goutte à goutte. Salez et poivrez.

4 Mettez les tranches de pain dans une soupière. Versez le bouillon dessus. Servez les poissons à part, dans un plat creux et la rouille dans une saucière.

Mon avis

- *Vous pouvez employer du pain légèrement rassis ou grillé et le frotter d'ail.*
- *La bouillabaisse ne doit pas attendre. Servez-la aussitôt prête.*
- *Ceci est une des diverses recettes de bouillabaisse. Les uns y ajoutent des pommes de terre, les autres ôtent la tête des poissons – celle de la rascasse excepté – et préparent, à part, un bouillon de têtes de poissons, lequel sert à « mouiller » la bouillabaisse.*
- *Pour moi, j'y ajoute un filet de « pastis » : il remplace parfaitement le fenouil. C'est tout à fait dans la note méridionale.*

Pâtes aux fruits de mer

40 min

Difficulté ★ - **Coût** ★

Pour 4 personnes **Coques ou moules, 2 l ▪ Crevettes décortiquées, 100 g ▪ Pâtes, 250 g ▪ Échalote, 1 ▪ Bouquet garni (persil, thym, laurier), 1 ▪ Sel**

Sauce **Beurre, 30 g ▪ Farine, 30 g (1 cuil. à soupe bombée) ▪ Concentré de tomates, 1 petite boîte (70 g) ▪ Jus de cuisson des coquillages + eau, 50 cl environ ▪ Sel, poivre**

1 Nettoyez les coquillages. Faites-les ouvrir sur feu vif, dans une cocotte, avec l'échalote hachée et le bouquet garni. Dès qu'ils sont ouverts, retirez-les du feu et décoquillez-les. Passez le jus de cuisson à travers une passoire fine. Tenez les coquillages au chaud.

2 Faites chauffer une grande casserole d'eau salée. Jetez les pâtes dans l'eau en ébullition. Laissez bouillir, sans couvrir, de 15 à 20 min.

3 Sauce : faites fondre, sur feu doux, 30 g de beurre. Ajoutez-y 1 cuil. à soupe bombée de farine. Délayez sur le feu pendant quelques secondes jusqu'à ce que le mélange soit mousseux. Ajoutez-y le liquide froid (jus de cuisson des coquillages + eau), le concentré de tomates, du sel et du poivre. Mélangez jusqu'à épaississement. Laissez cuire à feu extrêmement doux quelques minutes. Réchauffez-y 1 min les crevettes.

4 Égouttez bien les pâtes, dès qu'elles sont cuites. Mettez-les dans un plat creux avec les moules ou les coques. Versez la sauce dessus et servez aussitôt.

Mon avis

- *Variez les fruits de mer selon le marché : amandes de mer, pétoncles, langoustines pour un plat de fête...*
- *Ajoutez un peu de gruyère râpé à la surface du plat, passez au four et vous en retirez un gratin doré.*

40 min

Thon bonne-femme

Cuisson en autocuiseur : 8 min **Difficulté ★ - Coût ★**

Pour 4 personnes **Tranche de thon, 1 de 800 g ▪ Corps gras, 50 g ▪ Oignons, 5 ▪ Tomates, 4 ▪ Vin blanc sec, 40 cl (2 verres) ▪ Cornichons, 4 ▪ Farine, 15 g (1 cuil. à soupe rase) ▪ Persil haché ▪ Bouquet garni, 1 ▪ Sel, poivre**

1 Commencer la cuisson : faites dorer le thon des deux côtés dans la cocotte avec 20 g de beurre et de l'huile. Retirez-le ensuite.

2 Mijoter le thon et les légumes : à la place, mettez les oignons coupés en lamelles et 30 g de beurre. Laissez cuire doucement quelques instants sans laisser colorer. Saupoudrez d'1 cuil. à soupe de farine. Mélangez. Ajoutez les tomates coupées en morceaux, 2 verres de vin blanc, autant d'eau, le bouquet garni, du sel et du poivre. Remettez le thon dessus. Fermez la cocotte. Laissez mijoter 25 min (en autocuiseur : 8 min).

3 Présentez le thon arrosé de sauce, parsemé de cornichons en rondelles et de persil haché. Accompagnez-le de pommes de terre à l'eau.

Mon avis

Le thon est saisonnier, de mai à octobre/novembre. Il est pêché dans les mers chaudes et tempérées : côtes de la Méditerranée, golfe de Gascogne.
Il en existe plusieurs variétés : le thon blanc Germon remonte sur les côtes bretonnes. Ce qui n'est pas le cas du thon rouge que l'on pêche sur les côtes, plus chaudes, de Méditerranée ou du Pays Basque. Ni du petit thon : thoune ou thounine pêché aux alentours de Nice et de Sète.

45 min

Truites au bleu

Difficulté ★ - **Coût** ★

Pour 4 personnes **Truites entières (ou fraîches), 4 ▪ Vinaigre ▪ Court-bouillon ▪ Carotte, 1 ▪ Oignon, 1 ▪ Vinaigre, 10 cl (1 verre) ▪ Bouquet garni, 1 ▪ Sel ▪ Beurre, 125 g**

1 Court-bouillon : faites bouillir durant 15 min, 2 l d'eau avec la carotte et l'oignon en fines rondelles, le vinaigre, le bouquet garni et du sel.

2 Préparer et cuire les truites. Lavez les truites rapidement. Arrosez-les abondamment de vinaigre puis plongez-les dans le court-bouillon en ébullition. Laissez chauffer doucement et retirez du feu juste avant que le court-bouillon ne frémisse à nouveau.

3 Service : mettez au fond du plat les rondelles de carotte et d'oignon et un peu de bouillon de cuisson. Déposez les truites dessus. Servez aussitôt avec une saucière de beurre fondu, des pommes vapeur et du persil.

Mon avis

- Les truites au bleu peuvent être servies froides, laissez-les alors refroidir dans le court-bouillon.

45 min

Écrevisses à la nage

Difficulté ★ - **Coût** ★★★

Pour 4 personnes **Écrevisses, 24 . Beurre, 1 noix . Vin blanc sec, 1 bouteille . Carotte, 1 . Oignon, 1 . Bouquet garni, 1 . Grains de poivre, 5 . Sel, cayenne**

1 Court-bouillon : coupez en rondelles la carotte et l'oignon. Faites-les revenir dans un fait tout avec 1 noix de beurre. Ajoutez-y 1 bouteille de vin blanc, autant d'eau, le bouquet garni, du sel, 5 grains de poivre, 1 pincée de cayenne. Couvrez. Laissez bouillir doucement 30 min.

2 Lavez les écrevisses à grande eau puis égouttez-les.

3 Plongez les écrevisses dans le court-bouillon bouillant. Laissez-les cuire 10 min. Servez-les chaudes ou froides dans leur court-bouillon (autrement dit : « à la nage »). Décorez le plat en posant sur l'ensemble 1 écrevisse troussée.

Mon avis

Pour réussir cette recette, les écrevisses doivent être bien vivantes. Vérifiez ce point avant de les acheter. Dans le cas contraire, renoncez à faire cette recette.

2 h 30

Coq au vin

Cuisson en autocuiseur : 50 min

Difficulté ★ - Coût ★

Pour 6 personnes **Coq (coupé en morceaux), 2 kg ▪ Beurre, 40 g ▪ Couenne, 100 g ▪ Oignon, 1 ▪ Échalotes, 2 ▪ Carotte, 1 petite ▪ Ail, 3 gousses ▪ Farine, 40 g (2 cuil. à soupe rases) ▪ Cognac (ou marc), 1 verre à liqueur ▪ Concentré de tomates, 1 cuil. à soupe ▪ Vin rouge, 3/4 de l ▪ Lard de poitrine frais, 125 g ▪ Champignons de Paris, 250 g ▪ Bouquet garni (riche en thym, persil, laurier), 1 ▪ Persil ▪ Sel, poivre**

1 Faites chauffer, dans une cocotte, le beurre et la couenne coupée en morceaux. Mettez-y la volaille à dorer (sauf le foie que vous gardez en réserve). Ajoutez ensuite oignon, échalotes, carotte, ail, le tout finement coupé. Saupoudrez de farine. Mélangez bien. Arrosez de cognac. Faites flamber sur feu vif. Mouillez avec le vin rouge, 1 verre d'eau et le concentré de tomates. Ajoutez le bouquet garni, du sel et du poivre. Couvrez. Laissez mijoter de 1 h 30 à 2 h.

2 Coupez le lard en morceaux. Mettez-le à l'eau froide. Faites bouillir quelques secondes et égouttez. Ôtez le pied sableux des champignons. Lavez et coupez ceux-ci en lamelles. Faites fondre le lard dans une petite casserole, sur feu doux, quelques minutes. Ajoutez les champignons. Faites sauter sur feu vif, de 5 à 8 min. Versez dans un grand plat creux. Tenez au chaud.

3 Égouttez la volaille. Déposez-la dans le plat. S'il est nécessaire de faire réduire la sauce, laissez-la bouillir sur feu vif quelques minutes. Puis incorporez-y le foie cru écrasé. Passez et versez sur le plat. Parsemez de persil haché avant de servir.

Mon avis

- Une grosse poule fait aussi bien l'affaire qu'un coq.
- Choisissez un bon vin rouge assez épais et corsé.
- Comme légume d'accompagnement : des pommes de terre vapeur ou à l'eau.

30 min

Cailles aux raisins

Difficulté ★ - **Coût** ★

Pour 4 personnes **Cailles bridées et bardées, 8 ▪ Beurre, 70 g ▪ Cognac, 5 cl (1 verre à dégustation) ▪ Gros raisins muscat, 250 g ▪ Sel, poivre**
Garniture **Pain de mie, 8 tranches ▪ Beurre, 50 g**

1 Les canapés : faites dorer le pain à la poêle avec 50 g de beurre. Pelez les raisins.

2 La cuisson : saisissez les cailles dans une cocotte avec 30 g de beurre. Puis couvrez et laissez cuire doucement 10 min.

3 La farce au foie : faites rapidement sauter les foies avec 1 noix de beurre. Arrosez avec la moitié du cognac. Flambez. Écrasez les foies. Incorporez 20 g de beurre, du sel et du poivre. Étalez sur le pain. Mettez-les dans un plat tenu au chaud.

4 La sauce : détachez les bardes des cailles. Dégraissez la sauce. Remettez les cailles dans la cocotte. Arrosez de cognac. Faites flamber. Ajoutez les raisins. Couvrez. Laissez cuire 2 min sur feu doux.

5 La présentation : présentez les cailles sur le pain tartiné, arrosées de jus de cuisson et accompagnées des raisins.

Mon avis

- *Avec un couteau pointu, la peau du raisin se pèle sans difficulté.*
- *Les perdreaux peuvent être accommodés selon la même recette. Les proportions sont valables pour 4 perdreaux, mais le temps de cuisson sera un peu plus long. Comptez 25 à 30 min de cuisson, en cocotte.*

2 h

Canard à l'orange

Difficulté ★★★ - **Coût** ★★★

Pour 4 personnes **Canard, 1 ▪ Beurre, 30 g ▪ Oranges, 3 ▪ Citron, 1/2 ▪ Liqueur de curaçao, 10 cl (1 verre) ▪ Sel, poivre ▪ Persil**

Fond de sauce **Abattis du canard ▪ Beurre, 25 g ▪ Oignon, 1 ▪ Carotte, 1 ▪ Vin blanc sec, 40 cl (2 verres) ▪ Bouquet garni, 1 ▪ Sel, poivre**

1 1 h à l'avance, préparez le fond de sauce : faites roussir les abattis et l'oignon hâché avec le beurre. Ajoutez le vin blanc, 2 verres d'eau, la carotte en rondelles, le bouquet garni, du sel et du poivre. Laissez bouillir 1 h, sans couvrir.

2 Cuisson du canard : dans une cocotte, faites revenir le canard entièrement, avec 30 g de beurre, sur feu assez vif. Salez, poivrez. Versez dessus le fond de sauce passé. Laissez mijoter doucement 50 min.

3 Les zestes : coupez le zeste d'1 orange en très fins bâtonnets. Mettez-les dans une petite casserole d'eau froide. Portez à ébullition. Égouttez. Laissez macérer avec 1 verre de curaçao. Pelez 2 autres oranges à vif. Puis coupez-les en rondelles.

4 Ajout des ingrédients : 5 min avant la fin de la cuisson du canard, ajoutez dans la cocotte les tranches d'oranges, le jus de citron, le zeste et le curaçao dans lequel il a macéré.

5 Présentation : déposez le canard sur un grand plat chaud. Faites bouillir quelques instants à feu vif la sauce restée dans la cocotte pour la laisser réduire un peu. Versez-la ensuite sur le canard. Présentez-le entouré de rondelles d'oranges.

Mon avis

Le secret de la sauce encore plus parfumée et onctueuse : frottez 2 sucres contre la peau (lavée) d'1 orange. Faites-les bouillir avec 1 cuil. à soupe de vinaigre, pour obtenir un jus très sirupeux. Mélangez-y alors la sauce du canard et un peu de maïzena. Portez à ébullition et versez sur le plat.

Curry de poulet

1 h 15

Difficulté ★ - Coût ★

Pour 4 ou 5 personnes **Poulet, 1 coupé 8 morceaux . Carottes, 2 . Ail, 1 gousse . Pomme, 1 . Oignons, 2 . Céleri, 4 petites tiges . Beurre, 50 g . Sel, poivre . Curry, 1 ou 2 cuil. à soupe . Farine, 20 g (1 cuil. à soupe rase) . Tomates, 3 . Crème fraîche, 100 g . Pulpe de coco râpée (facultatif) . Chutney de mangue (facultatif) . Bananes, 2**

Riz pilaf **Oignon haché, 1 . Beurre, 30 g . Riz, 3 verres . Eau, 6 verres . Sel, poivre . Bouquet garni, 1**

1 Viande et légumes : pelez les carottes, l'ail, la pomme et les oignons. Effilez les branches de céleri. Hachez le tout en dés.

2 Faites revenir les morceaux de poulet à la cocotte avec le beurre. Ajoutez-y les dés de légumes à mi-opération, du sel et du poivre.

3 Cuisson en sauce : saupoudrez de curry et de farine. Mélangez bien. Ajoutez 1 bol d'eau et les tomates en quartiers pressées à la main. Mélangez sur feu vif pendant 1 ou 2 min. Couvrez la cocotte. Laissez cuire, à feu doux, 1 h environ.

4 Riz pilaf : pendant ce temps, faites dorer, dans une casserole, l'oignon avec le beurre. Mélangez-y le riz bien sec pour l'enrober de gras. Arrosez avec 6 verres d'eau. Salez, poivrez. Mettez le bouquet garni. Couvrez et laissez bouillir doucement 18 min environ.

5 Finition de la sauce : retirez le poulet cuit de la cocotte. Laissez bouillir la sauce restée dedans en ôtant, à l'aide d'une cuillère, le maximum de graisse surnageant.

6 Puis incorporez la crème fraîche à cette sauce dégraissée. Donnez-lui 1 min d'ébullition.

7 Service : disposez les morceaux de poulet dans un plat creux. Arrosez-les avec la sauce et ses aromates. Présentez à part le riz pilaf et, si possible, de la pulpe de noix de coco râpée, du chutney et des rondelles de bananes pour atténuer les ardeurs du curry.

Dinde farcie aux cèpes

3 h

Repos : 30 min

Difficulté ★ - **Coût** ★★★

Pour 10 personnes **Dinde de 4 kg, 1 ▪ Beurre, 50 g ▪ Porto, 2 cuil. à soupe ▪ Sel, poivre**

Farce **Cèpes égouttés, 250 g ▪ Pain, 50 g ▪ Lait, 1/2 verre ▪ Porto, 1/2 verre ▪ Farce fine (mélange de porc et de veau finement haché), 300 g ▪ Œuf, 1 ▪ Sel, poivre**

1 Farce : rincez et égouttez les cèpes en boîte. Coupez les têtes en dés et hachez plus finement les pieds. Versez le lait tiède sur le pain dans une grande terrine. Ajoutez-y les cèpes, la farce fine, le porto, l'œuf entier, le foie de la dinde en dés, du sel et du poivre. Malaxez le tout ensemble et introduisez à l'intérieur de la dinde par le croupion sans trop tasser. Refermez l'ouverture.

2 Cuisson de la dinde : déposez la dinde sur une cuisse, dans un grand plat (ou sur la plaque creuse du four). Enduisez-la de beurre. Salez, poivrez. Mettez à four moyen (170 °C, th. 5-6) 1 h sur chaque cuisse, puis 30 min sur le dos. Arrosez souvent.

3 La sauce : quand la dinde est cuite et « reposée » 1/2 h dans le four éteint, déposez-la sur un plat chaud. Versez le jus de cuisson dans une casserole. Portez à ébullition. Dégraissez. Laissez bouillir encore pour faire réduire. Ajoutez 2 cuil. à soupe de porto. Versez aussitôt dans la saucière présentée en même temps que la dinde découpée.

4 h

Poule au pot

Difficulté ★★ - Coût ★★

Pour 6 à 8 personnes **Poule de 2 kg, 1 ▪ Jarret de veau, 1 ▪ Oignon, 1 ▪ Clous de girofle, 2 ▪ Os de veau, 2 ▪ Carottes, 3 ▪ Navets, 3 ▪ Branche de céleri, 1 ▪ Poireaux, 3 ▪ Citron, 1 ▪ Bouquet garni (persil, thym, laurier), 1 ▪ Pain grillé en tranches ou biscottes, 4 ▪ Sel, poivre**

Farce **Mie de pain rassis, 100 g ▪ Lait, 1 verre ▪ Jambon de Bayonne, 150 g ▪ Chair à saucisse, 100 g ▪ Veau, 100 g ▪ Ail, 5 gousses ▪ Pâté de foie, 30 g ▪ Œuf, 1 ▪ Persil ▪ Thym effeuillé, 1 pincée ▪ Muscade râpée, 1 pincée ▪ Sel, poivre**

1 Mettez à bouillir une demi-marmite d'eau et plongez-y les os et le jarret de veau 5 min. Égouttez-les en jetant l'eau.

2 Rincez la marmite. Emplissez-la d'eau froide. Remettez sur le feu avec le jarret de veau, les os, tous les abattis de la poule, l'oignon piqué de 2 clous de girofle, la branche de céleri, le bouquet garni, du sel et du poivre. Écumez de temps en temps pendant l'ébullition douce.

3 Farce : émiettez la mie de pain dans un bol ; aspergez-la de lait. Hachez : jambon, veau, foie de poule, ail, persil. Malaxez énergiquement cette préparation avec : chair à saucisse, pâté de foie, thym effeuillé, muscade, mie de pain pressée, œuf entier, sel et poivre, pour obtenir un mélange bien lié.

4 Tassez cette farce, bien épicée, à l'intérieur de la poule. Cousez l'ouverture et maintenez ailes et cuisses un peu serrées avec un très long morceau de ficelle de cuisine pour pouvoir l'attacher à une anse de la marmite et la retirer une fois la cuisson terminée. Plongez la poule dans le bouillon en ébullition. Laissez-la bouillir à petit feu de 2 h 30 à 3 h, suivant sa fermeté.

5 Au bout de 1 h, épluchez et lavez carottes, navets, poireaux. Mettez-les à cuire avec la poule.

6 Au moment de servir, placez le pain grillé au fond d'une soupière. Versez dessus le bouillon très chaud. Dans un très grand plat creux, disposez les légumes égouttés et la poule coupée en morceaux. Disposez dessus la farce coupée en tranches.

Poulet rôti à la broche

1 h15

Difficulté ★★ - Coût ★

Pour 4 personnes **Poulet (préparé et bridé), 1,2 kg environ ▪ Beurre, 30 g ▪ Sel, poivre**

1 Allumez la rôtissoire. Glissez par le croupion à l'intérieur du poulet, le foie, un bon morceau de beurre, du sel et du poivre. Embrochez et fixez la broche à mi-hauteur sous le gril. Glissez dessous la lèchefrite (plaque creuse du four) ou un grand plat, pour recueillir le jus de cuisson.

2 Laissez rôtir environ 1 h. Arrosez au besoin. Si le rôtissage se fait dans un four, laissez-en la porte ouverte.

3 Quand le poulet est rôti, salez et poivrez encore un peu l'extérieur. Tenez-le au chaud 5 min au moins avant de le découper.

Mon avis

- *J'ajoute des aromates dans la plaque de cuisson et j'en garnis l'intérieur du poulet pour parfumer la viande et ma cuisine ! L'estragon et le thym sont très bons, de même qu'un soupçon de romarin et de laurier, ou même de genièvre.*
- *Dans la plupart des tournebroches modernes, il n'est pas nécessaire d'arroser la volaille en cours de cuisson.*
- *Le foie, cuit à l'intérieur du poulet, est savoureux, mais vous pouvez le réserver pour une autre préparation.*

1 h 30

Blanquette de veau

Difficulté ★ - **Coût** ★★

Pour 4 personnes **Veau (en morceaux), 1 kg environ ▪ Citron, 1/2 ▪ Carotte, 1 ▪ Oignon, 1 ▪ Clou de girofle, 1 ▪ Bouquet garni (persil, thym, laurier), 1 ▪ Sel, poivre**
Sauce **Beurre, 30 g ▪ Farine, 30 g (1 cuil. à soupe bombée) ▪ Bouillon de cuisson du veau, 2 verres**

1 Frottez les morceaux de viande avec du citron afin qu'ils restent blancs. Mettez-les dans une casserole d'eau froide avec la carotte, l'oignon piqué du clou de girofle, le bouquet garni, du sel et du poivre. Portez à ébullition puis couvrez. Laissez bouillir doucement 1 h 15. Écumez pendant la cuisson.

2 Sauce : 30 min avant la fin de la cuisson de la viande, mélangez sur feu doux le beurre et la farine. Ajoutez-y le bouillon de blanquette. Remuez jusqu'à ébullition avec une cuillère en bois ou un fouet à main. Laissez mijoter 10 min sur feu doux.

3 Égouttez bien la viande puis déposez-la sur un plat chaud. Recouvrez-la de sauce. Saupoudrez, si possible, avec un peu de persil haché.

Mon avis

- *Pour que ma sauce soit particulièrement délicieuse, une fois qu'elle est cuite et retirée du feu, j'y incorpore 1 ou 2 cuil. à soupe de crème fraîche, 1 jaune d'œuf et un soupçon de jus de citron. Cette sauce présente un petit inconvénient : on ne peut pas la faire réchauffer, elle risquerait de s'abîmer sous l'effet d'un coup de feu. Tenez-la au chaud, dans un bain-marie non bouillant.*
- *Exotique et bon : une de mes jeunes amies remplace la moitié du bouillon par du lait de coco (disponible en grande surface).*
- *Le tendron donne une blanquette très moelleuse.*

Côtes (ou escalopes) de veau aux champignons

15 min

Difficulté ★ - **Coût** ★

Pour 4 personnes **Côtes (ou escalopes) de veau, 4 ▪ Beurre, 40 g ▪ Farine, 1 cuil. à soupe ▪ Champignons de Paris, 150 g ▪ Citron, 1/2 ▪ Sel, poivre**

1 Salez, poivrez les côtes (ou les escalopes) de veau, puis farinez-les légèrement de part et d'autre.

2 Faites chauffer le beurre dans la poêle. Déposez-y les côtes (ou les escalopes) et laissez-les dorer d'un côté, sur feu moyen, de 4 à 5 min.

3 Pendant ce temps, nettoyez les champignons. Retournez la viande. Ajoutez-y les champignons. Salez, poivrez et aspergez-les de jus de citron. Laissez cuire 5 min.

4 Déposez la viande sur un plat chaud. Mettez les champignons tout autour, arrosés de sauce de cuisson.

Mon avis

- *Il n'est pas indispensable de fariner la viande mais c'est conseillé : elle dore mieux et reste plus moelleuse.*
- *Les escalopes cuisent un peu plus vite que les côtes, plus épaisses près de l'os.*
- *Le jus de citron empêche les champignons de noircir en cuisant.*
- *Une fois la viande et les champignons retirés de la poêle, je délaye dans la sauce restée sur le feu 1 ou 2 cuil. de crème fraîche pour lier. Après un gros bouillon, je verse cette sauce sur mon plat.*

Escalopes de veau panées

25 min

Difficulté ★ - **Coût** ★★

Pour 4 personnes **Escalopes minces, 4 ▪ Farine, 2 cuil. à soupe ▪ Œuf, 1 ▪ Chapelure, 4 à 5 cuil. à soupe ▪ Beurre, 40 g ▪ Citron, 1 ▪ Sel, poivre**

1 Salez et poivrez les escalopes. Passez-les successivement dans la farine, dans l'œuf battu salé et poivré, puis dans la chapelure. Tapotez avec le plat d'un couteau pour bien faire adhérer cette dernière.

2 Dans une poêle, faites chauffer modérément le beurre. Déposez-y les escalopes. Laissez cuire, à feu moyen, 5 min sur chaque face.

3 Mettez les escalopes panées dans un plat. Décorez-les avec des quartiers de citron.

Mon avis

- *Au départ, mettez un bon morceau de beurre dans la poêle, car la chapelure en absorbe beaucoup. Si vous en mettez trop peu, elle aurait tendance à brûler. N'hésitez pas à renouveler cette opération pour que la viande soit suffisamment et régulièrement enveloppée.*
- *Si votre poêle est petite, il est préférable de faire cuire les escalopes deux par deux. Remettez chaque fois du beurre dans la poêle.*

1 h 50

Veau Marengo

Cuisson en autocuiseur : 35 min **Difficulté ★ - Coût ★**

Pour 4 personnes **Épaule en morceaux, 1 kg ▪ Beurre, 40 g ▪ Échalotes, 3 ▪ Carotte, 1 ▪ Farine, 1 cuil. à soupe bombée ▪ Concentré de tomates, 2 cuil. à soupe ▪ Vin blanc sec, 1/4 de l ▪ Ail, 2 gousses ▪ Champignons, 125 g ▪ Bouquet garni, 1 ▪ Sel, poivre**

1 Mettez la viande à dorer dans la cocotte, avec 50 g de beurre. Quand elle est dorée de toute part, ajoutez les échalotes et la carotte finement coupées. Saupoudrez avec 1 cuil. à soupe bombée de farine. Mélangez pour mettre toute la farine en contact avec le beurre chaud.

2 Ajoutez ensuite : 2 cuil. à soupe de tomate concentrée, 1/4 de l de vin blanc, autant d'eau, 2 gousses d'ail, le bouquet garni, du sel et du poivre. Couvrez. Laissez mijoter 1 h 30 sur feu doux (en autocuiseur : 30 min).

3 Pendant ce temps, ôtez le pied sableux des champignons. Lavez-les et coupez-les en lamelles. Ajoutez-les dans la cocotte. Couvrez. Laissez cuire 15 min supplémentaires (en autocuiseur : 5 min). Présentez avec des pommes de terre cuites à l'eau ou à la vapeur.

Mon avis

Le secret d'un bon Marengo : la sauce du Marengo doit être onctueuse et courte. Si, à la fin de la cuisson, elle vous paraît trop liquide, retirez les morceaux de viande et faites bouillir la sauce quelques minutes sans couvrir. À la bonne saison, utilisez des tomates fraîches. Vous y ajouterez tout de même un peu de concentré de tomates indispensable pour corser le goût.

STAUB

1 h 30

Jarret de veau

Cuisson en autocuiseur : 25 min **Difficulté** ★ **- Coût** ★★★

Pour 4 personnes **Jarret de veau, 4 à 8 rouelles ▪ Un peu de farine ▪ Beurre, 50 g ▪ Huile, 2 cuil. à soupe ▪ Oignon, 1 gros ▪ Thym ▪ Sel, poivre ▪ Muscade ▪ Vin blanc sec, 40 cl (2 verres) ▪ Eau, 40 cl (2 verres) ▪ Tomate concentrée, 30 g ▪ Bouquet garni, 1 ▪ Zeste d'orange, 1 ▪ Ail, 1 gousse ▪ Parmesan ou gruyère râpé**

1 Démarrage de la cuisson : farinez les rouelles de jarret. Faites-les dorer de toute part dans une cocotte, sur feu vif, avec 30 g de beurre et un peu d'huile.

2 Ajoutez-y l'oignon haché, le thym effeuillé, du sel, du poivre et 2 ou 3 pincées de muscade râpée. Laissez colorer légèrement.

3 La sauce : arrosez de vin blanc. Mélangez. Laissez bouillir quelques instants pour que le vin perde de son acidité. Puis ajoutez 2 verres d'eau bouillante, la tomate concentrée et le bouquet garni. Couvrez et laissez mijoter très doucement pendant 1 h.

4 La garniture aromatique : pendant ce temps, pelez le zeste d'orange (fine pellicule colorée). Coupez-le en très fins bâtonnets. Plongez-les quelques secondes dans de l'eau en ébullition et épongez-les. Hachez l'ail. Ajoutez le tout à la viande 5 min avant la fin de la cuisson.

5 Finition et service : servez l'osso-buco terminé dans un plat chaud, arrosé de sa sauce de cuisson, avec des spaghetti ou du riz nature qui en sont l'accompagnement traditionnel. Présentez à part une coupelle de parmesan ou de gruyère râpé.

Mon avis

Le jarret de veau, comme la plupart des plats en sauce, peut se réchauffer. Comme il est possible de le préparer la veille ou le matin pour le soir, c'est une excellente recette familiale, à tout point de vue.

Bœuf bourguignon

2 h 20

Cuisson en autocuiseur : 50 min **Difficulté** ★ **- Coût** ★

Pour 4 personnes **Bœuf (gîte, culotte ou paleron), 1 kg, coupé en 8 morceaux ▪ Huile, 2 cuil. à soupe ▪ Carotte, 1 petite ▪ Oignons, 2 ▪ Farine, 30 g (1 cuil. à soupe bombée) ▪ Vin rouge, 3 verres ▪ Ail, 1 gousse ▪ Bouquet garni (persil, thym, laurier), 1 ▪ Persil ▪ Sel, poivre ▪ Pommes de terre, 1 kg (légume d'accompagnement)**

1 Faites bien chauffer l'huile dans une cocotte. Mettez-y la viande à roussir de tous côtés, sur feu vif. Puis, ajoutez-y la carotte et les oignons en rondelles. Saupoudrez de farine. Mélangez sur feu vif, pour que la farine dore. Couvrez ensuite la viande de vin rouge. Portez à ébullition en mélangeant. Ajoutez sel, poivre, un verre d'eau, l'ail écrasé et le bouquet garni. Couvrez et laissez cuire doucement 2 h environ (50 min en autocuiseur).

2 Faites cuire les pommes de terre épluchées, à l'eau ou à la vapeur, de 25 à 30 min.

3 Disposez la viande dans un plat creux. Arrosez-la avec la sauce passée. Saupoudrez de persil haché. Servez les pommes de terre en même temps.

Mon avis

J'aime bien laisser les morceaux de viande mariner une nuit entière avant de les cuire ; le bœuf bourguignon a davantage de fumet. Marinade : la quantité de vin rouge indiquée dans la recette, le bouquet garni, l'ail, la carotte et les oignons en rondelles. Pas de sel. Avant la cuisson, j'égoutte la viande, les aromates et je procède exactement selon la recette, en y ajoutant, au moment voulu, carotte, oignons, ail, bouquet garni de la marinade, puis le vin de la marinade et du sel.

Bœuf mode aux carottes

2 h 25

Cuisson en autocuiseur : 1 h environ **Difficulté** ★ - **Coût** ★

Pour 4 personnes **1 morceau de bœuf lardé, 1 kg ▪ Huile, 2 cuil. à soupe ▪ Oignon, 1 ▪ Pied de veau (fendu en deux), 1 ▪ Concentré de tomates, 1 cuil. à soupe ▪ Vin blanc sec, 2 verres ▪ Ail, 1 gousse ▪ Carottes, 1 kg ▪ Bouquet garni (persil, thym, laurier), 1 ▪ Sel, poivre**

1 Dans une cocotte, faites chauffer l'huile. Mettez-y la viande à dorer sur toutes les faces, sur feu vif. Ajoutez alors l'oignon et 1 carotte coupés en rondelles fines, le pied de veau fendu en deux, le concentré de tomates, le vin blanc, 2 verres d'eau, l'ail, le bouquet garni, le sel et le poivre. Couvrez. Laissez cuire 1 h 30 sur feu doux (45 min en autocuiseur environ).

2 Grattez et coupez les carottes en rondelles fines.

3 Lorsque la viande a cuit 1 h 30, ajoutez les carottes dans la cocotte. Faites cuire encore 45 min (15 min en autocuiseur environ).

4 Mettez, dans un plat creux, la viande en tranches et le pied de veau coupé en morceaux, et tout autour les carottes. Arrosez avec le jus de cuisson.

Mon avis

- *On larde la viande en la transperçant d'aiguillettes de lard pour la rendre plus moelleuse. C'est le boucher qui se charge de faire cette préparation. Demandez-lui également de fendre le pied de veau en deux.*
- *Vous pouvez ajouter quelques champignons coupés en lamelles, 15 min avant la fin de la cuisson.*

45 min

Côte de bœuf à l'échalote

(9 à 10 min par livre)
+ avant cuisson : repos au réfrigérateur

Difficulté ★ - Coût ★

Pour 4 personnes **Côte de bœuf de 1,5 kg, 1 ▪ Un peu d'huile ▪ Thym, laurier ▪ Beurre mou, 100 g ▪ Échalote hachée très finement, 1 ▪ Sel ▪ Poivre concassé (mignonnette)**

1 Enduisez la viande d'huile. Parsemez-la de thym effeuillé, de laurier émietté et de poivre concassé. Enveloppez d'aluminium et laissez reposer un moment (même jusqu'au lendemain, dans le réfrigérateur).

2 Cuisson : déposez la côte sur la grille du four. Glissez celle-ci dans le four très chaud (230 °C, th. 7-8) – ou sous le gril. Placez en dessous un grand plat pour recueillir le jus. Laissez cuire de 9 à 10 min par livre (soit environ 30 min au total). Retournez à mi-cuisson.

3 Beurre d'échalote : faites revenir doucement l'échalote hachée avec un tout petit peu de beurre, sans laisser colorer. Une fois tiédie, incorporez-la au reste du beurre en malaxant avec une fourchette.

4 Un peu avant la fin de la cuisson, coupez les ficelles entourant la viande pour qu'elle se détende. Salez, poivrez.

5 Pour servir, tranchez la côte verticalement (horizontalement, c'est beaucoup plus difficile). Présentez sur des assiettes chaudes avec le beurre d'échalote.

Mon avis

Vous pouvez cuire, de façon satisfaisante, une petite côte de bœuf (800 à 900 g environ) au micro-ondes. Après un dorage préalable à la poêle, sur feu vif, mettez dans le micro-ondes, 5 à 6 min (selon épaisseur), puissance maxi. Ne couvrez pas. Et ne prolongez pas la cuisson ; cela aurait pour effet de durcir la viande.
À mi-cuisson, retournez la viande. Ajoutez du sel et le hachis d'échalote et remettez en cuisson. Laissez reposer 3 min avant de découper. Pour obtenir un jus de cuisson légèrement onctueux, délayez-le avec le beurre mou et remettez au micro-ondes 30 s. Fouettez avant de servir.

Rôti de bœuf au four

40 min

Difficulté ★ - Coût ★

Pour 4 personnes **Rôti de bœuf, 1 kg environ ▪ Beurre, 30 g ▪ Sel, poivre**

1 Préchauffez le four à 230 °C (th. 7-8), 15 à 20 min avant d'y enfourner le rôti.

2 Déposez le rôti dans un plat à gratin. Tartinez la viande de beurre, salez-la et enfournez-la de 25 à 30 min, soit de 12 à 15 min par livre. Retournez la viande et arrosez-la pendant la cuisson.

3 Salez et poivrez encore un peu avant la fin. Présentez la viande, découpée en tranches, sur un plat chaud et la sauce, très courte (non allongée d'eau), à part, dans une saucière chaude.

Mon avis

- *Avec le rôti de bœuf, servez des pommes de terre accommodées de toutes les façons : en purée, sautées, frites, en gratin dauphinois, en croquettes.*
- *Corsez la sauce du rôti en mettant, dans le plat à feu, avant de l'enfourner, 1 oignon et 1/2 carotte coupés en rondelles. Arrosez la viande avec son jus bouillant.*
- *À mi-cuisson, ajoutez un peu d'eau chaude dans le plat mais surtout pas sur la viande. Avant de découper le rôti, laissez-le reposer 10 min au moins dans le four éteint et chaud. Il sera plus tendre et plus juteux.*

15 min

Steak au poivre vert

Difficulté ★ - **Coût** ★★

Pour 4 personnes **Steaks de 200 g chacun (filet, rumsteak), 4 ▪ Grains de poivre vert, 2 cuil. à soupe ▪ Beurre, 25 g ▪ Huile, 1 cuil. à soupe ▪ Cognac (ou de rhum), 2 cuil. à soupe ▪ Crème fraîche, 2 cuil. à soupe ▪ Sel**

1 Enrobez les steaks de poivre vert légèrement écrasé. Déposez-les dans la poêle très chaude contenant un peu de beurre et 1 cuil. d'huile. Saisissez-les, 1 ou 2 min de chaque côté, selon votre goût. Retirez les steaks de la poêle et tenez-les au chaud.

2 Égouttez la graisse de la poêle. Ajoutez-y 2 cuil. à soupe de cognac (ou même, de rhum). Faites flamber sur le feu. Incorporez la crème fraîche et salez. Délayez avec une cuillère en bois tout en laissant bouillir 1 ou 2 min. Versez sur les steaks avant de servir avec des pommes chips ou frites et des tomates grillées, par exemple.

Mon avis

Le poivre vert est vendu en petits bocaux ou, plus rarement, surgelé. Sa saveur est très agréable et beaucoup moins piquante que celle du poivre séché. Méfiez-vous tout de même !

Daube provençale

3 h 10

Cuisson en autocuiseur : 1 h 30
Marinade : 24 h

Difficulté ★★ - Coût ★★

Pour 4 personnes **Bœuf (gîte coupé en cubes), 1,5 kg ▪ Lard de poitrine, 200 g ▪ Beurre, 30 g ▪ Couenne, 100 g ▪ Oignons, 4 ▪ Olives noires, 100 g ▪ Tomates, 2 ▪ Écorce d'orange séchée, 1 petit morceau ▪ Persil ▪ Sel, poivre ▪ Marinade ▪ Vin blanc, 1 bouteille ▪ Ail, 3 gousses ▪ Thym, laurier et persil ▪ Huile, 2 cuil. à soupe**

1 La veille, mettez à mariner la viande avec ail, thym, laurier, persil, vin blanc et huile. Réservez au frais.

2 Au moment de cuire la daube, égouttez la viande. Essuyez-la. Faites chauffer le beurre dans une cocotte. Coupez le lard en dés. Mettez-les à revenir, puis retirez-les de la cocotte. À la place, déposez la viande et la couenne. Lorsque le tout est doré, ajoutez les oignons coupés en quatre. Laissez prendre couleur. Mouillez avec la marinade passée jusqu'à hauteur de la viande. Salez, poivrez. Ajoutez le morceau d'écorce d'orange séchée. Couvrez et laissez mijoter 2 h 30 au moins.

3 Coupez les tomates en morceaux. Ajoutez-les dans la cocotte, ainsi que les lardons et les olives, 30 min avant la fin de la cuisson. Présentez le plat parsemé de persil coupé.

Mon avis

- *L'huile est indispensable à la marinade. Elle lui permet de mieux garder tout son parfum. Vous pouvez y ajouter également un verre à liqueur de cognac. C'est encore plus fin.*
- *Il peut être nécessaire de prolonger le temps de cuisson si la viande est particulièrement dure.*
- *Ce plat est très bon réchauffé. Servez-le avec des pommes de terre cuites à l'eau.*

Hachis Parmentier

1 h

Difficulté ★ - Coût ★

Pour 4 personnes **Pommes de terre, 1 kg ▪ Oignon, 1 ▪ Beurre, 50 g ▪ Restes de viande cuite, 300 g environ ▪ Ail, 1 gousse ▪ Lait, 2 verres environ ▪ Gruyère râpé ou chapelure, 50 g ▪ Sel, poivre**

1 Épluchez les pommes de terre. Faites-les bouillir de 25 à 30 min.

2 Hachez l'oignon. Faites-le cuire très doucement à la poêle, 10 min, avec 1 noix de beurre. Hachez la viande et l'ail. Ajoutez-les dans la poêle quelques minutes. Salez, poivrez. Laissez revenir le tout 5 min.

3 Préchauffez le four à 230 °C (th. 7-8). Écrasez les pommes de terre. Incorporez-y, en battant avec une cuillère en bois, d'abord 20 g de beurre, puis le lait bouillant, du sel et du poivre.

4 Beurrez un plat à gratin. Mettez-y la moitié de la purée de pommes de terre, le hachis de viande et le reste de purée. Parsemez de fromage râpé ou de chapelure et de noisettes de beurre. Faites gratiner dans le four bien chaud, 15 min environ.

Mon avis

- *Le hachis Parmentier peut n'être qu'une entrée s'il est préparé avec un reste peu important de viande ou de purée. Mais je vous conseille de le faire en respectant à peu près les proportions indiquées ici.*
- *Il peut constituer le plat central d'un repas du soir : un potage pour commencer, le hachis Parmentier, une salade et un fromage ou un fruit pour finir.*
- *Si vos restes de viande sont insuffisants, complétez-les avec un peu de chair à saucisse.*
- *Très à la mode : le Parmentier de canard, dont la farce se fait avec du confit effiloché.*

2 h 30

Cassoulet traditionnel

Cuisson en autocuiseur : 50 min **Difficulté** ★★ - **Coût** ★

Pour 6 personnes **Haricots blancs (coco) de l'année, 750 g ▪ Lard de poitrine frais, 250 g ▪ Couennes, 250 g ▪ Carottes, 2 ▪ Oignons, 4 ▪ Clous de girofle, 2 ▪ Ail, 3 gousses ▪ Bouquet garni, 1 ▪ Sel, poivre ▪ Épaule ou collier d'agneau, 500 g ▪ Échine de porc, 400 g ▪ Beurre ou graisse d'oie, 50 g ▪ Saucisson à l'ail, 1 ▪ Échalotes, 2 ▪ Tomates, 2 ou 3 ▪ Concentré de tomates, 1 cuil. à soupe ▪ Confit d'oie, 1 quartier, la cuisse de préférence ▪ Chapelure**

1 Les haricots : mettez les haricots dans un grand faitout. Recouvrez-les d'eau froide non salée. Portez à ébullition. Laissez bouillir 15 min (en autocuiseur : 5 min). Égouttez.

2 Remettez les haricots dans le même récipient avec le lard et les couennes en morceaux, les carottes fendues en deux, 1 oignon piqué de clous de girofle, 1 gousse d'ail et le bouquet garni. Recouvrez largement d'eau froide. Couvrez et laissez mijoter jusqu'à ce que les haricots soient juste cuits (environ 1 h – en autocuiseur : 25 min). Salez et poivrez à mi-cuisson.

3 Le ragoût : pendant ce temps, faites dorer le mouton et l'échine de porc dans une cocotte, avec 30 g de beurre ou de graisse d'oie. Ajoutez le saucisson, 3 oignons et 2 échalotes hachés, 2 gousses d'ail. Mélangez. Mettez enfin les tomates pelées et épépinées, la tomate concentrée, du sel et du poivre. Mouillez juste à hauteur de la viande avec du jus de cuisson des haricots. Couvrez. Laissez mijoter 1 h (en autocuiseur : 20 min).

5 Montage du plat : retirez ensuite toutes les viandes et coupez-les en tranches (la peau du saucisson enlevée). Dans un plat à gratin, en terre de préférence, disposez une partie des couennes puis, par couches successives : haricots, viandes, confit d'oie en morceaux, etc., en terminant par une couche de lard, couenne et saucisson.

6 Cuisson finale. Poivrez un peu entre chaque couche. Arrosez avec un peu de jus de cuisson des haricots. Saupoudrez de chapelure et de noisettes de beurre ou de graisse d'oie. Mettez à four très doux (80 °C, th. 2/3) pendant une bonne heure.

2 h

Haricot de mouton

Difficulté ★★ - **Coût** ★

Pour 4 personnes **Mouton (en morceaux), 1,2 kg ▪ Haricots secs, 250 g ▪ Huile d'arachide, 4 cuil. à soupe ▪ Oignons, 2 ▪ Farine, 20 g (1 cuil. à soupe rase) ▪ Ail, 1 gousse ▪ Bouquet garni (persil, thym, laurier), 1 ▪ Persil ▪ Sel, poivre**

1 Mettez les haricots dans une casserole d'eau froide, non salée. Faites bouillir 15 min. Égouttez.

2 Faites chauffer l'huile dans une cocotte. Déposez-y les morceaux de mouton et laissez-les dorer de toute part. Ajoutez-y les oignons coupés en quatre. Lorsqu'ils sont bien revenus, saupoudrez de farine. Mélangez. Mouillez avec 1/2 l d'eau tiède. Remuez jusqu'à ébullition.

3 Ajoutez les haricots, la gousse d'ail, le bouquet garni, sel et poivre. Couvrez et laissez mijoter 1 h 30 environ. Si le liquide s'évapore trop rapidement, remettez de l'eau bouillante dans la cocotte, au cours de la cuisson. Parsemez de persil haché avant de servir.

Mon avis

- *Il est inutile de faire tremper les haricots pendant des heures. Une courte cuisson préalable de 1/4 d'heure, dans de l'eau non salée, suffit pour les attendrir.*
- *Préparez ce plat avec du collier, de la poitrine ou du haut de côtelettes, qui sont assez bon marché.*

2 h

Petit salé aux lentilles

Difficulté ★★ - **Coût** ★

Pour 4 personnes **Porc demi-salé (échine ou palette), 800 g ▪ Lentilles, 250 g ▪ Carotte, 1 ▪ Oignon, 1 ▪ Ail, 1 gousse ▪ Clou de girofle, 1 ▪ Bouquet garni (persil, thym, laurier), 1 ▪ Sel, poivre**

1 2 ou 3 h avant de la faire cuire, dessalez la viande dans beaucoup d'eau froide. Renouvelez cette eau plusieurs fois pour activer le dessalage.

2 Faites bouillir de l'eau. Plongez-y la viande 5 min. Égouttez.

3 Remettez à bouillir de l'eau non salée. Jetez-y les lentilles et laissez-les bouillir 20 min environ; égouttez-les : il est normal qu'elles ne soient pas encore tout à fait cuites.

4 Mettez enfin porc et lentilles dans une même casserole avec la carotte fendue en deux, l'oignon piqué du clou de girofle, la gousse d'ail et le bouquet garni. Couvrez tout juste d'eau froide. Laissez cuire, couvert, à petits bouillons 1 h 30 environ. Salez modérément et poivrez, à mi-cuisson seulement.

Mon avis

- *Le trempage n'est pas nécessaire si la viande est peu salée (demi-sel): il suffit de la passer sous l'eau froide pour en éliminer l'excès de sel.*
- *Les lentilles cuites à point sont restées entières, mais s'écrasent facilement sous le doigt. Attention aux temps de cuisson indiqués sur les emballages, souvent trop courts, surtout si les lentilles ne sont pas de l'année. Attention : le sel ajouté au début de la cuisson risquerait de durcir les lentilles.*
- *On peut enrichir ce plat en y ajoutant, 30 min avant la fin de la cuisson, un saucisson, fumé ou non, du lard fumé ou salé, ou encore des couennes de lard, plus économiques.*

Jambon en croûte

1 h 35

Difficulté ★★★ - Coût ★★★

Pour 1 jambon de 3,5 kg **Farine, 400 g ▪ Beurre, 200 g ▪ Eau, 1/4 de l ▪ Sel, 1 cuil. à café**

Pour dorer **Œuf, 1**

1 Préparation de la pâte brisée : mélangez la farine, le sel et le beurre en morceaux en pressant et en frottant les paumes des mains l'une contre l'autre. Ajoutez l'eau à ce mélange granuleux. Pétrissez vivement. Mettez en boule. Aplatissez avec la paume de la main. Remettez en boule. Cela 3 fois. Laissez reposer.

2 Étalez 1/3 de la pâte en une large feuille. Elle doit dépasser le jambon de 4 cm environ. Mettez sur la plaque beurrée.

3 Faites cuire à four chaud (200 °C, th. 6-7) 1 h environ. Si la coloration est trop rapide, couvrez d'une feuille d'aluminium et réduisez la chaleur (170 °C, th. 5-6). Vous pourrez habiller le manche d'une papillote, au sortir du four.

30 min

Pizza aux tomates et anchois

Difficulté ★ - **Coût** ★

Pour 4 à 6 personnes **Pâte à pain, 400 g ▪ Huile d'olive (de préférence) ▪ Anchois au sel ou à l'huile, 300 g ▪ Olive noire, 1 ▪ Olives vertes dénoyautées, 150 g ▪ Tomates, 2 ou 3 ▪ Marjolaine ou thym ▪ Poivre**

1 La pâte : arrosez la pâte avec un peu d'huile. Travaillez-la rapidement. Puis étalez-la en une couche mince. Couvrez-en une plaque ou une tourtière graissée. Arrosez légèrement d'huile. Roulottez le bord sur lui-même.

2 Confection de la pizza : ôtez les arêtes des anchois au sel. Disposez-les sur la pizza, en étoile autour d'1 olive noire. Hachez grossièrement les olives vertes. Parsemez ce hachis entre les anchois et les rondelles de tomates disposées en couronne. Saupoudrez de marjolaine ou de thym effeuillé, et de poivre (pas de sel).

3 Cuisson : arrosez d'un peu d'huile. Mettez à four chaud. Dégustez la pizza tiède (ou réchauffée).

Mon avis

- Achetez la pâte à pain chez le boulanger. Commandez-la un peu à l'avance.

- Les anchois salés doivent être d'abord dessalés rapidement à l'eau froide

- Vous pouvez aussi prendre des filets d'anchois à l'huile.

Pot-au-feu

3 h 30

Cuisson en autocuiseur : 1 h

Difficulté ★★ - **Coût** ★

Pour 6 à 8 personnes **Plat de côtes, 500 à 750 g . Gîte ou paleron, 500 à 750 g . Os, 2 dont 1 à moelle . Poireaux, 3 . Carottes, 3 . Navets, 2 . Céleri, 1 branche . Oignon, 1 . Clous de girofle, 3 . Ail, 1 gousse . Bouquet garni (persil, thym, laurier), 1 . Sel**

Pour servir **Gros sel . Cornichons . Biscottes ou tranches de pain grillées, 6 ou 8 . Tapioca ou vermicelle, 6 ou 8 cuil. à soupe**

1 Épluchez les poireaux, les carottes, les navets et le céleri. Coupez-les en quartiers. Mettez-les à bouillir dans une grande marmite avec 3 l d'eau, l'os sans moelle, l'oignon piqué des clous de girofle, l'ail, le bouquet garni et du sel. Lorsque l'eau bout, plongez-y la viande. Laissez cuire doucement de 2 h 30 à 3 h environ (1 h à l'autocuiseur). Écumez de temps en temps. 1 h avant la fin de la cuisson, ajoutez l'os à moelle dans la marmite.

2 Égouttez la viande. Mettez-la avec les légumes dans un plat chaud.

3 Passez le bouillon et servez-le tel quel, soit avec 1 biscotte ou 1 tranche de pain grillé dans chaque assiette, soit épaissi avec du tapioca ou du vermicelle (1 cuil. à soupe par personne) que vous aurez laissé bouillir 5 min. Présentez, à part, la viande avec du gros sel, des cornichons et l'os à moelle.

Mon avis

- *Trois conditions sont nécessaires pour faire un bon pot-au-feu : une quantité de viande suffisante (1 kg à 1,5 kg minimum), moitié morceaux demi-gras (plat de côtes), moitié morceaux maigres (gîte, paleron, etc.) ; des légumes variés ; un temps de cuisson assez long.*
- *La viande est meilleure si vous la plongez dans l'eau bouillante. Au contraire, le bouillon aura plus de saveur si vous mettez la viande dans l'eau froide. Tassez quelques grains de gros sel aux extrémités de l'os à moelle avant de le faire cuire : la moelle ne s'échappera pas.*

1 h

Lapin sauté à la moutarde

Difficulté ★ - Coût ★

Pour 4 personnes **Lapin coupé en morceaux, 1 ▪ Beurre, 30 g ▪ Huile, 1 cuil. à soupe ▪ Farine, 15 g (1 cuil. à soupe rase) ▪ Oignon, 1 ▪ Crème fraîche, 2 cuil. à soupe ▪ Clous de girofle, 3 ▪ Bouquet garni, 1 ▪ Moutarde forte, 1 cuil. à soupe ▪ Sel, poivre**

1 Dorer la viande : faites revenir les morceaux de lapin, à feu vif, avec un peu d'huile très chaude, dans une sauteuse ou une grande poêle.

2 Ajout de la farine : quand la viande est bien dorée, transvasez-la dans une cocotte sur feu vif. Ajoutez le beurre. Saupoudrez d'1 cuil. à soupe rase de farine. Mélangez avec une cuillère en bois pour que la farine au contact avec la matière grasse blondisse à son tour.

3 Mijotage : ajoutez l'oignon piqué de 3 clous de girofle, le bouquet garni, du sel et du poivre. Couvrez hermétiquement et laissez mijoter à feu doux 45 min environ. Quand le lapin est cuit, déposez les morceaux dans un plat de service creux. Tenez au chaud.

4 Liaison et service : dans un bol, délayez 2 cuil. à soupe de crème fraîche avec environ 1 cuil. à soupe de moutarde forte (dosez au goût). Incorporez avec un fouet au jus de cuisson sur feu doux. Versez sur le lapin aussitôt.

Mon avis

- *Le secret de la sauce à la moutarde qui ne tourne pas : elle ne doit jamais bouillir. Il vaut mieux, généralement, l'incorporer hors du feu à la sauce. Toutefois, si elle est jointe à une quantité importante de crème fraîche – comme dans le lapin à la moutarde – le mélange peut se faire sur le feu afin de réchauffer l'ensemble sans ébullition.*
- *Au micro-ondes, suivez les paragraphes 1 et 2 de la recette. Ajoutez dans la cocotte (Pyrex) l'oignon piqué des clous de girofle, le bouquet garni, le sel, le poivre. Cuisez couvert au micro-ondes 8 min (puissance maxi). Puis, remettez au micro-ondes 5 min avec la crème et la moutarde (puissance maxi). Laissez reposer.*

1 h 20

Gratin dauphinois

Difficulté ★ - **Coût** ★

Pour 4 personnes **Pommes de terre, 1 kg ▪ Beurre, 30 g ▪ Gruyère râpé, 50 g ▪ Lait, 2 verres environ ▪ Œuf, 1 ▪ Ail (facultatif), 1 gousse ▪ Sel, poivre**

1 Préchauffez le four à 200 °C (th. 6-7).

2 Épluchez les pommes de terre. Coupez-les en rondelles fines. Mettez le lait à bouillir.

3 Frottez un grand plat à gratin avec la gousse d'ail écrasée. Enduisez-le de beurre. Étalez-y les pommes de terre et la moitié du gruyère râpé.

4 Versez les trois quarts du lait bouillant sur les pommes de terre et enfournez pour 50 min environ. Mélangez délicatement deux ou trois fois avec deux fourchettes. Les pommes de terre cuiront plus régulièrement.

5 10 min avant la fin de la cuisson du gratin, battez l'œuf entier en omelette avec du sel, du poivre et le reste de lait. Versez sur les pommes de terre. Parsemez avec le reste de gruyère râpé et des noisettes de beurre. Remettez au four à 170 °C (th. 5-6), quelques minutes, le temps que la sauce épaississe.

Mon avis

- *La sauce du gratin donne parfois l'impression d'avoir « tourné » à la cuisson. Mais si vous suivez ma façon de faire, en ajoutant 1 œuf battu presque à la dernière minute (étape 5), vous éviterez cet inconvénient. La sauce de cuisson aura l'aspect d'une belle crème prise. On peut aussi ne mettre que de la crème à la place du lait qui sera entièrement absorbée par les pommes de terre.*
- *Si vous craignez le parfum de l'ail, n'en frottez pas le plat. Ce n'est pas indispensable. Une pincée de muscade râpée parfume agréablement.*
- *Ce gratin accompagne plutôt les viandes blanches.*

Pommes de terre sautées

40 min

Difficulté ★ - Coût ★

Pour 4 personnes **Pommes de terre à chair ferme, 1 kg ▪ Beurre, 50 g ▪ Huile, 1 cuil. à soupe ▪ Sel, poivre**

1 Épluchez les pommes de terre. Lavez-les. Coupez-les en morceaux assez réguliers. Mettez-les dans une casserole d'eau froide. Portez juste à ébullition. Égouttez et essuyez-les avec du papier absorbant avant de les faire sauter.

2 Faites bien chauffer le beurre ou l'huile dans une grande poêle. Jetez-y les pommes de terre. Remuez souvent la poêle pour qu'elles dorent sur toutes les faces, pendant 30 min, sur feu moyen. Salez et poivrez avant de servir.

Mon avis

- *Il est plus facile, plus rapide et plus digeste (car nécessitant moins d'huile) de faire des pommes de terre sautées avec des pommes de terre préalablement cuites à l'eau. Le résultat sera un peu différent mais bon tout de même si vous les rissolez bien ensuite.*
- *Une précaution : attendez que les pommes de terre cuites à l'eau soient bien refroidies avant de les éplucher et de les couper en tranches. Sinon elles s'écraseraient ou bien laissez-les refroidir avant le rissolage final.*

50 min

Purée de pommes de terre

Difficulté ★★ - **Coût** ★

Pour 4 personnes **Pommes de terre, 1 kg ▪ Beurre, 50 g ▪ Lait, 2 à 3 verres ▪ Sel, poivre**

1 Préparez la purée juste avant le repas. Épluchez les pommes de terre. Faites-les bouillir dans de l'eau salée 30 min.

2 Mettez le lait à bouillir.

3 Égouttez les pommes de terre et écrasez-les à travers une grille. Incorporez-y, en battant énergiquement avec une cuillère en bois, le beurre, puis le lait bouillant (peu à peu afin de bien le doser), du sel et du poivre. Servez sans tarder ou tenez au chaud au bain-marie.

Mon avis

- *La bonne purée est assez délicate à préparer : il faut la faire à la dernière minute et puis elle exige pas mal de vaisselle. Mais quel régal !*
- *Les pommes de terre nouvelles ne conviennent pas pour faire la purée. Elles ont tendance à coller. Ne battez surtout pas avec un batteur électrique à fouet, il la rend élastique. Pour faire une bonne purée, les pommes de terre doivent être passées à travers une grille, mécanique ou électrique, peu importe.*

Chou-fleur au gratin

40 min

Difficulté ★ - Coût ★

Pour 4 personnes **Chou-fleur, 1 kg ▪ Sel ▪ Beurre, 10 g**

Sauce Mornay **Beurre, 30 g ▪ Farine, 30 g (1 cuil. à soupe très pleine) ▪ Lait, 50 cl ▪ Gruyère râpé, 50 g ▪ Sel, poivre**

1 Faites bouillir de l'eau salée dans un faitout ou une grande casserole.

2 Séparez le chou-fleur en bouquets égaux. Ôtez-en les très grosses côtes. Lavez les bouquets. Plongez-les dans l'eau bouillante. Laissez bouillir de 15 à 20 min.

3 Sauce Mornay : faites fondre le beurre sur feu doux. Ajoutez-y la farine. Délayez sur le feu pendant quelques secondes jusqu'à ce que le mélange soit mousseux. Ajoutez-y le lait froid tout en remuant avec un fouet à main pour éviter les grumeaux. Salez et poivrez. Mélangez jusqu'à épaississement. Laissez cuire à feu extrêmement doux une dizaine de minutes. Hors du feu, incorporez-y la moitié du gruyère râpé.

4 Allumez le grill du four. Égouttez soigneusement le chou-fleur aussitôt cuit. Mettez-le dans un plat à four. Recouvrez de sauce. Parsemez de gruyère râpé et de noisettes de beurre. Glissez sous le grill quelques minutes.

Mon avis

- *À défaut de grill, allumez le bas du four à 240 °C (th. 8) et placez votre plat tout en haut pendant 5 à 10 min, pour qu'il gratine. Plus simple : contentez-vous d'arroser le chou-fleur de sauce, sans le gratiner.*
- *Pour un plat plus consistant, disposez quelques pommes de terre préalablement cuites à l'eau et quelques œufs durs autour du chou-fleur puis recouvrez le tout de sauce Mornay.*

1 h 15

Endives au gratin

Difficulté ★ - **Coût** ★

Pour 4 personnes **Endives, 1 kg ▪ Beurre, 50 g ▪ Oignon, 1 ▪ Citron, 1/2 ▪ Sel, poivre**
Sauce Mornay **Farine, 30 g (1 cuil. à soupe très pleine) ▪ Beurre, 30 g ▪ Lait, 50 cl ▪ Gruyère râpé, 50 g ▪ Muscade ▪ Sel, poivre**

1 Ôtez les feuilles flétries des endives. Avec un couteau pointu, creusez l'intérieur du pied qui, souvent, est amer. Lavez les endives à grande eau et essuyez-les aussitôt.

2 Dans une cocotte, faites fondre 30 g de beurre. Mettez-y l'oignon coupé en rondelles et les endives. Aspergez de citron. Salez, poivrez. Couvrez et laissez mijoter 1 h. Retournez pendant la cuisson qui doit être lente.

3 Sauce Mornay : sur feu doux, mélangez la farine avec le beurre. Laissez cuire un instant. Versez-y le lait froid d'un seul coup. Remuez jusqu'à ébullition. Ajoutez sel, poivre et muscade râpée. Laissez cuire 5 min. Hors du feu, incorporez-y le gruyère râpé.

4 Disposez les endives dans un plat à gratin. Couvrez de sauce Mornay. Parsemez de quelques noisettes de beurre et faites gratiner 5 min au four à 250 °C (th. 8-9).

Mon avis

- *Les endives au gratin deviennent, chez moi, le plat principal lorsque, avant de les mettre dans le plat à gratin, je les enrobe d'une demi-tranche de jambon très fine. Même ceux qui n'aiment pas beaucoup les endives les apprécient ainsi.*
- *Le jus de citron, ajouté aux endives pendant leur cuisson, les empêche de noircir. Pour ôter leur amertume, vous pouvez les cuire d'abord à l'eau salée 30 min et les mettre ensuite à gratiner avec de la sauce Mornay. Attention : égouttez-les bien avant de les couvrir de sauce, sinon elles rendraient de l'eau dans la sauce.*

Épinards à la crème

45 min

Difficulté ★ - Coût ★

Pour 4 personnes **Épinards, 2 kg ▪ Beurre, 30 g ▪ Crème fraîche, 10 cl ▪ Sel, poivre**

1 Faites bouillir de l'eau dans une grande marmite.

2 Équeutez les épinards et lavez-les dans beaucoup d'eau. Plongez-les dans l'eau en ébullition. Laissez-les bouillir 5 min. Égouttez-les en les pressant fortement pour en exprimer l'eau.

3 Mettez les épinards dans une cocotte avec le beurre. Mélangez avec une cuillère en bois, sur feu vif, afin de les faire dessécher un peu, pendant 2 ou 3 min. Ajoutez-y les trois quarts de la crème fraîche, du sel et du poivre. Couvrez et laissez mijoter tout doucement 10 min.

4 Incorporez le reste de crème fraîche aux épinards, juste avant de les apporter à table.

Mon avis

- *Pour relever le goût des épinards, j'y ajoute de la muscade râpée : une petite pincée, mais pas plus ! Les épinards ne sont jamais trop bien lavés ; ils retiennent la terre et croquent sous la dent. Faites-la bien dessécher avant d'y ajouter la crème, sinon l'eau ressortirait et la noierait.*
- *C'est une excellente garniture pour des viandes blanches avec un bon jus de cuisson, ainsi qu'avec des œufs.*

Carottes à la crème

30 min environ

Difficulté ★ - Coût ★

Pour 4 personnes **Carottes, 1 kg ▪ Beurre, 30 g ▪ Petits oignons blancs, 4 ▪ Ail, 1 gousse ▪ Clou de girofle, 1 ▪ Crème fraîche, 1 ou 2 cuil. à soupe ▪ Bouquet garni, 1 ▪ Sel, poivre**

1 Grattez et lavez les carottes. Coupez-les en fines rondelles.

2 Faites fondre 30 g de beurre dans une grande casserole. Jetez-y les carottes, les oignons en quatre, l'ail, le bouquet garni, le clou de girofle, du sel et du poivre. Couvrez d'une assiette creuse emplie d'eau. Laissez cuire doucement 30 min (en autocuiseur : 15 min).

3 Ôtez le bouquet garni et incorporez la crème fraîche avant de servir.

15 min

Fondue savoyarde

Difficulté ★ - **Coût** ★★★

Pour 4 personnes **Fromage de gruyère, 600 à 800 g . Ail, 2 gousses . Vin blanc sec, 3 verres . Kirsch, 2 verres à liqueur . Fécule, 1 cuil. à café . Bicarbonate de soude, 2 pincées . Muscade râpée, 2 pincées . Pain, quelques tranches . Sel, poivre**

1 Coupez le pain en petits morceaux. Mettez-en dans chaque assiette.

2 Râpez le fromage en copeaux. Frottez d'ail un poêlon. Laissez-y le reste des gousses. Versez-y le vin et faites chauffer sur feu moyen. Ajoutez-y peu à peu les copeaux de fromage, sans cesser de tourner avec une cuillère en bois.

3 Lorsque la fondue prend consistance, incorporez-y le kirsch, le bicarbonate, la fécule et la muscade râpée. Poivrez et salez si c'est nécessaire.

4 Apportez la fondue à table et maintenez-la au chaud sur un réchaud. Chaque convive fait glisser un morceau de pain entre les dents de sa fourchette et le trempe dans la fondue en opérant un mouvement tournant.

Mon avis

- *Si vous tenez à servir quelque chose avant la fondue, que ce soit de simples crudités ou un léger potage. Pour terminer, un entremets aux fruits ou, mieux encore, une glace. Comme boisson : un vin blanc sec bien frais, suisse de préférence ou un vin blanc d'Alsace.*
- *Autant que possible, faites la fondue avec deux sortes de fromages : moitié gruyère, moitié emmental, ou même du gruyère de deux meules différentes.*
- *Le bicarbonate mis en fin de cuisson rend la fondue plus digeste.*
- *La fécule l'empêche de tourner, mais si l'accident se produisait malgré tout, une goutte de vinaigre rattraperait la fondue.*

30 min

Spaghetti à la provençale

Difficulté ★ - **Coût** ★

Pour 4 personnes **Spaghetti, 250 g ▪ Beurre, 50 g ▪ Tomates, 1 kg ▪ Ail, 2 gousses ▪ Oignon haché, 1 ▪ Anchois à l'huile égouttés, 40 g ▪ Bouquet garni, 1 ▪ Sel, poivre**

1 Faites cuire les spaghetti.

2 Coupez les tomates en morceaux. Faites-les revenir à feu vif, avec 50 g de beurre. Ajoutez-y l'ail, l'oignon haché, le bouquet garni, du sel et du poivre. Couvrez. Laissez cuire 15 min. Passez le tout à la moulinette. Ajoutez-y les anchois en petits morceaux.

3 Recouvrez les spaghetti égouttés avec la purée de tomates aux anchois.

Mon avis

- Vous pouvez réchauffer des pâtes déposées dans une passoire, puis plongées dans de l'eau en ébullition, 2 min environ. Égouttez-les et accommodez-les aussitôt après.

- Un reste de pâtes se réchauffe très bien au micro-ondes, entre deux assiettes.

Pour une plus grande quantité, étalez les pâtes, avec ou sans sauce, dans un plat hermétiquement couvert d'un film étirable. Comptez de 2 à 3 min (puissance maxi) selon la quantité de pâtes. Mélangez à mi-cuisson.

Tomates farcies

1 h

Difficulté ★ - Coût ★

Pour 4 personnes **Tomates, 4 grosses ▪ Mie de pain rassis, 50 g ▪ Lait, 1/2 verre ▪ Viande hachée, 150 à 200 g ▪ Oignon, 1 ▪ Ail, 1 gousse ▪ Œuf, 1 ▪ Beurre, 25 g ▪ Chapelure (ou biscotte écrasée), 50 g ▪ Persil ▪ Sel, poivre**

1 Découpez un couvercle dans chaque tomate du côté opposé à la tige. Videz les tomates avec une cuillère à café, en veillant à ne pas trouer la peau. Gardez le jus. Salez-les et retournez-les sur un plat pour mieux les égoutter.

2 Mouillez la mie de pain avec 1/2 verre de lait chaud. Hachez persil, oignon et ail. Préchauffez le four à 170 °C (th. 5-6).

3 Pressez la mie de pain. Malaxez-la bien dans une terrine avec la viande hachée, l'œuf, le hachis de persil, d'oignon et d'ail, du sel, du poivre et un peu de jus des tomates pour humidifier si c'est nécessaire. Tassez cette farce dans les tomates.

4 Beurrez un plat à feu. Déposez les tomates dedans. Parsemez-les de chapelure et de noix de beurre. Faites cuire au four pendant 30 min. Replacez les couvercles sur chaque tomate et laissez cuire 10 min de plus.

Mon avis

- *Pour qu'elles s'égouttent mieux, retournez les tomates sur une grille à gâteau posée sur une assiette.*
- *Serrez bien les tomates en les rangeant dans le plat à feu. Elles éclateront moins facilement en cuisant.*
- *On prépare généralement des tomates farcies pour utiliser un reste de viande bouillie ou rôtie. Mais si vous n'avez pas de reste de viande, préparez une farce avec de la chair à saucisse ; le charcutier en vend même par très petites quantités.*

Sauce bolognaise

50 min

Difficulté ★ - Coût ★

Pour 4 personnes **Carotte, 1 ▪ Oignon, 1 ▪ Beurre, 30 g ▪ Farine, 1 cuil. à soupe très pleine ▪ Tomates fraîches, 2 ▪ Concentré de tomates, 1 cuil. à café ▪ Bouillon de viande ou eau, 50 cl ▪ Champignons de Paris, 50 g ▪ Jambon de Paris, 1 tranche fine ▪ Persil, cerfeuil, estragon ▪ Sel, poivre**

1 Épluchez la carotte et l'oignon. Coupez-les en petits morceaux. Mettez-les à revenir avec le beurre. Saupoudrez de farine. Remuez jusqu'à ce que le mélange brunisse bien.

2 Ajoutez, d'un seul coup, le bouillon froid ou d'eau, le concentré de tomates, les tomates fraîches coupées, du sel et du poivre. Mélangez jusqu'à épaississement. Laissez bouillir doucement 30 min environ, sans couvrir. La sauce doit diminuer de moitié.

3 Lavez les champignons et coupez-les en très petits morceaux ainsi que le jambon.

4 Passez la sauce. Remettez-la sur feu doux, avec le hachis de champignons et de jambon, une dizaine de minutes. Ajoutez persil, cerfeuil et estragon hachés, au moment de servir.

Mon avis

- *Vous pouvez utiliser une petite boîte de champignons. Ajoutez-les dans la sauce.*
- *Le persil suffit, mais un mélange d'herbes variées donnera encore plus de saveur.*
- *Accompagne les pâtes, le riz et certains légumes cuits à l'eau tels que : céleri, fenouil, bettes.*

15 min

Sauce Béchamel

Difficulté ★★ - Coût ★

Pour 4 personnes **Beurre, 30 g ▪ Farine, 30 g (1 cuil. à soupe très pleine) ▪ Lait froid, 50 cl ▪ Sel, poivre**

1 Faites fondre, sur feu doux, le beurre. Ajoutez-y la farine. Délayez sur le feu pendant quelques secondes jusqu'à ce que le mélange soit mousseux.

2 Ajoutez-y d'un seul coup le lait froid. Salez et poivrez. Mélangez jusqu'à épaississement. Laissez cuire à feu extrêmement doux une dizaine de minutes.

Mon avis

- *Une pincée de muscade râpée relève le goût un peu douceâtre de la sauce Béchamel.*
- *Pour préparer une sauce crème, il suffit d'ajouter à la béchamel 2 ou 3 cuil. de crème fraîche et, selon votre goût, un peu de citron.*
- *Accompagne les œufs pochés ou durs, les viandes blanches, le poisson au court-bouillon et la plupart des légumes cuits à l'eau.*
- *Il vaut mieux mélanger les sauces avec un fouet à sauce en fil de laiton plutôt qu'avec une cuillère en bois. Cela va beaucoup plus vite et évite les grumeaux.*

Desserts

40 min

Compote de pommes

Difficulté ★ - **Coût** ★★

Pour 4 personnes **Pommes, 1 kg environ ▪ Sucre en poudre, 125 g (7 à 8 cuil. à soupe)**

1 Épluchez les pommes et coupez-les en quartiers. Mettez-les à cuire sur feu doux, dans une casserole couverte, 30 min environ.

2 En fin de cuisson, ajoutez-y le sucre. Mélangez vigoureusement avec une cuillère en bois, pour faire fondre le sucre et réduire la compote en purée légère.

Mon avis

- *Le temps de cuisson peut varier selon la qualité des pommes. Ajoutez un tout petit peu d'eau si la cuisson se prolonge.*
- *Je termine souvent ma compote de pommes en y ajoutant 1 noix de beurre frais et un peu de cannelle (1/4 de cuil. à café) ou du sucre vanillé.*
- *Les maîtresses de maison anglaises parfument avec quelques clous de girofle. Ce n'est pas mal... à condition de penser à ôter les clous de girofle avant de servir la compote!*
- *Pour obtenir une texture mousseuse, mixez la compote.*

Charlotte de pommes

1 h 15

Repos au frais : plusieurs heures

Difficulté ★ - **Coût** ★

Pour 4 personnes **Pommes (reinettes), 1 kg ▪ Beurre, 50 g ▪ Sucre en poudre, 150 g (9 cuil. à soupe) ▪ Raisins secs, 100 g ▪ Cannelle (facultatif), 1/4 à 1/2 cuil. à café**

1 Épluchez et coupez les pommes en lamelles fines. Allumez le bas du four à 200 °C (th. 6-7).

2 Beurrez un moule à charlotte. Mettez le tiers des pommes, 3 cuil. à soupe de sucre, la moitié des raisins, la moitié du beurre en petits morceaux et la cannelle ; puis, à nouveau, le tiers des pommes, 3 cuil. à soupe de sucre, le reste des raisins et des pommes. Terminez avec 3 cuil. à soupe de sucre et le reste du beurre. Tassez bien.

3 Couvrez le moule d'une feuille d'aluminium ou d'un couvercle et enfournez pour 1 h environ. À mi-cuisson, tassez un peu les pommes à l'aide d'une cuillère et remettez dans le four. Ne démoulez qu'une fois la charlotte complètement refroidie.

Mon avis

- *À défaut d'un moule à charlotte (en métal, à bords très hauts et muni de 2 petites oreilles), un moule à soufflé, qui est également assez profond, fera l'affaire.*
- *Il est préférable de préparer cette charlotte avec des pommes un peu acides comme les reinettes. La charlotte prendra mieux en gelée.*
- *Tout le monde n'aime pas le goût de la cannelle. Certains préfèreront du jus et zeste de citron ou du sucre vanillé, par exemple.*

Clafoutis

55 min

Difficulté ★ - **Coût** ★

Pour 4 personnes **Cerises, 500 g ▪ Farine, 60 g (2 cuil. à soupe très pleines) ▪ Sucre en poudre, 125 g (7 à 8 cuil. à soupe) ▪ Œufs, 3 ▪ Lait, 2 verres ▪ Beurre, 1 noix ▪ Sel, 1 pincée**

1 Lavez et équeutez les cerises. Égouttez-les bien. Préchauffez le four à 200 °C (th. 6-7).

2 Dans une terrine, mélangez farine, sucre en poudre et sel. Incorporez-y, peu à peu, les œufs entiers et le lait froid.

3 Mettez les cerises non dénoyautées dans un plat à gratin beurré. Versez la pâte dessus. Enfournez pour 45 min environ. Servez cet entremets froid ou tiède, après l'avoir saupoudré de sucre.

Mon avis

- *La pâte à clafoutis est tout simplement une pâte à crêpes très épaisse. Le clafoutis classique se fait avec des cerises noires, mais il est très bon aussi avec des cerises aigres, dites Montmorency.*
- *Vous préférerez peut-être dénoyauter les fruits. Cependant, je trouve que les cerises avec leur noyau donnent au clafoutis une saveur incomparable.*
- *Suivant la saison, remplacez les cerises par des abricots, prunes, mirabelles, pommes, etc.*
- *Si vous êtes plus « fruit » que « pâte », confectionnez le clafoutis dans une tourtière et non un moule à gâteau (et réduisez les quantités de pâte).*

Gâteau au yaourt

50 min
+ refroidissement

Difficulté ★ - Coût ★

Pour 6 personnes **Yaourt nature, 1 pot ▪ Beurre fondu (1/2 pot), 60 g ▪ Sucre en poudre, 2 pots ▪ Farine, 3 pots ▪ Levure chimique, 1/2 sachet ▪ Sucre vanillé, 1 sachet ▪ Sel, 2 pincées ▪ Œufs, 2.**
Matériel **1 moule à soufflé ou à charlotte de 18 cm de diamètre**

1 Allumez le four à 170 °C (th. 5-6).

2 Mettez le beurre à fondre dans le moule, à four doux. Retirez du four avant qu'il ne colore.

3 Versez le yaourt dans le bol du mixeur.

4 Utilisez le pot vide pour mesurer 2 pots de sucre que vous fouettez bien avec le yaourt au batteur électrique.

5 Incorporez-y, l'un après l'autre : 3 pots de farine, la levure chimique, les œufs, le sucre vanillé et le sel. Vous devez obtenir une pâte ferme.

6 Mélangez-y rapidement le beurre fondu. Versez dans le moule.

7 Mettez à four moyen (170 °C, th. 5-6) de 40 à 50 min. Démoulez au sortir du four, mais laissez refroidir avant de déguster.

Mon avis

- *Il est courant de faire ce gâteau avec de l'huile, facilement mesurée dans le pot de yaourt. Mais, personnellement, je préfère le goût du beurre fondu.*
- *N'ouvrez surtout pas le four pendant la cuisson car vous feriez retomber le gâteau.*
- *Pour donner une autre saveur à votre gâteau au yaourt, faites-le avec du beurre noisette.*

55 min

Gâteau brioché

Repos de la pâte : 2 h

Difficulté ★★★ - **Coût** ★★

Pour 4 personnes **Farine, 250 g ▪ Levure sèche de boulanger, 1 sachet ▪ Lait tiède, 3 ou 4 cuil. à soupe ▪ Œufs moyens, 2 ▪ Sucre en poudre, 40 g (2 cuil. à soupe) ▪ Sel, 1 cuil. à café rase ▪ Beurre ramolli, 100 g**

Matériel **1 moule à cake de 26 cm ou 2 plus petits**

1 La pâte : dans un très grand saladier, mélangez la farine et la levure sèche, puis le lait tiède. Incorporez-y ensuite les œufs, puis la moitié du sucre et le sel. Malaxez à la main ou avec le pétrin du robot, pendant 15 min, pour obtenir une pâte élastique et assez ferme.

2 Incorporer le beurre : aplatissez la pâte avec la paume de la main. Enfermez dedans 1/3 du beurre ramolli, en pétrissant. Quand il est absorbé, ajoutez le reste du beurre en deux fois, de la même façon. Travaillez encore la pâte à pleine main (ou avec le pétrin) pendant 5 à 7 min pour lui donner de l'élasticité. Farinez-la légèrement pour qu'elle se mette facilement en boule.

3 Repos : couvrez avec une feuille d'aluminium ou un linge et laissez lever dans un endroit chaud pour que la pâte double de volume (environ 1 h).

4 Le moulage : quand elle est suffisamment gonflée, faites-la retomber en la battant pendant quelques secondes et ajoutez-y le reste du sucre. Versez-la aussitôt dans le moule préalablement beurré. Couvrez et remettez à lever jusqu'à ce qu'elle emplisse le moule (environ 1 h). Ou encore, gardez le moule ainsi garni dans le réfrigérateur, jusqu'au lendemain.

5 Cuisson : glissez la plaque dans le four en préchauffage à 200 °C (th. 6-7).

6 Avec la pointe des ciseaux mouillée, entaillez le dessus de la brioche en 5 ou 6 endroits pour qu'elle monte plus facilement.

7 Mettez le moule sur la plaque chaude, à mi-hauteur du four chaud pendant 30 à 35 min. Démoulez sur une grille au sortir du four.

Quatre-quarts

1 h

+ refroidissement

Difficulté ★ - **Coût** ★

Pour 4 personnes **Œufs entiers, 2 (à peser) ▪ Sucre en poudre, même poids que les œufs ▪ Beurre, même poids que les œufs ▪ Farine, même poids que les œufs ▪ Sucre vanillé, 1/2 sachet ou Zeste râpé de citron ou d'orange, 1 ▪ Levure chimique, 1/2 cuil. à café ▪ Sel, 2 pincées**

1 Préchauffez le four à 200 °C (th. 6-7). Battez au fouet électrique le sucre et les œufs entiers, assez longuement pour obtenir une crème blanchâtre et légèrement mousseuse.

2 Mettez le beurre dans le moule de cuisson. Quand il est presque fondu, incorporez-le à la préparation précédente en continuant de fouetter jusqu'à ce qu'il soit bien absorbé. Ajoutez enfin, d'un seul coup, sans trop insister, la farine mélangée avec la levure, le sel et le parfum choisi.

3 Versez la pâte obtenue dans un moule à manqué de 18 à 20 cm de diamètre ou 1 moule à cake de 20 cm beurré et fariné légèrement. Enfournez le gâteau de 40 à 45 min en le couvrant d'une feuille d'aluminium dès que la surface est assez colorée.

4 Au sortir du four, démoulez-le sur une grille. Laissez-le refroidir complètement avant de le déguster.

Mon avis

- *Votre quatre-quarts sera plus mousseux et fondant si vous tamisez ensemble farine et levure. Versez-les simplement dans un tamis à grille fine et secouez-le au-dessus du saladier où vous faites votre mélange.*
- *Pour une réussite parfaite, respectez bien l'ordre du mélange, tel qu'il est indiqué dans la recette.*
- *Quand le quatre-quarts est juste refroidi, enveloppez-le dans du papier d'aluminium et mettez-le dans le réfrigérateur jusqu'au moment de déguster. Il se conserve ainsi très bien pendant plusieurs jours et garde son moelleux.*

Tarte aux pommes

1 h 30

Difficulté ★ - Coût ★

Pour 4 personnes
Pâte brisée **Farine, 150 g (5 cuil. à soupe très pleines) ▪ Beurre, 75 g ▪ Sel, 1/2 cuil. à café**
Garniture **Pommes, 1 kg ▪ Sucre, quelques cuil. à soupe**

1 Pâte brisée : mélangez la farine, le sel et le beurre en morceaux, en pressant et frottant les paumes des mains l'une contre l'autre. Ajoutez environ 1/2 verre d'eau à cette pâte granuleuse. Pétrissez vivement. Mettez en boule. Écrasez-la avec la paume de la main. Remettez en boule. Cela, trois fois. Avec le rouleau à pâtisserie, étalez la pâte assez fine. Garnissez-en un moule à tarte d'environ 20 cm de diamètre.

2 Préchauffez le four à 200 °C (th. 6-7). Épluchez les pommes et coupez-les en fines tranches. Placez-les, se chevauchant très serrées, sur la pâte. Mettez à mi-hauteur du four chaud, 30 min environ. Démoulez au sortir du four, sur une grille. Sucrez abondamment.

Mon avis

- *Une pâte à tarte est dure parce que : vous l'avez travaillée trop longtemps ; vous y avez ajouté trop d'eau (mieux vaut un peu moins qu'un peu trop).*
- *Elle s'étend mal, elle est cassante, parce que vous n'avez pas mis assez d'eau. Aspergez-la de quelques gouttes. Mais faites vite, pour ne pas faire durcir la pâte.*
- *Les bords retombent à la cuisson, parce que : la pâte était trop molle (trop d'eau ou beurre trop mou parce que température ambiante trop chaude) ; le four n'était pas assez chaud ; vous n'avez pas bien « accroché » la pâte au bord du moule.*

2 h

Tarte Tatin

Difficulté ★ - Coût ★

Pour 4 personnes **Sucre, 80 g (4 cuil. à soupe) ▪ Beurre, 50 g ▪ Pommes fermes moyennes, 7 ▪ Pâte terminée (brisée ou feuilletée), 300 g ▪ Crème fraîche, un peu**
Matériel **1 moule profond (à soufflé ou à manqué) de 20 cm de diamètre**

1 À l'avance : faites dégeler la pâte (ou préparez-la vous-même). Étalez le sucre dans le fond du moule. Parsemez avec le beurre en noisettes. Pelez les pommes entières. Coupez-les en deux pour en ôter cœur et pépins. Disposez-les dans le moule en les reformant, debout et bien serrées.

2 Les fruits : déposez le moule sur feu doux, pour commencer (intercalez au besoin un diffuseur de chaleur entre la flamme et le moule). Quand le beurre est fondu, passez à feu moyen. Le caramel se forme et bouillonne. Appuyez délicatement sur les pommes avec une cuillère pour les aplatir légèrement au fur et à mesure de leur cuisson. Surveillez pour que le caramel ne noircisse pas. Au bout d'une vingtaine de minutes, le jus caramélisé a augmenté, cuisant les pommes qui deviennent dorées et luisantes. Retirez du feu. Laissez tiédir ou refroidir.

3 La tarte : étalez la pâte en un rond de 2 mm d'épaisseur, un peu plus large que le moule. Posez-la directement sur les pommes en la faisant rentrer tout autour à l'intérieur entre les fruits et le moule. Mettez au réfrigérateur jusqu'au moment de la cuisson.

4 Cuisson : avant le repas, allumez le four à 230 °C (th. 7-8). Quand il est très chaud, glissez-y le moule à mi-hauteur pendant 15 min environ.

5 Présentation : retournez la tarte sur un plat, au sortir du four. Tenez-la au chaud pour la présenter tiède au dessert, avec une coupelle de crème fraîche.

1 h

+ refroidissement

Biscuit génois

Difficulté ★ - Coût ★

Pour 6 à 8 personnes **Œufs, 3 ▪ Sucre, 100 g ▪ Sucre vanillé, 1 sachet ▪ Sel, 2 pincées ▪ Rhum, 1 cuil. à soupe ▪ Farine, 75 g ▪ Fécule, 75 g ▪ Levure chimique, 1 cuil. à café rase ▪ Beurre 75 g ▪ Citron non traité (jus et zeste râpé) ▪ Un peu de farine pour le moule**

Matériel **1 moule à manqué de 20 cm de diamètre**

1 La pâte : allumez le four à 200 °C (th. 6-7). Réchauffez le saladier dans lequel vous allez travailler en l'emplissant d'eau chaude. Plongez-y aussi les œufs pendant 1 ou 2 min. Égouttez et essuyez le tout.

2 Dans ce saladier chaud, cassez les œufs tiédis. Mettez-y les sucres, sel et rhum. Fouettez rapidement au batteur électrique. Quand vous obtenez un mélange mousseux et blanchâtre, continuez de battre 2 ou 3 min pour refroidir la préparation.

3 Ajoutez alors la farine, la fécule et la levure tamisée ensemble. Mélangez bien.

4 Faites juste fondre le beurre dans le moule. Incorporez-le doucement à la pâte, ainsi que le jus et le zeste râpé du citron, sans insister.

5 La cuisson : farinez légèrement le moule déjà graissé. Versez la pâte dedans. Mettez à four chaud 40 min environ. Démoulez au sortir du four. Laissez refroidir sur une grille. Présentez le biscuit tel quel ou garnissez-le selon votre goût.

Mon avis

- *Le biscuit, après avoir été coupé en tranches horizontales, se prête bien aux garnitures diverses : crème moka, mousse au chocolat, confiture, etc. Il est plus facile à réussir que la génoise traditionnelle, tout en étant très savoureux.*
- *C'est pour simplifier que je chauffe la terrine et les œufs (sans que cela brûle la main) pour y faire le mélange œufs et sucres (§ 1 et 2). J'obtiens ainsi un bon résultat. Mais il serait plus orthodoxe de plonger la terrine dans un bain-marie chaud et de tenir le tout sur feu doux pendant le mélange.*

Biscuit roulé à la confiture

30 min

+ refroidissement

Difficulté ★ - Coût ★

Pour 4 à 6 personnes

Pâte à biscuit **Œufs, 3 ▪ Sucre en poudre, 100 g ▪ Sucre vanillé, 1 sachet ▪ Farine, 80 g ▪ Sel, 2 pincées**

Garniture **Confiture (fraises, framboises) ou gelée de groseilles, 1 pot de 200 g**

Décor **Sucre cristallisé ou sucre glace, 40 g (2 cuil. à soupe)**

Matériel **1 moule rectangulaire peu profond de 20 x 30 cm ou 1 couvercle métallique de boîte à biscuits ▪ 1 large feuille d'aluminium**

1 Allumez le four à 260 °C (th. 8-9). Recouvrez le fond du couvercle ou du moule avec une feuille d'aluminium.

2 Biscuit : travaillez au batteur électrique les jaunes d'œufs, le sucre et le sucre vanillé jusqu'à ce que le mélange blanchisse et retombe en ruban souple. Dans une autre terrine, battez les blancs en neige ferme avec les fouets parfaitement nettoyés.

3 Au mélange sucres et jaunes, incorporez délicatement, mais rapidement, la moitié de la farine, puis la moitié des blancs en neige, le reste de farine, les pincées de sel, et enfin le reste des blancs en neige. Utilisez une cuillère en bois pour cette opération.

4 Cuisson : étalez rapidement cette pâte sur 1 cm d'épaisseur, dans le moule préparé. Enfournez à mi-hauteur du four très chaud de 8 à 10 min.

5 Étalez une fine couche de confiture sur le biscuit chaud. Roulez-le aussitôt sur lui-même tout en le maintenant dans la feuille d'aluminium pour qu'il ne se casse pas. Laissez-le refroidir ainsi enveloppé.

6 Débarrassez le biscuit de son enveloppe d'aluminium. Déposez-le sur un plat à cake. Saupoudrez-le de sucre. Tapotez pour faire adhérer.

30 min

Pain perdu

Difficulté ★ - **Coût** ★

Pour 4 personnes **Pain ou brioche rassise, 4 ou 8 tranches (selon leur dimension) ▪ Lait, 25 cl ▪ Sucre en poudre, 100 g (6 cuil. à soupe) ▪ Rhum, 2 cuil. à soupe ▪ Œufs, 2 ▪ Huile, 1 cuil. à soupe ▪ Beurre, 50 g**

1 Mélangez, dans un plat creux, le lait, 2 cuil. à soupe de sucre et 2 cuil. à soupe de rhum. Dans un autre plat, battez les œufs en omelette.

2 Trempez les tranches de pain successivement dans le lait sucré, 2 min, pour les laisser s'imbiber, puis dans les œufs battus.

3 Faites chauffer modérément l'huile et le beurre dans une large poêle. Mettez-y les tranches de pain à dorer 1 ou 2 min sur chaque face.

4 Disposez-les dans un plat. Saupoudrez généreusement de sucre et servez.

Mon avis

- *Le pain légèrement rassis donne de meilleurs résultats.*
- *Variante pour un vrai dessert cuisiné : servez avec une poêlée de cerises à la verveine.*
- *Il m'arrive aussi de servir le pain perdu froid, recouvert de marmelade de quetsches très sucrée.*
- *Le rhum peut être supprimé pour les enfants. Le sucre vanillé, en revanche, plaît à tous.*

Meringues

1h30

Difficulté ★ - **Coût** ★

Pour 4 personnes **Blancs d'œufs, 2 ▪ Sucre en poudre, 125 g (7 à 8 cuil. à soupe) ▪ Beurre, 1 noix ▪ Jus de citron, 1 cuil. à café ▪ Farine, 1 cuil. à soupe ▪ Sel, 1 pincée**

1 Mettez dans un saladier les blancs d'œufs, le sucre en poudre, le sel et le jus de citron. Battez avec un fouet mécanique ou électrique, jusqu'à ce que le mélange, très lisse et brillant, tienne aux branches du fouet.

2 Enduisez de beurre la plaque du four. Farinez-la très légèrement et déposez dessus les meringues, à l'aide d'une cuillère, en les espaçant de 2 cm environ.

3 Enfournez à 60 °C environ (th. 1-2) pendant 1 h au moins.

Mon avis

- *Les pâtissiers laissent parfois les meringues la nuit entière dans une étuve légèrement chauffée. Soyez donc aussi patient qu'eux et attendez que vos meringues soient parfaitement desséchées si vous ne voulez pas les voir retomber au sortir du four.*
- *Les blancs d'œufs trop froids « montent » mal. Sortez-les du réfrigérateur 30 min avant de les utiliser.*
- *Les meringues se décollent plus facilement d'une plaque graissée et farinée.*
- *Le four doit être doux au moment où vous y mettez les meringues. Elles sont bien cuites quand elles apparaissent légèrement colorées et dures.*

10 min

Crème Chantilly

Difficulté ★★ - **Coût** ★★

Pour 4 personnes **Crème fraîche liquide pasteurisée (« fleurette »), 20 cl . Sucre vanillé, 2 ou 3 sachets**

1 Mettez la crème fraîche à l'endroit le plus froid du réfrigérateur avant de la battre.

2 Battez avec un fouet à longues branches (genre fouet à sauce), sur un rythme assez lent et d'un geste assez large, de façon à incorporer le plus d'air possible dans la crème. Ou procédez avec un batteur électrique si votre crème est assez liquide et bien froide.

3 Dès que la crème mousse et tient aux branches du fouet, incorporez le sucre vanillé puis cessez immédiatement de la battre car elle tournerait assez vite en beurre. Conservez-la au frais jusqu'au moment de la servir.`

Mon avis

La crème fraîche doit être extrêmement froide, ainsi que le bol où vous la fouettez. Si vous n'avez pas eu le temps de la laisser séjourner dans un réfrigérateur, mettez le bol de crème sur de la glace pilée pendant toute l'opération de fouettage.

Crème renversée au caramel

1 h

Au frais : 2 à 3 h **Difficulté** ★ - **Coût** ★

Pour 4 personnes

Crème **Lait, 50 cl ▪ Sucre en poudre, 100 g (6 cuil. à soupe) ▪ Sucre vanillé, 1 sachet ▪ Œufs, 3 ou 4**

Caramel **Sucre en poudre, 50 g (3 cuil. à soupe) ▪ Citron, quelques gouttes**

1 Caramel : dans un moule, mettez le sucre, 1/4 de verre d'eau et quelques gouttes de jus de citron. Faites cuire sur feu moyen. Quand le caramel commence à prendre couleur, faites-le voyager à l'intérieur du moule en le tenant sur le feu. Retirez du feu aussitôt que le caramel est suffisamment coloré pour votre goût.

2 Préchauffez le four à 200 °C (th.6-7). Faites bouillir le lait avec le sucre et le sucre vanillé.

3 Battez les œufs en omelette dans un saladier. Versez-y le lait bouillant, petit à petit en fouettant sans arrêt.

4 Versez le mélange dans le moule caramélisé. Déposez celui-ci sur la plaque creuse du four, emplie d'eau (bain-marie). Enfournez de 30 à 45 min. Ne laissez surtout pas bouillir. La crème est suffisamment cuite lorsqu'elle est ferme sous le doigt et couverte d'une croûte dorée. Laissez refroidir complètement avant de démouler.

Mon avis

- *Enfilez une moufle ou un gant de cuisine pour manipuler le moule enduit de caramel brûlant. À défaut de gant, utilisez un petit carré de tissu éponge, mais surtout pas un grand torchon avec lequel vous risquez d'accrocher la queue d'une casserole.*
- *Pour récupérer le caramel resté au fond du moule, versez dessus 2 a 3 cuil. à soupe d'eau chaude. Reportez doucement à ébullition en frottant le fond du moule avec une cuillère en bois, puis versez sur la crème.*
- *Plus pratique : le caramel liquide vendu en petites bouteilles dans le commerce.*

Riz au lait

45 min

Difficulté ★ - Coût ★★

Pour 4 personnes **Riz rond, 200 g ▪ Lait, 75 cl environ ▪ Beurre, 1 noix ▪ Sucre en poudre, 150 g (9 cuil. à soupe) ▪ Sucre vanillé, 1 sachet ▪ Sel, 1 pincée**

1 Lavez le riz à grande eau. Mettez-le à bouillir 5 min environ. Égouttez-le. Mettez le lait sur le feu avec le sucre vanillé, le sel et le riz bien égoutté. Couvrez à demi et laissez cuire, sur feu très doux, jusqu'à absorption presque complète du lait (de 30 à 35 min).

2 Quand le riz est cuit, retirez-le du feu. Mélangez-y le sucre et le beurre pour terminer la cuisson. Servez le riz au lait bien froid, tel quel ou avec de la confiture.

Mon avis

- *Le lait risque moins d'attacher au fond de la casserole si vous le sucrez légèrement en le mettant sur le feu : 1 sachet de sucre vanillé ou 1 cuil. à soupe de sucre suffit. Le reste du sucre ne doit être ajouté qu'à la fin de la cuisson, sinon le riz resterait un peu dur.*
- *Il est inutile de remuer le riz en cours de cuisson. Mélangez-le seulement lorsque vous ajoutez le sucre.*
- *Pour changer un peu, je parfume parfois mon riz au lait avec le zeste râpé d'une orange ou d'un citron, ou je l'accompagne de pommes sautées au beurre.*

30 min

Petits sablés

Repos de la pâte : 1h

Difficulté ★ - **Coût** ★

Pour 24 sablés **Farine, 150 g ▪ Sucre en poudre, 75 g ▪ Sel, 2 pincées ▪ Beurre mou, 75 g ▪ Jaunes d'œufs, 2 ou œuf entier, 1**

Matériel **1 verre à porto ou 1 emporte-pièce de 4 cm**

1 Pâte : dans une grande terrine, mettez la farine, le sucre, le sel et le beurre mou en petits morceaux. Pressez entre les paumes des mains frottées l'une contre l'autre jusqu'à obtention d'un mélange qui s'effrite en petits grains. Vous « sablez » ainsi la pâte. (Peut se faire avec le batteur électrique.)

2 Incorporez-y les jaunes d'œufs (ou l'œuf entier) très rapidement, sans trop insister (sinon vous obtiendriez une pâte dure qui, une fois cuite, n'aurait plus la consistance sablée recherchée). Quand la pâte ne colle plus aux doigts, formez-en une boule. Couvrez-la et laissez-la reposer, au réfrigérateur si possible.

3 Façonnage et cuisson : allumez le four à 170 °C (th. 5-6). Étalez la pâte sur 1/2 cm d'épaisseur environ. Découpez-la en rondelles à l'aide d'un verre ou d'un emporte-pièce préalablement trempé dans la farine. Déposez les sablés sur une plaque à pâtisserie légèrement beurrée. Mettez à four moyen. Laissez cuire jusqu'à ce que les gâteaux soient un peu dorés, de 10 à 12 min. Décollez-les au sortir du four et laissez-les refroidir sur une grille.

Mon avis

- *Les sablés sont délicieux à peine refroidis, mais ils se conservent très bien au réfrigérateur, dans un récipient en plastique hermétique.*
- *Congélation : la pâte sablée se conserve sans problème de une à deux semaines dans le réfrigérateur, jusqu'à deux mois dans le congélateur. Dans les deux cas, laissez revenir la pâte à la température de la cuisine avant de l'étaler. Ceci peut prendre plusieurs heures si la pâte est congelée.*

15 min

Glace à la vanille

À l'avance : 3 h

Difficulté ★★ - **Coût** ★★★

Pour 4 personnes **Lait, 1/2 l ▪ Jaunes d'œufs, 5 ▪ Sucre en poudre, 250 g ▪ Crème fraîche, 150 g ▪ Sucre vanillé, 1 ou 2 sachets ▪ Fécule de pommes de terre ou Maïzéna, 10 g (1 cuil. à café rase) ▪ Sel, 1 pincée**

1 Mettez le lait à bouillir avec du sel et le sucre vanillé.

2 Avec une cuillère en bois, délayez les jaunes d'œufs dans une terrine avec le sucre et 1 cuil. à café rase de fécule de pommes de terre ou de Maïzena, jusqu'à ce que le mélange blanchisse légèrement.

3 Incorporez-y un peu de lait bouillant. Puis remettez dans la casserole, sans cesser de mélanger, sur feu doux. Dès que la crème épaissit et adhère à la cuillère, retirez-la du feu. Ne laissez pas bouillir, sinon la crème tournerait. Laissez refroidir complètement.

4 Incorporez-y la crème fraîche. Battez bien le tout avec un fouet à sauce ou un batteur électrique. Versez dans le bac à glaçons et mettez dans le congélateur (freezer) du réfrigérateur. Cette glace demande 2 heures environ pour prendre complètement.

Mon avis

- *Cette recette est facile mais demande du temps et du soin.*
- *Remuez le mélange deux ou trois fois pendant la congélation.*
- *Le temps de congélation peut varier selon les réfrigérateurs.*

Crêpes

30 min

Repos avant cuisson : 1 h **Difficulté ★ - Coût ★**

Pour 4 personnes **Farine, 150 g (5 cuil. à soupe très pleines) ▪ Œufs, 2 ▪ Lait, 2,5 verres environ ▪ Beurre, 40 g ▪ Sucre en poudre ▪ Sel, 1/2 cuil. à café**
Matériel **Petite poêle antiadhésive, 1**

1 Dans une terrine, mettez la farine et le sel. Cassez-y les œufs et mélangez avec une cuillère en bois jusqu'à ce que vous obteniez une pâte lisse. Incorporez-y, peu à peu, le lait froid et 1 noix de beurre fondue. Battez bien cette pâte assez liquide.

2 Faites cuire les crêpes en versant un peu de pâte dans une poêle très chaude, sur feu vif. Faites tout de suite voyager la pâte au fond de la poêle pour qu'elle s'étale en couche très fine. Quand la crêpe est cuite d'un côté, elle se décolle sur les bords. Retournez-la et laissez-la cuire rapidement jusqu'à ce qu'elle se décolle facilement. Mettez un peu de beurre dans la poêle entre chaque crêpe.

3 Saupoudrez les crêpes de sucre en poudre au fur et à mesure de la cuisson et pliez-les en quatre ou roulez-les. Disposez-les dans un plat chaud.

Mon avis

- *S'il reste des crêpes, utilisez-les dès le lendemain pour préparer une entrée ou un dessert un peu différent. Les crêpes, bien enveloppées dans du papier d'aluminium, se conservent très bien deux ou trois jours dans le réfrigérateur.*
- *Avec un mixeur électrique, le travail est plus rapide : mettez tous les ingrédients solides et liquides à la fois, dans un bol ; mixez et battez quelques secondes.*
- *Plutôt que d'ajouter du beurre entre chaque crêpe, badigeonnez la poêle avec du papier absorbant huilé. Elles seront moins grasses.*

Notes

Notes

Table des recettes

Table des matières

Entrées

Plats

Desserts

Remerciements

Valéry Drouet remercie
C.F.O.C. ; Astier de Villate ; Zéro one one ; BÔ ; La paresse en douce ; Liwan ; Quartz ; Tissus C.M.O ; Cuisinopholie ; Villeroy et Boch, rue Saint-Sulpice à Paris ; Tendance Khmère ; et tout particulièrement Hyeyong Kim pour le prêt de ses céramiques.

Et merci à toute l'équipe de Hachette Pratique pour sa gentillesse et à Bob Norris avec qui le livre a été réalisé avec plaisir.

Crédits photographiques :
© **Bob Norris :** pp. 13, 14, 17, 20, 23, 30, 48, 52, 58, 60, 64, 68, 70, 84, 88, 91, 92, 98, 100, 107, 108, 110, 115, 116, 123, 124, 127, 128, 130, 135.
© **Éric Fénot :** pp. 29, 33 , 35, 39, 41, 42, 45, 47, 55, 57, 63, 67, 75, 76, 79, 83, 87, 97, 103, 119.

Direction, Jean-François Moruzzi et Pierre-Jean Furet
Responsable éditoriale, Brigitte Éveno
Conception graphique, Nicole Dassonville
Réalisation, Les PAOistes
Illustrations, Troll
Informatique éditoriale, Luc Audrain
Corrections, Anne Vallet
Fabrication, Amélie Latsch
Partenariat, Sophie Augereau (01 43 92 36 82)

L'éditeur remercie Nelly Mégret pour son aide précieuse et ses relectures attentives.

Dépôt légal : mai 2007
Imprimé par Cayfosa en Espagne
23-85-7304-01-1
978-2-0123-7304-4

Inhalt

A. Allgemeiner Teil

B. Übersichten

C. Kapitelbezogener Teil

D. Anhang Zusatzübungen

Kapitel	Übung	Text	Lösg.
1 (R)	1. Au téléphone	158	17
	2. Une bande de faussaires	158	17
(P)	3. Définitions (a)	158	21
	Prévert, Familiale (a)	Klettb. 5977	22
4 (R)	4. Initiative pour sauver l'œuvre d'Albert Schweitzer	159	37
(P)	Prévert, Le message (a)	Klettb. 5977	42
5 (R)	5. Die Überlegungen des Kommissars	160	46
6 (P)	6. Village-vacances: une nouvelle formule de vacances	160	54
	7. Le dernier séjour à l'hôtel L'AMIRAL	161	54
7 (P)	8. Cavanna, Le saviez-vous? (a)	161	61
	9. Informations complémentaires sur les Français	162	62
	10. Vacances individuelles	162	63
9 (P)	11. Hypothèses	162	77
	12. Roumain, La complainte d'une mère (a)	163	78
	13. Saint-Exupéry, La femme du pilote (a)	163	78
10 (P)	14. Détruire la Terre ou protéger l'environnement?	164	85
	15. Seul à travers l'Atlantique	166	89
	16. Le Gendarme des Marquises	169	89
	17. Heureux de se revoir	169	91
13 (P)	18. Terminus: Internat	170	113
	19. Guillevic, Leçon de choses (a)	170	113
	27. La Marseillaise (a)	175	114
14 (R)	20. Opinions	171	117
(P)	21. Campagne en faveur des forêts	171	119
	22. Les «Justes»	171	120
15 (P)	23. Ionesco, Le Rhinocéros (a)	172	128
16 (R)	24. Vive les vacances!	172	133
(P)	25. La Fontaine, Le corbeau et le renard (a)	173	135
	26. Maupassant, La fête du ministre (a)	174	138
17 (R)	28. Lettres	176	143
(P)	29. Le procès de Patrick Bonneau	177	145
	30. Comment réduire le nombre des accidents	178	146
18 (P)	31. Le débarquement des Alliés en Normandie	179	153
	32. Maupassant, Une résolution difficile (a)	179	155

(R) = Niveaustufe *Exercices de révision*; (P) = Niveaustufe *Exercices de perfectionnement*; (a) = authentischer Text.
Die Lernziele der Übungen sind bei den Lösungen angegeben.

A. Allgemeiner Teil

1. Didaktisch-methodische Konzeption von PFM

1.1 Zielgruppe und Zielsetzung

Pratique du français moderne (PFM) ist ein grammatisches Übungsbuch für die Schüler der gymnasialen Oberstufe. Es setzt die grammatischen Kenntnisse voraus, die die Schüler bei der Lehrbucharbeit erworben haben. Es bietet Übungen zur systematischen Wiederholung und Festigung dieser Kenntnisse an sowie solche, die der Erweiterung des Wissens in den von den Lehrplänen vorgeschriebenen grammatischen Teilbereichen dienen. Dabei berücksichtigt PFM die Gelenkfunktion der Klasse/Jahrgangsstufe 11 (Klasse 10 bei Französisch als 1. Fremdsprache) und die Anforderungen des Französischunterrichts in den Grund- und Leistungskursen der Jahrgangsstufen 12 und 13.

Pratique du français moderne hat zum Ziel,
- das mündliche und schriftliche Ausdrucksvermögen zu festigen und zu erweitern,
- kognitive Hilfen zur Absicherung erworbener oder zu erwerbender Strukturen zu bieten,
- vielfältige Möglichkeiten zur Anwendung der erworbenen und geübten Grammatikkenntnisse in selbständiger Textproduktion zu geben,
- zur textgrammatischen und stilistischen Interpretation grammatischer Erscheinungen anzuleiten.

1.2 Didaktische Prinzipien

PFM entspricht den didaktischen Forderungen eines modernen Fremdsprachenunterrichts. Die Auswahl und Aufbereitung der Übungsmaterialien geschah nach den folgenden Gesichtspunkten.

Kontextuelles Üben. Die Übungen sind situativ angelegt und kontextualisiert. Die Grammatikphänomene werden nicht in zusammenhanglosen Einzelsätzen geübt, sondern in Kontexten, die ihre rollenadäquate und situationsspezifische Verwendung sowie Sprachniveau und Register deutlich machen.

Kognitives Lernen. Entsprechend den Erkenntnissen der Lernpsychologie, daß Verstehen eine entscheidende Voraussetzung für den erfolgreichen Transfer des Gelernten ist, bietet PFM in jedem Kapitel Aufgaben zur Analyse der grammatischen Erscheinung, meist verbunden mit einem ersten sprachpraktischen Üben.

Funktionale Einsprachigkeit. Einsprachige Übungsanweisungen und Aufgabenstellungen ermöglichen es im Sinne der funktionalen Einsprachigkeit, das metasprachliche Vokabular für die Beschreibung der sprachlichen Erscheinungen und ihrer unterschiedlichen Funktionen im Satz- und Textzusammenhang zu wiederholen und zu erweitern. Neben der Möglichkeit, den Grammatikunterricht weitgehend einsprachig zu führen (s. u. S. 11), ist dies auch im Hinblick auf die Interpretation von Texten (*commentaire dirigé* und *commentaire de texte*) von Bedeutung.

Kontrastives Üben. Wo Fehler durch den Einfluß der deutschen Muttersprache (interlinguale Interferenz) drohen, werden Übersetzungen verwendet, um die unterschiedlichen Strukturen der beiden Sprachen durch den Kontrast deutlicher bewußt zu machen, als es einsprachige Übungen tun können. Neigen die Schüler innerhalb des Französischen zu Verwechslungsfehlern (intralinguale Interferenz), werden grammatische Erscheinungen einsprachig, aber ebenfalls in Oppositionen geübt.

Authentisches Übungsmaterial. Neben fabrizierten Texten, die in einem grammatischen Übungsbuch für eine so breitgefächerte Zielgruppe unvermeidbar sind, handelt es sich bei der Mehrzahl der Übungstexte um authentische Materialien. In einzelnen Fällen wurden sie im Hinblick auf das Lernziel gekürzt bzw. leicht adaptiert. Damit werden die grammatischen Erscheinungen in einem authentischen sprachlichen Umfeld analysiert und geübt.
Die authentischen Texte ermöglichen die thematische Anbindung der Grammatikarbeit an die Textarbeit. Hilfen dazu bieten die thematischen Übersichten auf Seite 12+13.

1.3 Lerninhalte

Stoffauswahl. Die Auswahl der Übungsstoffe erfolgte nach didaktischen Gesichtspunkten. Ausschlaggebend waren zum einen Fehler und Defizite, die sich in Schülerarbeiten und im Unterrichtsgespräch erfahrungsgemäß zeigen, zum anderen die in den Lehrplänen für die gymnasiale Oberstufe vorgeschriebenen grammatischen Strukturen.

Die Morphologie wird mit Ausnahme des Adjektivs, des Adverbs und des Subjonctif nur implizit geübt, da ihre Einübung ohne kontextuelle Einbettung erfolgen kann.
Deshalb wurde auch der Bereich des Namens ausgeklammert. Das LIVRE DU MAÎTRE (LM) enthält jedoch zu den meisten Kapiteln ein bis zwei Wortschatzübungen, die u. a. die Genusmarkierung durch Begleiter und Suffixe sowie die Pluralbildung behandeln. Zu Einzelheiten s. Übersicht LM S. 14.

Lernstoff. Der Konzeption des Übens auf Satzebene entsprechend gliedert sich der Stoff in folgende übergeordnete Grammatikbereiche:

1. **Der einfache Satz**
   Die Satzarten (Kapitel 1–3)
   Die Satzformen (4+5)
   Die grammatische Übereinstimmung der Satzglieder (Kapitel 6)

2. **Der Satz und seine Bestandteile**
   Die Nominalgruppe: Begleiter und Stellvertreter (Kapitel 7–9)
   Die Verbalgruppe: Das Verb und seine Ergänzungen (Kapitel 10)
   Formen und Stellung des Adjektivs und des Adverbs (Kapitel 11+12)

3. **Das Satzgefüge**
   Der Relativsatz (Kapitel 13)
   Der Adverbialsatz (Kapitel 14)
   Alternative Konstruktionen: Gérondif und Partizipialkonstruktionen (Kapitel 15)

4. **Tempora und Modi**
   Der Gebrauch der Tempora (Kapitel 16)
   Der Gebrauch des Subjonctif im *que*-Satz (Kapitel 17)

5. **Die Redeerwähnung**
   Indirekte Rede und Frage – Erlebte Rede – Freie Wiedergabe: Résumé (Kapitel 18)

Sprachnorm. Als Norm der Mehrzahl der Übungen gilt die neutrale Standardsprache auf dem Niveau der sich zur *langue soutenue* öffnenden *langue courante*. Davon abweichende Sprachniveaus *(langue familière/langue littéraire)* sind gekennzeichnet oder werden anhand von Aufgaben erarbeitet. Ferner werden stilistisch bedingte Verwendungsmöglichkeiten einiger grammatischer Erscheinungen aufgezeigt.
Von den Schülern wird die mündliche und schriftliche Sprachproduktion in der Standardsprache verlangt. Phänomene der familiären gesprochenen und der gehobenen geschriebenen Sprache sind rezeptiver Lernstoff.

Übungsinhalte. Die Inhalte der Übungen sind so gewählt, daß sie neben der Versprachlichung von Alltagssituationen und -themen die landeskundlichen Kenntnisse der Schüler erweitern sowie Einblicke in das französische Geistesleben und die französische Literatur vermitteln (s. Übersichten, LM S. 12+13).

Textsorten. Die Themenvielfalt der Übungen findet ihre Entsprechung in dem breit gefächerten Spektrum von Textsorten wie Pressetexte, Leserbriefe, Anzeigen und Werbetexte, Cartoons, Sachbuchtexte, Sprichwörter, Auszüge aus zeitgenössischen Dramen und Prosawerken, Gedichte u. a. m.

Textarbeit. Über das Üben der grammatischen Erscheinung hinaus wird auch ihre Funktion im Rahmen von Mitteilungsperspektive und Textzusammenhang sowie ihre Bedeutung für die Textanalyse anhand entsprechender Aufgabenstellungen verdeutlicht, wozu das LIVRE DU MAÎTRE zusätzliches Übungsmaterial bietet.
Komplexe und sprachproduktive Aufgabenstellungen und Übungsformen, die Situations- und Textsortenadäquatheit einschließen, leiten die Schüler zur selbständigen Textproduktion an. Auch dazu finden sich im LIVRE DU MAÎTRE weitere Anregungen.

2. Der Aufbau des Unterrichtswerks

2.1 Die Gliederung des Übungsbuches

PFM ist in 18 Kapitel gegliedert, die unabhängig voneinander behandelt werden können.
Jedes Kapitel besteht aus drei Übungsblöcken oder Niveaustufen, die den unterschiedlichen Lernanforderungen und dem unterschiedlichen Lernstand der Schüler Rechnung tragen.

Que sais-je? Dieser Übungsblock ruft den von der Lehrbucharbeit her bekannten Stoff in gewohnten Übungsformen ab und ermöglicht, Lerndefizite festzustellen. (Die Übungen A, B, C dieses Blocks unterliegen keiner Progression.)

Exercices de révision. Dieser Block enthält Wiederholungs- und Festigungsübungen, deren grammatische Inhalte nicht über den Stoff der GRUNDGRAMMATIK (Neue Ausgabe) (Klettbuch 52171) hinausgehen. Jedoch werden je nach grammatischer Erscheinung auch Übungsformen der Oberstufe verwendet.

Exercices de perfectionnement. Die Übungen dieses Blocks dienen der Erweiterung der grammatischen Kenntnisse und der Differenzierung des Ausdrucksvermögens. Ihre Durchnahme setzt die Begleitung durch die GRAMMATIK DES HEUTIGEN FRANZÖSISCH (Klettbuch 52172) oder eine andere umfangreiche Grammatik voraus.
Übungen und Teilaufgaben mit besonderen Leistungsanforderungen sind durch ▼ gekennzeichnet.
Zur Erleichterung der Arbeit wird bei den Übungen auf die entsprechenden Paragraphen der GRUNDGRAMMATIK (Neue Ausgabe) bzw. der GRAMMATIK DES HEUTIGEN FRANZÖSISCH verwiesen.

2.2 Das Übungsmaterial

Übungsbereiche. PRATIQUE DU FRANÇAIS MODERNE bietet Übungen für folgende Bereiche:
- Diagnose, Wiederholung und Festigung
- Erweiterung, Integration und Transfer
- Kognitivierung und grammatische Analyse
- Unterscheidung von Sprachebenen und stilistischen Verwendungsmöglichkeiten
- Textanalyse und selbständige Textproduktion.

Übungsarten. Ausgehend von Sprachaktivität und Unterrichtsformen läßt sich das Übungsmaterial unterteilen in
- Übungen zur nur mündlichen, nur schriftlichen, mündlichen und schriftlichen Behandlung (abhängig von Situation, Kontext, Textsorte),
- Übungen für Einzel-, Partner- oder Gruppenarbeit,
- Übungen für die selbständige Hausarbeit oder für die gemeinsame Erarbeitung im Kursverband.

Übungsformen. Die jeweiligen Übungsformen wurden in Abhängigkeit von Lernstoff, Zielsetzung, Effizienz, Unterrichts- und Arbeitsökonomie (Kontrollierbarkeit) gewählt. So stehen z. B.

- Einsetzübungen, wenn nicht die Stellung, sondern Morphologie und Gebrauch von Bedeutung sind wie bei der Wahl des Artikels oder der Präpositionen von Infinitivergänzungen;
- Expansionsübungen, wenn vorgegebene Elemente wie Adverbien, adverbiale Bestimmungen, Konjunktionen an die durch den Kontext bedingte Stelle gesetzt werden sollen;
- Substitutionsübungen, um die Verwendung alternativer Konstruktionen wie Adverbialsatz/Gérondif oder den Gebrauch von Verben mit unterschiedlichen nominalen Ergänzungen zu festigen;
- Transformationen zur Übung des Fragesatzes, der Fragepronomen oder der indirekten Rede;
- Übersetzungen, wenn kontrastives Üben angezeigt ist, wie beim Gebrauch des Futurs oder bei unterschiedlicher grammatischer Struktur im Französischen und Deutschen (z. B. verbaler Ausdruck vs. Verb + Adverb);
- Übungen zur gesteuerten Textproduktion, z. B. zur Festigung des Tempusgebrauchs (Textsorte ‚Brief', ‚Unfallbericht' oder ‚Biographie');
- Übungen zur freien Textproduktion in Erweiterung und Ergänzung des Übungsmaterials zu einer grammatischen Erscheinung wie Modusgebrauch (z. B. Textsorte ‚Leserbrief') oder Redeerwähnung;
- Belegtexte (in den Lernzielübersichten mit ° gekennzeichnet) mit *commentaire grammatical* zur Bewußtmachung einer grammatischen Erscheinung sowie zur Vermittlung und Einübung des metasprachlichen Vokabulars;
- *Commentaires stylistiques* zum Aufzeigen besonderer Ausdrucksnuancen und der stilistischen Wirkung eines Grammatikphänomens.

Viele der genannten Übungstypen treten in Mischformen auf. Wenn lernpsychologisch notwendig und sinnvoll, sind die Übungen kontrastiv (z. B. Artikel vs. Possessivbegleiter, Adjektiv vs. Adverb, Passé antérieur vs. Plus-que-parfait) oder komplex angelegt (z. B. Fragepronomen, Konjunktionen, Relativsätze). Besondere Aufmerksamkeit wird Integrationsübungen (in den Lernzielübersichten mit ▪ gekennzeichnet) gewidmet, d. h. Übungen, in denen mehrere Strukturen nebeneinander zu verwenden sind.

Ergebniskontrolle. Zur Erleichterung der Ergebniskontrolle werden zahlreiche Übungen angeboten, die nur eine Lösung zulassen. Auch die meisten Übungen, die eine selbständige Sprachproduktion anstreben, sind so gesteuert, daß nicht zu stark voneinander abweichende Lösungen zu erwarten sind.

2.3 Das Livre du maître

Das LM soll ein praktischer Begleiter für den Unterrichtenden sein. Es gibt zu jedem Kapitel eine systematische **Übersicht über die Lernziele** und die ihnen zugeordneten Übungen sowie **Lösungen** bzw. Lösungsvorschläge zu allen Übungen.
Im Zusammenhang mit einzelnen Übungen gestellte **Zusatzaufgaben** zu Textinhalt bzw. -kommentar gehen über das Üben der Grammatik hinaus und sind als Anregung für die Einbindung der Grammatikbehandlung in den übrigen Unterricht gedacht. Ferner enthält das LM einen Anhang mit **Zusatzübungen**, auf deren Einsatzmöglichkeit in den jeweiligen Grammatikkapiteln hingewiesen wird.
Schließlich bietet das Lehrerbuch eine Reihe von **Wortschatzübungen** zu Morphologie und Wortbildung an sowie einige Sach- und Kollaktionsfelder (s. Übersicht, LM S. 14).
Gelegentliche methodische **Hinweise** zu einzelnen Übungen sind als Hilfen und Anregung für den Unterrichtenden oder zur Verdeutlichung der Übungsintention gedacht. Sie wollen und können dem Unterrichtenden nicht die Entscheidung im konkreten Fall abnehmen oder gar vorschreiben, ebensowenig wie die nachfolgenden Ausführungen zu den unterrichtlichen Arbeitsverfahren.

3. Die Verwendung von PFM im Unterricht

3.1 Auswahl der Inhalte und Ort der Grammatikarbeit

Auf der Textstufe entscheidet der Unterrichtende im Rahmen des Lehrplans selbständig über Umfang und Abfolge der Inhalte, z. T. auch über die Inhalte selbst. So kann ein Grammatikkapitel direkt im Anschluß an eine Klausur, eine Hausaufgabe oder mündliche Äußerungen der Schüler behandelt werden, um dort deutlich gewordene Defizite abzubauen; es kann aber auch in die Auswertung eines Textes eingeblendet werden, wobei auch hier vorhandene Lerndefizite des Kurses die Schwerpunktsetzung und Abfolge der Inhalte beeinflussen. Da die einzelnen Kapitel von PFM ohne Progression nebeneinander stehen, kann der Unterrichtende das Übungsbuch flexibel einsetzen, also den Stoff sowohl nach grammatischen als auch nach thematischen Gesichtspunkten auswählen (s. LM S. 12+13).
Innerhalb jedes einzelnen Kapitels liegt eine doppelte Progression vor mit der Einteilung in verschiedene Niveaustufen, die jeweils mit einfachen Übungen beginnen und zu komplexeren Aufgaben führen.
Eine Sonderstellung nimmt **Kapitel 1** *(La phrase déclarative)* ein. Dort werden mit Satzformen und -typen sowie mit der Funktion von Satzrhythmus und Mitteilungsperspektive Aspekte angesprochen, die auch für andere Kapitel relevant sind und eine frühe Behandlung dieses Kapitels angebracht erscheinen lassen.

3.2 Die Arbeit mit PFM in den einzelnen Jahrgangsstufen

PFM trägt den sehr unterschiedlichen Lernvoraussetzungen zu Beginn der Jahrgangsstufe 11 und in den Jahrgangsstufen 12 und 13 mit der Gliederung jedes Kapitels in drei Übungsblöcke oder Niveaustufen Rechnung (s. o. S. 7).

Jahrgangsstufe 11. Für die Klasse 11 (bzw. die Grundkurse 11/I sowie die Grund- und Leistungskurse 11/II) sind vorwiegend die Übungsblöcke *Que sais-je?* und *Exercices de révision* gedacht, die der Wiederholung und Festigung, ggf. auch der Erweiterung der Grammatikkenntnisse dienen.
In einer kurzen Stillarbeitsphase ohne Rückgriff auf ein Grammatikbuch gelöst, ermöglichen die Übungen der Niveaustufe *Que sais-je?* eine individuelle Bestandsaufnahme der Kenntnisse der Schüler. Vorhandene Lücken lassen sich anhand der *Exercices de révision* beseitigen. Bei entsprechendem Lernstand des Kurses ist es auch durchaus möglich, Teile der *Exercices de perfectionnement* einzubeziehen. Dabei sollten die Übungen, falls notwendig, vorab sprachlich entlastet und inhaltlich in Still- oder Hausarbeit vorbereitet werden, um so einen zügigen Übungsablauf zu gewährleisten.

Jahrgangsstufe 12 und 13. Für die Grund- und Leistungskurse dieser Jahrgangsstufen sind in erster Linie die *Exercices de perfectionnement* gedacht. Anhand der Belegtexte dieses Übungsblocks kann der neue Grammatikstoff induktiv erarbeitet werden.

Für die ggf. voraufgehende Wiederholungsphase von bereits bekannten Erscheinungen des entsprechenden Grammatikkapitels können selbstverständlich auch Übungen der Niveaustufe *Exercices de révision* im Kursverband eingesetzt werden, wobei hier stärker deduktiv verfahren werden kann.

Der Stoff eines Grammatikkapitels läßt sich demnach folgendermaßen behandeln:

Jahrgangsstufe 11

Que sais-je? | **Exercices de révision** | **Exercices de perfectionnement**

Grund- und Leistungskurse der Jahrgangsstufen 12 und 13

3.3 Deduktive oder induktive Erarbeitung der Grammatikregeln?

PFM ist so angelegt, daß in den Übungen des Blocks *Que sais-je?* den Schülern bekannte Regeln angewendet werden, deren Beherrschung in den *Exercices de révision* dann vorausgesetzt wird.
Bei der Rekapitulation der zugrundeliegenden Regeln empfiehlt es sich, diese nicht vorzugeben, sondern sie zusammen mit den Schülern zu erstellen, da rein deduktives Vorgehen wenig motivierend ist und nur geringe Einsicht in die Regelzusammenhänge vermittelt (vgl. A. Göller, „Lernpsychologie und kognitive Grammatikarbeit im Französischunterricht." PRAXIS 4/1982, 401–408).
Um dies zu erleichtern, variieren die Formen und Typen der Einstiegsübungen in den einzelnen grammatischen Kapiteln. So bieten z. B. die Kapitel 1–3 (Satzformen) und Kapitel 10 (Ergänzungen des Verbs) bereits für die erste Niveaustufe Belegtexte und Fragen zur Grammatik, die das metasprachliche Vokabular für die einsprachige Erarbeitung der Regeln bereitstellen. In den anderen Kapiteln übernimmt die Formulierung der Übungsanweisungen diese Funktion.
Da für den Lern- und Behaltensprozeß die Selbsttätigkeit von ausschlaggebender Bedeutung ist, findet sich meist zu Beginn der dritten Niveaustufe ein Belegtext, der es in der Form eines *commentaire grammatical* erlaubt, den Erweiterungsstoff induktiv zu erarbeiten.
Eine zeitaufwendige induktive Regelerarbeitung ist dann unnötig, wenn die Schüler selbst aufgrund ihrer Vorkenntnisse deduktiv zur Regelformulierung gelangen.
Das gelegentliche selbständige Erarbeiten einer grammatischen Erscheinung durch die Schüler ist eine nützliche Übung für das Lernziel „Umgang mit Nachschlagewerken". Komplexe Grammatikkapitel und schwierige grammatische Erscheinungen sollten jedoch eher an authentischen Texten oder anderem Beispielmaterial induktiv erarbeitet werden.

3.4 Die thematische Anbindung der Grammatikarbeit

Dem Ziel des Französischunterrichts, die Grammatikarbeit soweit wie möglich in die Textarbeit einzubinden, trägt PFM durch die starke Einbeziehung von authentischen und thematisch anspruchsvollen fabrizierten Texten Rechnung.
Als Beispiele für die Integration von Lektüre und Grammatikunterricht seien drei im Unterricht häufig gelesene Autoren genannt: Camus, Ionesco und Maupassant.

Camus' Drama LES JUSTES (Klettbuch 5973) enthält im Akt II eine Vielzahl von Beispielen für den *si*-Satz, die als Ausgangspunkt für die selbständige Bildung von Bedingungssätzen mit Bezug auf den vorgegebenen Kontext, das gescheiterte Attentat, dienen können. Da durch die vorgegebene Situation die Bezüge für alle Schüler deutlich sind, läßt sich der falsche Gebrauch eines Realis, Potentialis oder Irrealis ohne zusätzliche Hilfskonstruktionen wie *mais il n'y croit pas, il ne l'a pas fait*, etc., einsichtig erläutern (s. auch PFM, Kapitel 14,5).

In Ionescos Novelle RHINOCÉROS (Klettbuch 5985) nehmen das Adverb und adverbiale Ausdrücke einen großen Raum ein, so daß sich bei der Behandlung dieser Lektüre die Wiederholung und Erweiterung dieses Grammatikkapitels anbieten. Gleiches gilt für Gérondif und Partizipialkonstruktion (s. auch Zusatzübung 23, LM S. 172).

Das Kapitel „Tempus und Aspekt" als Kontrast zwischen Außenschau und Innenschau läßt sich anhand der Ballszene in Maupassant's Novelle LA PARURE erarbeiten (s. Zusatzübung 26, LM S. 174).

Die erlebte Rede ist hinreichend belegt in Camus' Roman LA PESTE und Maupassants Novelle L'AVENTURE DE WALTER SCHNAFFS (s. auch PFM, Kapitel 18,8 und Zusatzübung 32, LM S. 179).

Umgekehrt eignen sich eine Vielzahl der grammatischen Übungstexte in PFM für eine inhaltliche Auswertung.

3.5 Grammatik und Interpretation

Grammatikunterricht und Textarbeit lassen sich zweifach integrieren. Wie oben beschrieben kann der fiktionale oder nicht-fiktionale Text Ausgangspunkt der Behandlung einer grammatischen Erscheinung sein, oder aber die Grammatikkenntnisse, das Sprachwissen, werden bei der Textinterpretation angewandt. Die von einem auffälligen, d. h. häufig von der Norm abweichenden Gebrauch einer grammatischen Erscheinung ausgehende Textanalyse erfaßt natürlich nicht alle Bedeutungsebenen eines Textes, sensibilisiert jedoch die Schüler für die sprachliche Form und stellt eine fruchtbare Form des Einstiegs in die Interpretation dar.

PFM und das LIVRE DU MAÎTRE bieten zu den meisten Grammatikkapiteln einen Text mit entsprechendem Aufgabenapparat. Mit dieser Konzeption geht PFM über die rein stilistische Betrachtung der Grammatikstrukturen hinaus.

3.6 Grammatikunterricht auf deutsch oder französisch?

Im Sinne der funktionalen Einsprachigkeit müßte die Antwort lauten: In der Fremdsprache soweit wie möglich, in der Muttersprache so weit wie nötig. Dabei gilt es zu betrachten, daß der Grammatikunterricht im wesentlichen Mittel zum Zweck ist, nämlich zur besseren Beherrschung der Fremdsprache, und daß Sprachreflexion in den vorliegenden Französischrichtlinien relativ wenig Raum einnimmt.

Für die Behandlung der Grammatik in der Fremdsprache sprechen folgende Gründe:

- bei der Erarbeitung der Regeln in der Fremdsprache lernen die Schüler die Termini und Kollokationen, die sie für die Textanalyse benötigen;
- ein sehr hoher Anteil der bei der Grammatikbesprechung benutzten Lexik ist frequent und damit auf andere Bereiche transferierbar;
- die Richtlinien fordern die Beherrschung der französischen Terminologie der wichtigsten Kategorien grammatischer Beschreibung.

Ein rein einsprachiger Grammatikunterricht kann

- zu Verlust an Klarheit bei schwierigen grammatischen Erscheinungen führen;
- größere Verständnisschwierigkeiten in schwächeren Klassen hervorrufen;
- die Schüleraktivität bei der Erarbeitung der grammatischen Regeln reduzieren.

PFM versucht den Anteil des Grammatikunterrichts in der Fremdsprache dadurch zu fördern, daß die Übungsanleitungen und Aufgabenstellungen die metasprachlichen Begriffe abrufen bzw. vermitteln. Bei Unsicherheiten oder Unkenntnis können die Schüler deren Bedeutung in dem französisch-deutschen Glossar *Expressions employées dans les énoncés des exercices* (PFM hintere Einbandinnenseite) nachschlagen.

Zusätzliche Hilfen für die einsprachige Regelformulierung bieten

- Capelle-Frérot, GRAMMAIRE DE BASE, Hachette, Paris 1979
- Dubois-Lagagne, LA NOUVELLE GRAMMAIRE DU FRANÇAIS, Larousse, Paris 1973
- Mauger, GRAMMAIRE PRATIQUE DU FRANÇAIS D'AUJOURD'HUI, Hachette, Paris 1968
- Grevisse-Goosse; NOUVELLE GRAMMAIRE FRANÇAISE, Klettbuch 5229.

B. Übersichten

Z = Zusatzübung; WÜ = Wortschatzübung; (a) = (adaptierter/gekürzter) authentischer Text.

Die Gruppierung und die Themenformulierungen der Übersicht 2 folgen z. T. L. Franke et alii, MATERIALHINWEISE FÜR DEN FRANZÖSISCHUNTERRICHT AUF DER GYMNASIALEN OBERSTUFE, Kassel 1978.

1. Autoren der literarischen Texte (einschließlich Zusatzübungen)

Autor	**Text**	**aus/nach dem Werk**	**Kapitel**/Übung
Allais, Alphonse	Complainte amoureuse		**17**/9
Audoux, Marguerite	La fugue de Marie-Claire	Marie-Claire	**18**/4
Camus, Albert	Une arrivée	Le Malentendu	**2**/A
	La révolution et l'honneur	Les Justes	**14**/5
	Partir à tout prix	La Peste	**18**/8
Cavanna, François	Le saviez-vous?	Le saviez-vous?	**7**/Z 8
Charrière, Henri	L'évasion	Papillon	**11**/4
Daninos, Pierre	Principes	Le Jacassin	**9**/10
	La France – une persécutée innocente?	Les Carnets du major Thompson	**11**/10
	Petit lexique de vacances	Vacances à tout prix	**13**/4
Dumas, Alexandre (fils)	Conseils		**3**/1
Etcherelli, Claire	La visite médicale	Elise ou la vraie vie	**16**/5
Guillevic, Eugène	Leçon de choses	Gagner	**13**/Z 19
Ionesco, Eugène	Le centenaire	Exercices de conversation et de diction françaises	**18**/5
	Le Rhinocéros	Rhinocéros	**15**/Z 23
La Fontaine, Jean de	Le corbeau et le renard		**16**/Z 25
Maupassant, Guy de	Garçon, un bock!	Scènes de la vie parisienne	**5**/5
	La fête du ministre	La Parure	**16**/Z 26
	Une résolution difficile	L'aventure de Walter Schnaffs	**18**/Z 33
Mauriac, François	L'offre de Thérèse	La Fin de la nuit	**18**/7
Prévert, Jacques	Familiale	Paroles	**1**/Z
	Le message	Paroles	**4**/Z
	Il ne faut pas . . .	Paroles	**12**/9
Queneau, Raymond	Polo et Annette	Un rude hiver	**2**/9
Robbe-Grillet, Alain	Simon Lecœur	Djinn	**17**/6
Roumain, Jacques	La complainte d'une mère	Les Gouverneurs de la Rosée	**9**/Z 12
Saint-Exupéry, Antoine de	Rencontre dans le Sahara	Le Petit Prince	**1**/3
	La femme du pilote	Vol du Nuit	**9**/Z 13
Sartre, Jean-Paul	La visite de Jessica	Les Mains sales	**8**/6
Sempé/Goscinny	Jouer avec les filles	Les vacances du petit Nicolas	**5**/C
	Le retour des vacances	Les vacances du petit Nicolas	**16**/A
Simenon, Georges	La maison des objets qui bougent	La Pipe de Maigret	**5**/1
	Le secret de J. P. G.	L'Évadé	**12**/6
	La vérité sur Bébé Donge	La vértié sur Bébé Donge	**18**/9

2. Texte nach Themen und Inhalten

a) Geschichte und Geographie Frankreichs; Frankophonie; Dritte Welt

Evénements historiques	**2**/6 + 7; **9**/7; **12**/2; **13**/Z 27(a); **16**/8(a)
Histoire contemporaine	**4**/5; **9**/6; **11**/3 + 10(a); **18**/Z 31
Personnalités historiques	**2**/7; **12**/2; **16**/8(a)
Géographie, régions, sites et monuments	**2**/3 + 4; **4**/5 + 8; **16**/2
Francophonie et Tiers-Monde	**4**/4 + Z 4; **11**/7 + 8; **13**/7–9; **14**/8

b) Aspekte der französischen Gesellschaft

Le système politique et administratif	**9**/1, 2 + 6; **9**/6 WÜ; **18**/2
Révolte et révolution en France	**7** (Auftakt); **13**/Z 27(a); **16**/8(a)
La France et ses anciennes colonies	**4**/4; **10**/Z 16; **11**/4(a) + 7; **13**/7(a)–9; **14**/8;
Clichés, coutumes, traditions, changements	**7**/1 + 7, Z 9; **9**/10; **11**/2 + 10; **12** (Auftakt); **17**/6 + Z 30
Français illustres	**1**/4 + 5; **4**/2; **14**/7; **15**/5 + 7; **16**/B(a) + 6(a); **18**/3
La France et ses voisins	**7**/1; **11**/6(a) + 10(a); **16**/8(a); **17**/8; **18**/6
La femme dans la société, jadis et aujourd'hui	**2**/1, 7, 9; **10**/5(a); **12**/8(a); **14**/9 + 10; **16**/Z 26(a); **18**/7(a)
L'environnement	**6**/5(a), 6, 7(a); **10** (Auftakt) + 10; WÜ + Z 14; **11**/3; **13**/6; **14**/3 WÜ + Z 21
Les travailleurs immigrés	**8**/10(a); **12**/8(a); **16**/5(a)
Les Français et leur langue	**1**/Z 3; **2**/9(a), **3**/4; **5**/A; **15**/2 + 7(a); **17**/9(a)
Science, technologie, futurologie	**7**/10(a); **10**/Z 15; **16**/B(a), 6(a) + 7(a)
Mass média et publicité	**1**/6; **2**/6; **12**/5 + WÜ; **13**/2; **15**/8
Sport et aventure, loisirs et distractions	**2**/5; **9**/4; **10**/5(a); **12**/1 + 4(a); **13**/A
Joie de vivre et engagement personnel	**1**/3(a); **4**/4 + Z 4; **10**/1; **14**/5(a); **18**/3(a)

c) Existentielle Probleme von Individuen und Gruppen

Relations humaines, rapports entre les générations	**1**/3(a) + Z (Prévert); **2**/A(a); **3**/1(a); **5**/C(a) + 3(a); **7** (Auftakt); **8**/6(a), Z 12(a) + 13(a); **11**/4(a); **12** (Auftakt); **13**/Z 18; **14**/5(a); **16**/A(a); **17**/Z 28 + 29; **18**/A, 4(a) + 5(a), 7(a) + 8(a)
Contestation, révolte, évasion, consentement	**1**/Z (Prévert); **3**/1(a); **5**/3(a); **7** (Auftakt); **11**/4(a); **13**/A + 5; **14**/5(a) + Z 22; **18**/4(a) + 7(a)
L'homme devant son existence	**2**/1; **4**/Z; **5**/3(a); **8**/6(a); **11**/4(a); **12**/6 + 9(a); **14**/5(a); **15**/Z 23(a); **16**/Z 26; **17**/7(a) + Z 29; **18**/3–5(a), 7–9(a), Z 32(a)
L'homme dans des situations extrêmes:	
– le sacrifice et la mort	**13**/Z 19(a); **18**/7(a), Z 32(a)
– l'amour et la mort	**4**/Z (Prévert); **9**/Z 12 + 13(a)
– l'isolement	**1**/Z (Prévert); **4**/Z (Prévert); **5**/3(a); **12**/6 + 8(a)
– le mystère	**1**/3(a); **17**/7(a)
Violence et criminalité	**4**/7(a); **5**/1(a) + 3(a); **8**/6(a); **16**/9; **17**/Z 29
Emploi; travail féminin	**14**/9 + 10; **16**/5(a) + 7(a); **17**/2

d) Humor und Esprit

Bandes dessinées	**7** (Auftakt); **8**/A; **11** (Auftakt); **12** (Auftakt); **17**/9; **18**/A
Dessins humoristiques	**2**/8; **3**/3; **9** (Auftakt) + 6; **13**/5 + 10; **14**/A + B; **15**/A; **17**/A
Anecdotes et histoires drôles	**7**/4; **8**/5; **9** (Auftakt) + 7; **16**/3
Autres textes humoristiques	**1**/Z 3; **5**/A + C(a); **6**/2; **7**/Z 8(a); **9**/10(a); **13**/B + 4(a); **16**/A(a); **17**/4; **18**/5(a)
Poèmes – Proverbes	**12**/9; **17**/9–**8**/9; **9**/3; **15**/6

3. Wortschatzübungen

a) Das Nomen

	PFM	**LM** Seite	**GhF**
• Natürliches Geschlecht: Genusmarkierung durch Begleiter und Suffixe	**6**/A	50	16–19
• Nomen mit nur einem Genus für beide Geschlechter	**14**/9	122	19
• Grammatisches Geschlecht: Genusmarkierung nach Wortausgang, Endung, Bedeutung des Nomens	**6**/5	52	21–23
• Genus der Ländernamen	**7**/2	57	24
• Pluralbildung zusammengesetzter Nomen	**8**/5	68	31

b) Wortbildung/Wortfamilien/Antonyme

	PFM	**LM** Seite
• Zusammensetzungen mit den Präfix *sur-*: Nomen, Verben, Adjektive	**14**/A	116
• Ländernamen – Einwohner – Adjektiv – Sprache	**7**/2	57
• Adjektive und zugehörige Nomen mit unterschiedlichen Suffixen	**11**/3	94
• Nomen und entsprechende Verben (Nominalstil – Verbalstil)	**1**/5; **2**/3	19; 26
• Das Verneinungspräfix *ir-* bei Adjektiven	**14**/A	116
• Antonyme: Adjektive, Adverbien, Verben	**2**/3; **12**/8	26; 106

c) Sachgebiete

• Le Conseil de l'Europe: Nominalgruppen und dt. Entsprechung	**4**/5	39
• Emissions de la télévision française: dt. Entsprechungen	**15**/8	127
• Verbes désignant l'action et la façon de parler, verbes de perception, verbes/expressions désignant l'action de se déplacer: dt. Entsprechungen	**5**/3	47
• Activités intellectuelles	**12**/5	103

d) Kollokationsfelder

• Politique/Les partis politiques en France/Idées politiques	**9**/6	76
• Environnement: Responsabilités	**10**/A	82
Engagements	**14**/3	118
• Les mass média/Le téléspectateur	**12**/5	104
• Professions: carrières féminines	**14**/9	122

C. Kapitelbezogener Teil

Chapitre 1: La phrase déclarative

Übersicht über die Lernziele und Übungen

Lernziel/ Sachaspekt	Que sais-je?	Révision	Perfectionnement	Grammatik GG	GhF
Satzarten, Satzformen, Stellung der Satzglieder					
• Erkennen und Benennen der Satzarten und -formen	**A°**			128+142	2
• Stellung der direkten und indirekten nominalen Objekte	**B**	**1**		131,1	7; 261,1
• Stellung der adv. Bestimmung (freie Angabe) im Satz und im Text in thematischer und rhematischer Funktion		**Z** 1+2	**3°; 4; ▾5**	131,2	263, 403
• Inversion des Subjekts nach satzeinleitenden Adverbien			**▾9**	131,1A	265
Konstruktionen zur Markierung des Schwerpunkts der Aussage					
• *c'est ... qui/que* als Mittel der Hervorhebung	**C**	**2**	**3; 8**	153	409, 1+2
• *c'est ... qui/que* als Mittel der Satzverknüpfung			**5** b)		410
• Satzsegmentierung als Mittel der Hervorhebung und als Zeichen spontaner gesprochener Sprache			**3°; 6**	152	269–271; 409
• Obligatorische Satzsegmentierung			**3°; 7; Z** 3		271,2
• Änderung der Stellung der Satzglieder; Extraposition des Subjekts			**8, ▾10**		267; 405
• Situationsadäquate Verwendung der sprachlichen Mittel der Hervorhebung			**8▪**		407–409
• Verwendung der Satzsegmentierung als stilistisches Mittel			**Z** 4		

° = Belegtext; Z = Zusatzübung; ▪ = Integrationsübung

Lösungen, Hinweise, Zusatzübungen, Zusatzaufgaben

Que sais-je?

A. Devant le Centre Pompidou

Hinweis Dieser Text enthält Belege für alle Satzarten und Satzformen.
Auf die Unterscheidung zwischen neutraler und hervorhebender Satzform wird in der Analyse verzichtet.

B. Les petites choses qui font plaisir

Lösung

1. ... M. Lemoine a acheté à son fils un vélo de course à 12 vitesses.
2. Il doit expliquer à ses élèves le théorème de Pythagore et d'autres théorèmes.
3. Elle a déjà écrit des cartes à tous ses amis, sauf (à) Pascal.
4. L'autre jour, il a offert un petit cœur (3 Silben) à sa copine (4 Silben).
5. Les Lemoine vont prêter/ont prêté à Annick leur guide Michelin.
6. Alors, Mme Lemoine va proposer/a proposé à Mme Richard ses deux valises ultra-légères.

C. Projets de vacances

Lösung

a) 1. Cette année, c'est en Grèce qu'on va.
2. Non. C'est papa qui a voulu qu'on y aille.
3. C'est en voiture qu'on y va.
4. Mais à la fin, c'est/ce sont les prix qui décideront.
5. Non, c'est à des agences parisiennes que nous nous sommes adressés.

b)

1. en Grèce:	complément circonstanciel
2. papa:	sujet de la phrase
3. en voiture:	complément circonstanciel
4. les prix:	sujet de la phrase
5. à des agences parisiennes:	complément d'objet indirect.

Hinweis Die Stellung der adverbialen Bestimmung ist durch den Kontext bedingt. Sie wird in den *Exercices de perfectionnement* geübt. Vorbereitende Übungen s. **Zusatzübung 1+2** Seite 17.

Exercices de révision

1. La vérité sort de la bouche des enfants

Hinweis Wenn im vorangehenden Satz die Rede von zwei Personen gleichen Geschlechts ist, beziehen sich im Folgesatz der Subjektpronomen *il/elle* auf die erstgenannte Person (meist das Subjekt). Die zweitgenannte Person wird im Folgesatz durch **celui-/celle-ci** oder **ce dernier/cette dernière** wieder aufgenommen (vgl. GhF **123**/GG **67**,1).

Lösung

1. La police a retiré à M. Levéjac son permis de conduire/son permis ... à ....
2. M. Levéjac a dû promettre à ses parents de ne plus faire de vitesse.
3. Mme Levéjac a demandé de l'argent à ses beaux-parents.
   Mais M. Levéjac (père)/son beau-père ne veut pas prêter d'argent à son fils.
4. Il faut que celui-ci rende d'abord à son père les 3.000 F qu'il lui doit encore.
5. Quelqu'un a déjà informé le patron de M. Levéjac de l'accident (de celui-ci).
6. Celui-ci/Ce dernier a spontanément offert un crédit à M. Levéjac.
7. M. Levéjac a beaucoup remercié son patron/M. Maronnier de cette/son offre (sa proposition).

Zusatz-aufgabe

Racontez ce qui est arrivé à M. Levéjac.
Lernziel: Verknüpfung der Fakten zu einem Text

Lösungsvorschlag

1. Il y a quelques jours, la police a retiré le permis de conduire à M. Levéjac.
   Celui-ci avait roulé trop vite et provoqué un accident.
   Tout le devant de sa voiture est abîmé et les réparations vont coûter cher.
2. Mme Levéjac a donc demandé à ses beaux-parents de les aider.
   Mais ceux-ci ne veulent pas prêter d'argent à leur fils.
   Ils sont furieux contre lui: D'abord, ils exigent qu'il rende à son père les 3.000 F qu'il lui doit encore.
3. Ensuite, ils lui reprochent de rouler toujours trop vite.
   M. Levéjac a promis à ses parents de ne plus faire de vitesse. Mais rien à faire.
4. Naturellement, M. Levéjac ne veut pas que les voisins et ses collègues sachent ce qui s'est passé.
   Mais quelqu'un a déjà mis/a dû mettre son patron au courant de l'accident.
5. (A sa grande surprise), au lieu de lui faire des reproches, M. Maronnier a spontanément proposé/offert un crédit à M. Levéjac.
6. Inutile de dire que celui-ci a été très touché et qu'il a beaucoup remercié M. Maronnier de cette/son offre.

2. Erreurs

Hinweis Neben der Konstruktion *c'est ... qui/que* können die Schüler natürlich auch andere ihnen bekannte Konstruktionen verwenden, z. B. segmentierte Sätze vom Typ *Moi, je .../Je ..., moi* oder Gegenüberstellungen vom Typ *Je n'ai pas ..., j'ai .... Moi/je veux ... et pas ....*

Lösung Die Lösungsmöglichkeiten sind in der Reihenfolge ihrer Frequenz aufgeführt.

1. C'est une erreur, monsieur.
   - Moi, j'ai commandé une omelette/ J'ai commandé une omelette (moi).
   - C'est une omelette que j'ai commandée.
   - Je n'ai pas commandé un steak, j'ai commandé une omelette.
2. Pardon, mademoiselle,
   - c'est Mme Moreau que j'ai demandée.
   - c'est à Mme Moreau que je veux parler.
   - je veux parler à Mme Moreau (et pas à Mme Maurois).
3. Non, merci, madame,
   - c'est une chambre avec douche que je voudrais.
   - je voudrais une chambre avec douche.
4. Il y a une erreur:
   - j'ai réservé une couchette (moi).
   - c'est une couchette que j'ai réservée.
5. Vous avez fait erreur, monsieur/mademoiselle:
   - j'ai demandé le Centralhôtel à Fribourg-en-Brisgau/une communication avec Fribourg ...
   - c'est le Centralhôtel de Fribourg-en-Brisgau que j'ai demandé (et pas celui de Fribourg en Suisse).
   - je n'ai pas demandé Fribourg en Suisse, mais Fribourg-en-Brisgau.

Hinweis In leistungsstarken Klassen können die Begriffe «Mitteilungsperspektive», «Thema» (Ausgangspunkt der Aussage) und «Rhema» (Schwerpunkt der Aussage) eingeführt werden (vgl. GhF **403**). Dies kann geschehen mit Hilfe der folgenden Übungen (auf Satzebene).

Zusatzübung 1

Au téléphone. Text s. **Zusatzübungen** Nr. 1, Seite 158.

Lösung

Die Übung beschränkt sich auf die gesprochene Sprache. Deshalb wird die Binnenstellung der adverbialen Bestimmung nicht berücksichtigt.

a) Die doppelte Aufgabenstellung führt den Schüler dazu, den Satz unter dem Aspekt der Informationsvermittlung zu betrachten.
Die **Kurzantwort** liefert den Kern der gewünschten Information (Kern des Rhemas).
Die **Antwort in Form eines vollständigen Satzes** zeigt auf, an welcher Stelle die rhematischen Elemente im Satz stehen (rechts vom Verb).

b) Der Vergleich beider Antworten veranschaulicht, wie die advB – je nach Kontext – entweder rhematischer Bestandteil (Träger neuer Information) oder thematischer (bereits erwähnter oder als bekannt vorausgesetzter) Ausgangspunkt der Mitteilung ist.
Dies kann in einem weiteren Schritt verdeutlicht werden: durch Niederschrift des Dialogs mit vollständigen Antworten.

1. – Qu'est-ce que tu fais **dimanche?** (Rhematisch)
– **Dimanche,** je vais chez Janine. (Thematisch)

2. – Tu **pars** à quelle heure? (Rhem.)
– Je **pars** après le déjeuner (Them.) etc.

Als **Faustregel** kann gelten:

- **Rhematischer** Bestandteil (Schwerpunkt der Aussage) sind die Informationen, die in der Kurzantwort enthalten sind.
- **Thema** (Ausgangspunkt) der Aussage sind die Elemente, die im vorangehenden Satz (oder Text) bereits vorgegeben worden sind und die im Folgesatz wieder aufgenommen werden.

Die Stellung der adv. Bestimmung kann durch die folgende Übung auf Textebene erarbeitet werden.

Zusatzübung 2

Une bande de faussaires. Text s. **Zusatzübungen** Nr. 2, Seite 158.

Lösung

1. La semaine dernière, la gendarmerie a arrêté ...
Il s'agit ...
La police ... pendant plusieurs mois.
2. Les gendarmes ... dans une ferme abandonnée.
Dans la grange, ils avaient ... une imprimerie ...
où ils fabriquaient ...
3. Les faux billets ... depuis l'année dernière.
La police ... sur la côte d'Azur.
4. Le cerveau ... se cache en Amérique du Sud.
En France, il est ... (Thema, da die Geschichte in Frankreich spielt).
5. *En allant* ... Frédo a pu ...
Mais *avec l'aide* ..., il sera ... oder:
Mais il sera ... *avec l'aide* ...
En allant ... ist thematischer Bestandteil (vgl. 4.).

Exercices de perfectionnement

3. Rencontre dans le Sahara

Hinweis Dieser Text enthält Belege für die Erscheinungen, die im *Commentaire grammatical* analysiert werden:

- Adverbiale Bestimmungen als thematischer und als rhematischer Bestandteil der Informationsabfolge.
- *C'est ... qui/que* in hervorhebender und in satzverknüpfender Funktion.
- Segmentierte Sätze.

Die Lösung der Aufgabe 5 setzt nur den Stoff von GhF **270** voraus.

Lösung **Commentaire grammatical et stylistique**

1. a) Qu'est-ce qu'il a réussi à faire? – ... à tracer son premier dessin
(*avec un crayon* ... = nebensächliche Information).
Avec quoi a-t-il tracé ...? – ... avec un crayon ... (Schwerpunkt der Aussage).
b) Qu'est-ce qu'il a abandonné ...? – ... une ... carrière ...
A quel âge a-t-il abandonné ...? – ... à l'âge de six ans.

2. Questions:
a) Qu'est-ce que vous avez vu, une fois, lorsque vous aviez six ans?
b) Qu'est-ce qu'on disait dans ce livre?
c) Pendant combien de temps dorment-ils ensuite?
d) Avec qui avez-vous (ainsi) eu des contacts, au cours de votre vie?
e) Jusqu'à quel moment/Combien de temps avez-vous (ainsi) vécu seul?
f) Pour combien de jours aviez-vous de l'eau à boire?

Die adv. Bestimmung ist rhematischer Bestandteil in c), e) und f).

Eine andere Stellung der advB ist möglich in a) *Une fois,* lorsque j'avais six ans ...
b) *Dans ce livre,* on disait ...
d) *Au cours de ma vie,* j'ai eu ainsi ...

3. (17–19) *C'est ainsi que ...:* resümierende satzverknüpfende Funktion (= *ainsi*).
(45) *C'est tout à fait comme ça que ...:* Hervorhebung.
(47) wie (19).

4. a) Un boa, *c'est* ... et un éléphant, *c'est* ... (37–47).
Chez moi, *c'est* ... (40).
Ça, *c'est* la caisse (47).

b)/c)	Sujet		Attribut	
	Un boa,	**c**'est	très dangereux	(segmentiert)
	Un éléphant,	**c**'est	très encombrant	(segmentiert)
Chez moi,		c'	est tout petit	
	Ça,	**c**'est	la caisse	(segmentiert)

Nicht segmentierte Form: Un boa/un éléphant *est* très ...

Nach *cela/ça* ist die Segmentierung obligatorisch, nicht aber nach *ceci (est la caisse).*
In *Chez moi, c'est tout petit* ist *ce* neutrales Subjekt.

d) A marquer le langage parlé.

5. a) *Moi,* j'ai besoin d'un mouton./J'ai besoin ..., *moi.*
b) *Celui-ci/Celui-là, il* est déjà .../*Il* est déjà, *celui-là.*
c) Ce mouton-là, je ne *le* veux pas/Je ne *le* veux pas, *ce mouton-là.*
d) *Le mouton que tu veux, il* est .../*Il* est ..., *le mouton que tu veux.*

Zum Wechsel von Passé composé und Passé simple im Text vgl. GhF **384.**

Zusatz-aufgabe

- Racontez comment Saint-Exupéry est devenu pilote.
- Racontez comment il a fait la connaissance du petit prince.
- Expliquez pourquoi le narrateur et le petit prince s'entendent si bien. (Gruppenarbeit)

4. Blaise Pascal

Lösung

1. B. Pascal naquit à Clermont ..., le 19 juin 1623 (Ort vor Zeit)
   auch möglich: ... naquit le ..., à Clermont ...
2. A l'âge de 12 ans, il ...
3. A l'âge de 18 ans, il ...
4. Malgré une santé délicate, il ...
5. En dehors des mathématiques ...
   — Schwerpunkt der Aussage (Rhema) sind die Fakten: *ce qu'il a fait.* *En dehors de* ... resümiert die Informationen der Sätze 2–4.
6. ... l'inauguration ... eut lieu à Paris le 18 mars 1662. Rhematischer Bestandteil: Ort vor Zeit.
7. Sept ... circulèrent dès lors entre ... et ... Ort nach Zeit wegen des Folgesatzes.
8. Parallèlement ..., Pascal prit part ... *Parallèlement* ... resümiert die vorangegangenen Informationen (geschriebene Sprache).
9. En 1654, il se retira ... et .../
   Il se retira ..., en 1654, et prépara ...
10. Après sa mort, en 1622, ce livre fut .../Ce livre fut publié après sa mort, en 1622, sous le titre ... Weitere Informationen über das Buch.

▼ 5. La vie d'Antoine de Saint-Exupéry

Hinweis a) dient der Vorbereitung und kann im Présent oder im Passé composé/Imparfait durchgeführt werden.
b) wird im Présent durchgeführt, um zusätzliche Schwierigkeiten zu vermeiden.

Wortschatzübung

Zur Vorbereitung der Übung kann eine Wortschatzübung eingeblendet werden:

Ce texte est écrit au style nominal. Or, pour écrire un texte cohérent, vous avez besoin de verbes. Trouvez-les en remplaçant les noms concernés par des verbes ou expressions verbales.

Lösung

Z. 2: Naissance – être né
3: Etudes – faire des études; préparation – préparer qc; échec – échouer
4: Décision – décider/prendre la décision de faire qc
5: Service militaire – faire son service militaire
Formation – recevoir une formation de (pilote)
6: Passion – se passionner pour qc
7: Métiers – exercer des métiers; retour – retourner quelque part
8: Pilote – être pilote/travailler comme pilote
9: Séjour – séjourner quelque part/y passer un certain temps
10: Mission – avoir pour mission/être chargé de; création – créer qc
11: Publication – publier qc
13: Disparition – disparaître/trouver la mort
17: Sujet de son œuvre – être le sujet/décrire dans son œuvre; réalisation – (se) réaliser.

Lösungsvorschlag

La vie d'Antoine de Saint-Exupéry

A. de Saint-Exupéry naît à Lyon, le 29 juin 1900. Après le lycée, il prépare l'Ecole navale de Brest, mais il échoue (n'est pas reçu) à l'examen d'entrée. Il décide donc d'entrer (de faire des études) à l'Ecole des Beaux-Arts./Comme il échoue ..., il décide ...

De 1921 à 1923, Saint-Exupéry fait son service militaire dans l'armée de l'Air ...
et apprend à piloter des avions. C'est cette formation de pilote qui définira son avenir/C'est à cette formation ... qu'il doit sa carrière professionnelle.
oder: où il reçoit une formation de pilote. C'est alors qu'il se passionne pour l'aviation, (passion) qui définira son avenir/qui tiendra une place importante dans sa vie.

Après son service militaire/Au sortir de l'armée, il exerce (essaie) différents métiers.
Mais trois ans plus tard, il est de nouveau dans/il retourne à/dans l'aviation.
D'abord, en 1926, il travaille comme pilote d'essai, ensuite, à partir de 1927, il est pilote de ligne à *l'Aéropostale.*

Dans cette fonction, il séjourne/C'est ainsi qu'il passe des années en Afrique et dans les deux Amériques (en Amérique du Sud et en Amérique du Nord).
Sa mission consiste à/Il est chargé de créer de nouvelles lignes.

C'est à cette époque qu'il passe/atteint les «6500 heures de vol sous ...» dont il parle dans l'un de ses livres. **oder:** En remplissant cette mission;/C'est ainsi qu'il passe «6500 heures de vol sous tous les ciels du monde»

Die literarischen Arbeiten können in die einzelnen Lebensabschnitte integriert oder der Vorlage entsprechend zusammen erwähnt werden. Beispiel für Integration:

En même temps, il publie (écrit) plusieurs livres, dont *Courrier-Sud* (1930), *Vol de Nuit* (1931) et *Terre des hommes* (1939).
Au commencement de la Seconde Guerre mondiale/En 1939, il (retourne en France et) s'engage dans l'armée de Libération, comme pilote de guerre.

En pleine guerre/Pendant la guerre, il publie ...

En 1944, il disparaît au cours .../C'est au cours d'une mission aérienne qu'il disparaît, en 1944.
Son dernier livre, *Citadelle,* sera publié après sa mort.

Dans son œuvre littéraire, Saint-Exupéry décrit la réalisation de l'homme/comment l'homme peut se réaliser/se réalise dans son engagement et dans son travail.

Zum Gebrauch des Futurs vgl. GhF **396.**

Zusatz-aufgabe

Blaise Pascal – mathématicien, physicien, philosophe.

Indiquez les dates et événements principaux de la vie de ce savant.

Die Übung kann durch eine Wortschatzübung vorbereitet werden, ausgehend vom Text des Schülerbuches: Donnez des groupes nominaux qui correspondent aux expressions verbales suivantes.

Die zu findenden Nominalgruppen sind in der folgenden Lösung fett gedruckt.

Lösungsvorschlag

Naissance:	19 juin 1623, à Clermont, Auvergne. Santé délicate.
A 12 ans:	**études** de géométrie, sans professeur.
A 18 ans:	**invention** de la première machine à calculer.
Ensuite:	(de) nombreuses recherches et expériences dans le domaine de la physique.
Puis:	études sur la circulation dans les grandes villes et sur l'organisation des transports collectifs.
Parallelèment:	**participation** aux luttes religieuses et philosophiques de l'époque.
1654:	**retrait** de la vie publique; **préparation** d'un livre sur la religion chrétienne.
1662:	mort de Pascal; **publication** de son dernier livre sous le titre de «Pensées».

6. Publicité

Hinweis Segmentierte Sätze gehören nicht der *langue populaire* an, sondern sind Kennzeichen der gesprochenen Sprache schlechthin. Die Beispiele zeigen, daß nur aus dem situativen Kontext hervorgeht, ob die Segmentierung Mittel zur *mise en relief* ist.
Aktives Beherrschen der Segmentierung wird nur verlangt für die Fälle, in denen Satzsegmentierung obligtorisch ist (vgl. Übung **7**).

Lösung a)/b) **Sujet:** *Il* sent bon, *ton café.*
*J'*en mange tous les matins, *moi.*
Nous, on a un lave-vaisselle.
*Moi, j'*ai attaché ma ceinture!
*La caisse d'épargne, c'*est la banque ...
*Les confitures ..., c'*est délicieux.

Complément direct: Au fait, vous *l'*avez déjà, *votre carnet de chèques?*
Vous aimez *ça, faire la vaisselle?*
indirect: Vous *y* pensez, *à votre sécurité?*
circonst.: Vous *y* êtes déjà allé, *aux Bahamas?*

c) *Mise en relief* liegt vor in Vous aimez ça, faire la vaisselle?
Nous, on a un lave-vaisselle.
Moi, je l'ai attachée ...
Sonst: Segmentierung = Ausdruck spontanen Sprechens.

7. Définitions, opinions, citations

Lösung

a) L'Etat, c'est moi.
La culture, c'est ce qui reste quand on a tout oublié.
Vouloir, c'est pouvoir.

Analyse: 1. GN + *c'est* + pronom personnel.
2. GN + *c'est* + phrase introduite par *ce qui/ce que.*
3. Infinitif + *c'est* + infinitif.

b) 1. L'enfer, c'est les autres.
2. Partir, c'est mourir un peu.
3. L'accordéon est (Version des Autors: c'est) le piano du pauvre.
4. Le mieux est l'ennemi du bien.

Zusatz-übung 3

Définitions. Text s. **Zusatzübungen** Nr. 3, Seite 158.

Lösung

1. Un autobiograve: autobio(graphe) + grave (**c'***est*)
2. L'autoraoût [-t]: auto(route) + r + août
3. Un hebdrolmadaire: heb(domadaire) + drôl(e) + (dro)madaire
4. Une larmoire: larm(e) + (arm)oire
5. Un mégoïste: mégo(t) + (égo)ïste/(**c'***est*)

8. Situations de tous les jours

Lösung Die Reihenfolge der Lösungsvorschläge entspricht ihrer Frequenz.

1. • Pour les chèques, vous devez vous adresser au guichet N° 3.
   • (Pour les chèques) C'est au guichet N° 3 que vous devez vous adresser.
2. • C'est M. Reynaud qui en a la clé.
   • La clé, c'est M. Reynaud qui l'a.
   • Je n'ai pas de clé. C'est M. Reynaud qui l'a.
3. • La moto, elle marche. Mais la voiture, je dois la mettre au garage.
   • La moto, elle, elle marche. Mais la voiture, il faut que je la mette au garage.
4. • C'est Dominique qui a renversé le vase.
   • C'est Dominique qui l'a renversé, le vase.
   • Le vase, c'est Dominique qui l'a renversé.
5. • Mon lit, je l'ai fait. Ma chambre, je la rangerai tout à l'heure.
6. • De la limonade, il n'y en a plus. Mais il y a du jus ...
   • Il n'y a plus de limonade. Mais du jus de pommes, il y en a/Mais il y a ...

▼ 9. Eliane, secrétaire de direction

Lösung

a) 1. Probablement **fait-elle** ...
Probablement **qu'elle fait** ...
Elle fait probablement ...
2. Sans doute y **a-t-il** ...
Sans doute **qu'il y a** ...
Il y a sans doute ...
3. Peut-être **a-t-il** ...
Peut-être **qu'il y a** ...
Il y a peut-être ...

b) 1. Ainsi **est-elle** .../Ainsi, elle est ...
2. Aussi **doit-elle** ...
3. A peine **a-t-elle** ...
4. En tout cas, **elle est** ...
5. Bien sûr (qu') **elle a** ...

▼ 10. Une journée pas comme les autres

Hinweis Extraposition mit neutralem *il* ist nur dann angebracht, wenn das (nominale) Subjekt rhematischer Bestandteil der Mitteilung (Schwerpunkt der Aussage) ist (vgl. Chapitre 6, Übung 6, PFM S. 53).

Durch die Verwendung dieser Konstruktion entsteht im folgenden Text eine lineare Progression (vgl. GhF **404**).

Lösung

a) 1. J'avais terminé mon travail à 7 heures.
Mais au moment où j'ai voulu partir, **il** s'est présenté **un client.**
Il ne me restait donc plus qu'**à m'occuper de lui.**

2. A sept heures et demie, j'ai enfin pu quitter mon bureau ...
   oder: J'ai enfin pu quitter mon bureau à sept heures ...
   J'étais à peine sortie du garage que j'ai constaté qu'**il** me manquait **de l'essence.**
3. Après avoir fait le plein, j'ai donc pris la route.
   Mais juste avant le pont, **il** s'était produit **un accident.**
   Il y avait une longue file de voitures.
   Heureusement, **il** ne s'était **rien** passé **de grave.**
4. Enfin, me voilà; inutile de dire que j'ai une faim de loup.

b) Die gleichen Sätze in der 3. Person Singular. – 5. Enfin, **la** voilà.

Zusatz-übung 4

Familiale

La mère fait du tricot
Le fils fait la guerre, etc. aus Jacques Prévert, PAROLES, Gallimard, Paris 1949.

Das Gedicht ist abgedruckt in POÈMES DE VIVE VOIX, Klettbuch 5977, S. 20.

Lernziel: Stilistische Verwendung des segmentierten Satzes.

Commentaire grammatical et stylistique

1. Relevez les verbes utilisés dans ce poème. Combien de fois chacun de ces verbes y figure-t-il?
2. Quel verbe a été supprimé dans les phrases elliptiques?
3. Etudiez les phrases segmentées du texte.
   - Quel élément syntaxique est projeté en dehors du cadre de la phrase?
   - Que désignent les groupes projetés en tête ou en fin de phrase?
4. Quel effet stylistique les nombreuses phrases segmentées et les phrases elliptiques produisent-elles?
   - Quels sont les groupes de mots dominants?
   - Qu'expriment les modèles de phrase employés?
   - Relisez les lignes 10–14; quel personnage y est mis en relief?
   - Relisez les lignes 15–18: De quelle façon est exprimée la monotonie des événements?
   - Relisez les lignes 12+19: Par quel moyen est exprimé le fait que le fils sort du cadre de son entourage?

Lösungs- und Interpretationsvorschlag

1. Le poème fait mention de 7 verbes différents, ce qui est peu; mais le verbe **faire** est répété 8 fois, **trouver** 5 fois, **continuer** 5 fois. **Finir, tuer, aller** et **tricoter** n'apparaissent qu'une seule fois.
   La répétition de **faire** souligne le fait que les membres de cette famille agissent sans réfléchir, qu'ils font ce qu'ils doivent faire et n'essaient surtout pas de changer quoi que ce soit.
2. Dans les phrases elliptiques, seul le verbe **faire** est sous-entendu. On fait la guerre comme on fait du tricot ou des affaires. Le verbe **faire** devient en quelque sorte insignifiant, puisque les rôles sociaux sont parfaitement déterminés et acceptés. On arrive alors à une parfaite identité entre fils et guerre (fils = guerre), père et affaires (père = affaires).
3. C'est toujours le groupe sujet qui est projeté en dehors du cadre de la phrase.
   Les groupes projetés en tête ou en fin de phrase désignent tous sans exception les membres de la famille (le père – la mère – le fils), une «trinité» séculaire dont se moque Prévert. Rien de nouveau dans ce monde. Toujours la même réalité quotidienne, ennuyeuse, mais aussi profondément cruelle.
4. L'utilisation répétée tout au long du poème de la segmentation et de l'ellipse du verbe suggère la monotonie de la vie et souligne l'absurdité des rôles qu'y jouent les trois personnages. Notre monde est un monde où règne la routine: le tricot, la guerre, les affaires.
   Le fils, qui domine les vers 10 à 15, est effacé sur le plan syntaxique par les compléments directs du verbe **faire** dans les vers 22 à 24. C'est avec beaucoup d'ironie qu'est suggérée l'attitude conformiste du fils face à cette vie banale et, au fond, inhumaine: le jeune homme, qui devrait représenter l'avenir et le changement, n'est qu'un petit rouage dans cette mécanique bien huilée.
   Prévert, dans la phrase interrogative (10–11), attire l'attention du lecteur par la répétition du mot **fils.** Le fils, lui, va-t-il enfin changer quelque chose, se révolter ...? Déception. Non, il ne changera rien. Il fera ce qu'on lui demande de faire. Il obéira. Il se fera tuer à la guerre.
   Les événements, même les plus cruels, sont ressentis comme normaux. Une vie absurde. Pas de révolte ... excepté celle de Prévert.

Chapitre 2: La phrase interrogative

Übersicht über die Lernziele und Übungen

Lernziel/ Sachaspekt	Que sais-je?	Révision	Perfec- tionnement	Grammatik GG	GhF
Arten des Fragesatzes; Typen der direkten Frage					
● Klassifizierung von Fragesätzen nach Inhalt (Gesamt-/Teilfrage) und Konstruktionstyp	A°		5°	132+133; 138	272+273; 279
Fragetypen der vornehmlich geschriebenen Frage					
● Inversionsfrage	**B**			135	273; 277–279
● Absolute Fragestellung	**B**; **C**b)	**3**b); **4**	**6**a) + ▾b); **7**a)	135+138	273; 277–279
Fragetypen der gesprochenen Sprache					
● Intonationsfrage	**C**b)	**1**; **2**		137	275
● Inversions- und *est-ce que*-Frage	**C**b)	**2**; **3**a)	**7**b); **8**	137+138	275–279
● Partner- und situationsadäquate Verwendung der Fragetypen der gespr. Sprache		**2**	**8**	135	275; 281
● Erkennen und Umformen von segmentierten Fragesätzen und Fragetypen der *langue populaire*			▾**9**		275; 280
● Satztyp (Frage- und Ausrufesatz) und Lexik als Mittel der Charakterisierung des Sprachniveaus			▾**9**		275; 280; 288
Gebrauch der Fragepronomen					
● Gebrauch generell, unterschiedliche Pronomen	**B**; **C**	**1–4**	**6–8**	74+75	129
● *quel* + Nomen vs. *lequel*		**4**		75	130
● *quel est* vs. *qui est*			**5**°		279
● Fragepronomen in direkter und indirekter Frage	**C**a)	**2**	**8**	139	129+130; 284+285

° = Belegtext;

Lösungen, Hinweise, Zusatzaufgaben

Que sais-je?

A. Une arrivée

Lösung a) Interrogations totales: Z. 3–11–14–15–17–21;
Interrogations partielles: 5–7–9–18.

b) ● Intonation: 3–5–9–11–15
● Inversion: 7–14–17–18–21.

Il s'agit d'/C'est un texte qui reproduit la langue parlée.

Le dialogue a lieu entre deux personnes qui ne se connaissent pas: elles parlent sur un ton formel/ s'expriment de façon formelle.

L'interrogation avec rejet ... s'emploie seulement entre des personnes qui se connaissent bien (vgl. GhF **275**/GG **135**).

L'interrogation complexe appartient/est réservée à la langue écrite.

Au lieu d'employer *est-ce que,* les personnes utilisent l'inversion du sujet: c'est plus formel.

Zur Frage Z. 11 s. Aufgabe d).

c) Phrases elliptiques:
 5: (Quels sont vos) date et lieu de naissance?
 9: (Quel est votre) domicile habituel?

d) 1: Quels sont votre nom et vos prénoms/vos nom et prénoms?
 11: Est-ce que vous avez/Avez-vous/Vous avez une pièce d'identité?

Die Frage mit *est-ce que* ist hier gerechtfertigt, da ein neuer Sprachabschnitt beginnt (vgl. GhF **275B**).

B. Une interrogation écrite

Lösung

1. Pourquoi Karl doit-il montrer une pièce d'identité?
2. A quelle sorte d'entreprise l'administration donne-t-elle des questionnaires de ce genre?
3. Où cette conversation a-t-elle donc lieu?
4. Quel lieu Karl indique-t-il comme domicile?
5. Essaie-t-il de cacher quelque chose?
6. A quoi Martha s'intéresse-t-elle particulièrement?
7. Pourquoi prend-elle un ton dur quand elle parle de la famille de Karl?
8. Karl et Martha se connaissent-ils?
9. Le malentendu s'annonce-t-il dans ces lignes?
10. En quelle année Albert Camus a-t-il publié cette pièce?

C. Une mère curieuse

Lösung

a)	b)
1. où:	Tu vas où?/Où vas-tu?
	Où est-ce que tu vas?
avec qui:	Tu as rendez-vous avec qui?
	Avec qui est-ce que tu as ...?
à quelle heure:	Tu seras de retour à quelle heure?
	A quelle heure est-ce que tu seras ...?
2. qui:	Qui (est-ce qui) va venir?
qui:	Tu attends encore qui?
	Qui est-ce que tu attends encore?
ce que:	Qu'est-ce que vous allez faire?
	Vous allez faire quoi?
3. qui:	Qui (est-ce qui) t'a téléphoné?
qui:	Tu as appelé qui?
	Qui est-ce que tu as appelé?
de quoi:	Vous avez parlé de quoi?
	De quoi est-ce que vous avez parlé?
4. ce qui:	Qu'est-ce qui s'est passé?
qui:	Tu as rencontré qui?
	Qui est-ce que tu as rencontré?
ce que:	Qu'est que vous vous êtes raconté?

Zum Gebrauch der Frage mit nachgestelltem Fragewort vgl. GhF **275**.

Exercices de révision

1. Deux individus dans la foule

Lösungs-vorschlag Da die abgebildeten Personen Jugendliche sind, sind Fragen der familiären Sprache angebracht, z. B.

Hippie:
C'est joli, la musique.
Tu peux la mettre un peu plus fort?

Jeune fille:
Ça ne va pas?
Tu attends quelqu'un?
A quoi penses-tu?
Pourquoi as-tu l'air si triste?
Tu as du souci/des soucis?
Je peux t'aider?

Tu t'appelles comment?
Tu es Français(e)?
Tu viens d'où?

Ça fait longtemps que tu te balades comme ça?
Tu fais ça pour plaisanter
ou tu te moques vraiment du monde?
Tu es un vrai marginal?
Tu vis de quoi?
Qu'est-ce que tu faisais avant?

Tu es de passage?
Tu es seule ici?
Tu n'as pas d'amis?
Qu'est-ce que tu fais dans la vie?
Tu veux qu'on prenne un café?

Légendes: Marginal
La vie est belle

Bonjour, tristesse
Un petit sourire, s. v. p.

2. Débrouillez-vous

Hinweis Als Lösungen werden die Fragetypen erwartet, die der Sprechsituation und dem Gesprächspartner angemessen sind, also:
- neutrale bis förmliche Fragen in a) und b)
- vertraut-familiäre Fragen in c)
- förmliche oder kumpelhaft-familiäre Fragen in d).

Lösungs-vorschlag

a) J'ai cette cravate qui a une tache, là.
- Croyez-vous/Pensez-vous qu'elle va partir?
  Est-ce qu'elle va partir, à votre avis?
- Pour quel jour pouvez-vous/pourriez-vous me la nettoyer?

b) Dites-moi, ce manteau-là ...
- Pourquoi est-il/est-ce qu'il est en solde?
- Combien coûtait-il avant?/Il coûtait combien, avant?
- Pour quand pourriez-vous me le raccourcir?
  Pourriez-vous me le raccourcir? Pour quand?
- Est-ce que la caissière accepte des chèques?
- Où se trouve la caisse?/Où est-ce que la caisse se trouve?

c) Eh bien, ça ne va pas?
- Pourquoi est-ce que tu pleures?
- Tu t'es fait mal?
- Tu t'appelles comment?
- Tu habites où?

d)
- Est-ce qu'il y a encore un lit de libre?
- Combien de jours peut-on rester?/On peut rester combien de jours?
- C'est combien, la journée?
- Qu'est-ce qui est compris dans ce prix?/Le petit déjeuner et le dîner sont compris?
- Où sont les dortoirs des jeunes gens/jeunes filles?
- Où peut-on mettre ses/Où est-ce que je peux mettre mes objets de valeur?
- A quelle heure est-ce que vous fermez le soir?/Vous fermez à quelle heure, le soir?

3. Le canal du Midi

Hinweis Da es sich um Sachinformationen handelt und der Gesprächspartner nicht genannt ist, sind auch in gesprochener Sprache die förmlichen Fragetypen anzuwenden (Inversions- und *Est-ce que*-Frage).
Die Frage mit Endstellung des Fragewortes und die Intonationsfrage sind möglich, wenn die Schüler die Fragen gesprächsweise an ihre Mitschüler richten. Dies ist hier jedoch nicht Lernziel.

Lösung a)
1. Quelles villes relie le canal du Midi?
2. Quelle est sa longueur?
3. Combien d'écluses a-t-il fallu construire/Combien a-t-il fallu construire d'écluses (pour rendre la navigation possible)?
4. En combien d'années est-ce que cette œuvre gigantesque a été realisée?
5. En quelle année/Quand est-ce que son inauguration a eu lieu?
6. A quand/A quelle époque remonte l'idée de faire communiquer l'Atlantique et la Méditerranée?
7. Par qui/Par quels hommes politiques a-t-elle été reprise?
8. Pour quelle raison a-t-elle été abandonnée?
9. A qui/A quel homme revient le mérite d'avoir trouvé une solution à ce problème et d'avoir réalisé la construction du canal/revient ce mérite?
10. En quelle année et par quel événement est-ce que la liaison entre les deux mers a été réalisée?

b)
1. auch: ... le canal ... relie-t-il?
4. ... cette œuvre ... a-t-elle été réalisée?
5. ... l'inauguration a-t-elle eu lieu?
6. auch: ... l'idée ... remonte-t-elle?
9. auch: ... le mérite ... revient-il?
10. ... la liaison ... a-t-elle été réalisée?

Hinweis

- Inversion des nominalen Subjekts ist möglich, wenn das Verb kein weiteres nominales Objekt bei sich hat (vgl. GhF **278** U/GG **137**).
  Sie wird aus satzrhythmischen Gründen bevorzugt (vgl. Satz 1-6-9).
- *Est-ce que* wird bevorzugt wenn das Verb im Passiv steht (vgl. Satz 4 + 10) oder ein verbaler Ausdruck ist (vgl. Satz 5: *avoir lieu*).
  Est-ce que ist möglich außer in Satz 2.

Wortschatzübung

a) Donnez le contraire des énonciations suivantes:

(2.) Ce canal est *assez long* – relativement/très court.
(3.) La navigation est *possible* – impossible.
Il y a *de nombreuses écluses* – quelques écluses; ne ... aucune écluse.
(4.) C'est une œuvre *gigantesque* – peu importante; insignifiante, réalisée *en de longues années* – en peu de temps.
(5.) Son inauguration a eu lieu *il y a longtemps* – récemment; il y a peu de temps.
(6.) L'idée ... *remonte loin* – est toute récente.

b) Relevez dans le texte les informations données sur l'idée de construire le canal.

(6.) Une idée remonte à ...
(7.) L'idée a été reprise par ... en ...
(8.) Elle a été abandonné ... en ..., pour des raisons ...

Donnez des expressions synonymes de *L'idée remonte au temps des Romains.*
(... est née à l'époque des Romains/
Les Romains en avaient déjà eu l'idée.)

c) Complétez le tableau suivant:

Verbe	**Nom**	**Verbe**	**Nom**
relier qc	(la liaison 10.)	réaliser qc	(la réalisation)
construire qc	(la construction 9.)	(inaugurer qc)	l'inauguration
(naviguer)	la navigation	communiquer	(la communication)

Die in ( ) stehenden Wörter sind vom Schüler zu finden.

4. Connaissez-vous la France?

Lösung 1. a) Quels sont ...?
b) Lequel (d'entre eux) est ...?
c) Lesquels (d'entre eux) ... sont ...?

2. a) Quelles sont ...?
b) Laquelle (d'entre elles) est ...?
c) Dans quelles régions sont ...?
d) Qui est-ce qui a introduit ...?/Par qui et quand la vigne a-t-elle été introduite en France?

3. a) Quels (sont les huit) départements (qui) font ...?
b) Lesquels (d'entre eux) doivent ...?
c) Qu'est-ce qui a donné leur nom aux départements de ...?/
A quels départements la maison de Savoie a-t-elle donné son nom?
d) Depuis quand l'ancien duché de Savoie appartient-il à la France?

4. a) Quel est ...?
b) Par qui et en quelle année cette île a-t-elle été vendue à la France?
c) Qui/Quel grand homme est né ...?
En quelle année et dans quelle ville est né Napoléon Bonaparte/Napoléon Bonaparte est-il né?

Exercices de perfectionnement

5. Feriez-vous un bon témoin?

Lösung a) Toutes sauf 1.

b) Dans les phrases 2 et 3 l'inversion du sujet est possible parce que le verbe n'est pas accompagné d'un objet nominal/à droite du verbe, il n'y a que le sujet.
Dans la phrase 4, il y a un complément d'objet nominal: le carton jaune.

c) Quel est celui ...? – Le joueur qui porte le numéro 5.
Qui est celui ...? – C'est Jean. (Vgl. Ghf **277**.)

6. Le Jeu des 1.000 francs

Hinweis In dieser Sendung werden Fragetypen der förmlichen Sprache verwendet.

a) Bei schriftlicher Lösung der Aufgabe werden Fragetypen der geschriebenen Sprache erwartet.
b) Ist als schriftliche Aufgabe formuliert. Fragen mit *est-ce que* werden nicht erwartet.

a) A vous de jouer.

Satz 4: Les champs catalauniques sont les plaines entre Châlons-sur-Marne et Troyes, qui étaient habitées par les Catalauni (Châlons < Catalaunum [-ɔm]).

Lösung **Neutrale gesprochene und geschriebene Sprache:**

1. Comment appelle-t-on les sommets du Massif central, ...?
2. L'ecrivain et philosophe J.-P. Sartre était le neveu (= fils d'une cousine) de quel homme célèbre?
De quel homme célèbre est-ce que J.-P. Sartre était le neveu?
3. Quel est le mot le plus long de la langue française?
4. Qui (est-ce qui) a été vaincu, en 451, sur les champs catalauniques?/Où est-ce qu'Atilla a été vaincu, en 451?
Où se trouvent ces plaines?
5. Voici ... Lequel d'entre eux est un département d'outre-mer?
6. Qu'est-ce qu'un Bajocasse?/Un Bajocasse, qu'est-ce que c'est?

Question banco: Quel est le poète qui, à l'âge de 20 ans et après avoir écrit ses derniers poèmes, est parti pour l'Afrique vendre des armes?

Nur geschriebene Sprache:

2. De quel homme célèbre J.-P. Sartre était-il le neveu?
4. Où Atilla a-t-il été vaincu, en 451? – Où ces plaines se trouvent-elles?

b) Pour les spécialistes de l'histoire de France.

Lösung

1. A quelle tribu germanique la France doit-elle son nom?
   Quel était son nom d'origine?
   De quelle origine est ce nom/ce nom est-il?
   De quel mot latin dérive-t-il?
2. Comment la ville de Paris s'appelait-elle à l'époque de César?
   Quand a-t-elle pris le nom de Paris?
   Qui (est-ce qui) lui a donné ce nom?
3. De quelle origine est ... et que signifie-t-il?
   De quelle époque date-t-il?
   Par qui (et dans quel but) a-t-il été créé?
4. A qui doit-on les paroles ...?
   A quelle occasion les a-t-il prononcées?
5. Par quelle mesure Henri IV a-t-il rétabli la paix religieuse en France, en 1598?
   Qu'est-ce que cet acte de tolérance accordait aux protestants?
6. Par qui (et en quelle année) l'édit de Nantes a-t-il été annulé?
   Quelles conséquences cette mesure a-t-elle eues/a eues cette mesure?
   Où se sont réfugiés les Huguenots/Où les Huguenots se sont-ils refugiés?

7. Jeanne d'Arc

Hinweis Dem Inhalt dieses Textes entsprechend sind auch beim mündlichen Erfragen der Informationen Typen der förmlichen Frage vorzuziehen.

Lösung a)

1. a) Qui (est-ce qui) tenait tout le nord ...?
   b) Depuis la mort de qui, la France était-elle ...?
   c) Qui les Français voulaient-ils couronner ...?
   d) Qu'est-ce qui ne pouvait pas ...?
   Par qui la ville ... était-elle occupée?
2. a) Qu'est-ce que Jeanne d'Arc, ..., entendit, en 1428?
   b) A quoi ces voix l'invitèrent-elles?/A quoi l'invitèrent ces voix?
   c) A quoi obéit Jeanne/A quoi Jeanne obéit-elle?
   Où se rendit-elle ...?
   d) Qui (est-ce qui) se trouvait là?
3. a) Pour quoi (le roi et les nobles) prenaient-ils la jeune fille?
   b) Qui est-ce que Jeanne réussit .../Qui Jeanne réussit-elle ...?
   c) Que lui donna Charles?Qu'est-ce que Charles lui donna?
   d) Qu'est-ce qui commença ...?
   Quelle ville Jeanne libéra-t-elle ...?
4. a) Qui se mit ..., après le sacre ...?
   b) A qui les Bourguignons vendirent-ils Jeanne?
   c) Où la conduisit-on?
   d) De quoi ses juges l'accusèrent-ils et à quoi la condamnèrent-ils?
5. a) Qu'est-ce qui eut lieu ...?
   b) Qu'est-ce que Jeanne répéta ...?
   c) Par qui Jeanne d'Arc fut-elle ... en ...?
   Quand l'Eglise la canonisa-t-elle?
   d) Qu'est devenue la fête ...?
   Quand/Quel jour se fête sa mémoire/sa mémoire se fête-t-elle?

Lösung b) Bei dieser Aufgabe ist das Passé simple durch das Passé composé zu ersetzen.

1. a) wie Aufgabe **a)**
   b) Depuis ... est-ce que la France était .../La France était ... depuis la mort de qui?
   c) Qui est-ce que les Français voulaient ...?
   d) Qu'est-ce qui ... wie Aufgabe **a)**
   Par qui est-ce que .../La ville ... était occupée par qui?

2. a) Qu'est-ce que Jeanne d'Arc, ... a entendu ...?
   b) A quoi l'ont invitée ces voix/Ces voix l'ont invitée à quoi?
   c) A quoi a obéi Jeanne/Jeanne a obéi à quoi?
   Où est-ce qu'elle s'est rendue aussitôt?
   d) wie Aufgabe **a)**.

3. a) wie Aufgabe **a)**/Ils la prenaient pour quoi?
   b) Qu'est-ce qu'elle a réussi ...?
   c) Qu'est-ce que Charles lui a donné?
   d) Qu'est-ce qui a commencé ...?
   Quelle ville a-t-elle libérée .../En juillet elle a libéré quelle ville?

4. a) Qui (est-ce qui) s'est mis ...
   b) A qui est-ce que ... ont vendu .../Ceux-ci ont vendu Jeanne à qui?
   c) Où est-ce qu'on l'a conduite/On l'a conduite où?
   d) De quoi l'ont accusée .../Ses juges ... de quoi?
   A quoi l'ont-ils condamnée?/Ils ... à quoi?

5. a) Qu'est-ce qui a eu lieu ...?
   b) Qu'est-ce que Jeanne a répété ...?
   c) Par qui est-ce que Jeanne a été réhabilitée, en 1459/En ..., Jeanne a été ... par qui?
   d) Qu'est-ce que sa fête est devenue?
   Quand/Quel jour se fête .../Sa mémoire se fête quand/quel jour?

8. «Savoir-vivre» linguistique

Hinweis Bevor die Fragen in den einzelnen Situationen gebildet werden, kann die Sprechsituation, die im Einleitungssatz angegeben ist, kurz charakterisiert werden.

Lösung 1. Situation d'énonciation: neutre – formelle

- A quelle heure dois-je/est-ce que je dois commencer ...?
- Aurai-je .../Est-ce que j'aurai ...?
- Combien de temps aurez-vous ...?

2. Situation d'énonciation: formelle

- Ces Messieurs désirent-ils .../Désirez-vous ...?
- Messieurs ont-ils/Vous avez choisi, messieurs?
- Qu'est-ce que ces messieurs désirent/Que désirez-vous comme boisson(s)?

3. Situation d'énonciation: au début formelle/neutre – ensuite plus familière

- D'où venez-vous, monsieur/madame?
- Quand êtes-vous arrivé(e)?
- C'est la première fois que vous venez ici?
- Combien de temps allez-vous rester/Vous allez rester combien de temps?
- A propos, (est-ce que) cela vous dérangerait de surveiller ma/notre tente, ce soir?

4. Situation d'énonciation: neutre

- Madame, (est-ce que) je peux mettre la table?
- Où sont (rangés) les verres à vin, s'il vous plaît?
- A quelle heure faut-il éplucher les légumes?
- Au fait, madame, pourquoi n'utilisez-vous pas votre cocotte minute?

▼ 9. Polo et Annette

Lösung **Commentaire grammatical et stylistique**

1. ● Le texte contient
   - deux phrases interrogatives segmentées (4–21);
   - une interrogation partielle sans inversion (14);
   - trois interrogations marquées par l'intonation (19–21–26);
   - une interrogation avec *qu'est-ce que?* (16)
   - deux phrases interrogatives elliptiques (14–23).

   ● 4: (Est-ce qu') on va au cinéma?
   21: Ça t'a plu, Annette?
   26: (Est-ce que) vous n'aimeriez pas que je fasse ça?

   ● 14: Cette phrase appartient à la langue très familière/populaire (Type: mot interrogatif + S + V)

2. Phrases exclamatives (langue très familière):

   13: Comme il est méchant.
   16: C'est chic/sympathique.
   20: Ah, comme Nick Winter les a battus/trompés!

3. Autres éléments de la langue très familière:

   - de nombreuses phrases segmentées
   - des mots et expressions qui appartiennent à la langue familière ou à la langue populaire
   - des phrases elliptiques.

Zusatz-aufgabe

Commentaire de texte

Caractérisez les personnes qui figurent dans le texte d'après la façon dont elles s'expriment. Tenez compte des types de phrases et du vocabulaire employés par le narrateur?

Lösungsvorschlag

- Polo et Annette parlent comme le font les enfants. Leur langage est familier, voire très familier (louper, chouette, vache ..., ce qu'il ..., comment qu'il ..., avoui ...).
  Comme tous les enfants, ils sont enthousiastes, leurs propos sont un peu excessifs, ils éprouvent le besoin d'insister sur ce qu'ils disent (nombreuses phrases segmentées, phrases exclamatives ...). Ils sont hardis, un peu effrontés.

- La grande sœur Madeleine adopte deux attitudes différentes.
  Lorsqu'elle s'adresse aux enfants, elle parle leur langage (ligne 7 «Tu vas la boucler»).
  Quand elle s'adresse à Lehameau, elle s'exprime comme le ferait le Français moyen, de la rue.
  Elle est un peu maladroite quand elle emploie des phrases segmentées (C'est gentil, ça, de les ...).
  Elle est cependant sur ses gardes, car elle s'adresse à un homme «bien».

- Lehameau n'oublie pas qu'il parle à des enfants.

Chapitre 3: La phrase impérative

Übersicht über die Lernziele und Übungen

Lernziel/ Sachaspekt	Que sais-je?	Révision	Perfectionnement	Grammatik GG	GhF
Typen des Aufforderungssatzes					
● Aufforderungssätze ohne finites Verb	**A** a); **A** b)°	**2**		140 A	286; 287
● Imperativsätze	**A** c); **Z**	**1; 3■**		140,1	287,1
● Weitere Typen von Aufforderungssätzen mit finitem Verb	**B** b)°; **B** c)	**3■**		140,2	287,2
Satztyp, Sprechsituation, Intensitätsgrad					
● Bestimmen von Situation, Redeabsicht und Sprecher	**B** a)°				
● Situations- und partnergerechte Verwendung der Typen des Aufforderungssatzes	**B** c)	**3■**	**5** a)		287,2
● Erkennen und Formulieren von Aufforderungssätzen unterschiedlichen Intensitätsgrades			**4**; ▾**5** b)		

° = Belegtext; Z = Zusatzübung; ■ = Integrationsübung

Lösungen, Hinweise, Zusatzübungen

Que sais-je?

A. Le plaisir de vivre

Lösung a) Ces écriteaux signifient/Cet écriteau signifie

1. qu'il ne faut pas jeter ses papiers par terre/qu'il faut les jeter . . . .
2. qu'il ne faut pas se pencher à la fenêtre pendant que le train roule.
3. que ce film est interdit . . . et qu'on exige la carte d'identité à la caisse/qu'il faut montrer (présenter) sa carte d'identité à la caissière.
4. que, sur ce gazon/dans ce jardin, les chiens et les jeux . . . sont interdits/qu'on n'a pas le droit de laisser courir son chien sur . . ./dans . . . ni de jouer au ballon.
5. qu'il ne faut pas ouvrir la porte (la portière) avant l'arrêt . . ./avant que le train (ne) se soit arrêté.
6. qu'il ne faut pas faire de bruit/qu'il est interdit de faire du bruit devant/à proximité de l'hôpital.
7. qu'il ne faut pas/qu'il est interdit de garer sa voiture (stationner) devant cette (porte qui est une) sortie de voitures.
8. qu'il ne faut pas/plus jouer/qu'il est interdit/qu'il n'est plus permis de jouer . . .
9. que ce parking est réservé à . . ./qu'il est interdit de stationner ici.
10. que ce terrain est une propriété privée et qu'il est défendu d'(y) entrer.

b) Classement d'après types de construction

1. Verbe à l'impératif:	Jetez vos papiers . . .
2. Verbe à l'infinitif:	Ne pas se pencher au dehors. – Ne pas ouvrir . . .
3. (qc est) interdit/réservé à qn:	Interdit au moins de 18 ans.
	Réservé à la gendarmerie.
4. Nom + interdit/exigé:	Chiens et jeux . . . interdits – Carte d'identité exigée.
5. Nom:	Silence! (Ebenso: Danger! Attention!)
6. Prière de (ne pas/plus) faire qc:	Prière de ne pas stationner . . .
	Prière de ne plus jouer . . . (Ebenso: Prière de s'essuyer les pieds.)
Défense de faire qc:	Défense d'entrer.

c) Transformation

1.—. 2. Ne vous penchez pas au dehors.
3. Présentez votre carte d'identité (à la caissière).
4. Ne laissez pas courir votre chien et ne jouez pas au ballon (sur ce gazon/dans ce jardin).
5. N'ouvrez pas ... avant ...
6. Ne faites pas de bruit ...
7. Ne garez pas votre voiture/Ne stationnez pas ici/devant ...
8. Ne jouez pas/plus ...
9. Ne garez pas .../Ne stationnez pas ici.
10. N'essayez pas d'entrer. N'entrez pas.

Zusatz-übung

Lernziel: Formen des Imperativs. – Transformez en invitation ou en conseil:

essuyer ses pieds	se promener un peu	boire lentement
enlever son manteau	ne pas perdre patience	retenir ceci
ne pas exagérer	dormir bien	me croire
se rappeler bien	s'asseoir	être prudent
réfléchir avant de parler	faire un effort	avoir pitié de lui

B. Invitations et conseils – ordres et interdictions

Hinweis Der Begriff *invitation* schließt Abstufungen wie *prière* und *souhait* mit ein.

Lösung

a) 1. A la douane: un officier de police/douanier.
2. Dans une entreprise: un employé/chef de service
3. A la maison: la mère/le père
4. En famille/au travail: un membre de la famille/un copain/le patron
5. Dans la rue: un passant/agent de police
6.+8. wie 3.
7. Dans le train/dans une voiture: un voyageur/passager.
9. Dans une entreprise/entre copains.

b)
- Invitations:
  1. – s'il vous plaît
  2. – verbe à l'impératif
  4. – verbe à l'impératif (souhait)
  7. – verbe au conditionnel; forme interrogative de la phrase
  9. – proposition avec *si*
- Conseil: 5. – verbe à la 2ᵉ personne (du pluriel)
- Ordres:
  1.+3. – verbe à l'impératif
  6. – verbe au futur
  8. – sens de la phrase; le verbe *dire à qn de faire qc*
- Interdictions: 6. – *ne pas vouloir que* + Subjonctif.

Weitere Beispiele

- Invitations: Rentrons. Dépêchons-nous. Assieds-toi/Prenez ce fauteuil.
  Tu veux fermer la fenêtre, s'il te plaît.
- Conseils: Vous prenez 6 œufs, 200 g de beurre, etc.
  N'y va pas. Ce ne sont pas des gens sérieux.
  A votre place, j'attendrais encore un peu.
- Ordres: Rends-moi mes livres.
  J'exige/Je veux que tu t'excuses.
  Tu vas faire/feras les courses.
  Je t'ai dit de faire la vaisselle.
- Interdictions: N'y touche pas. – Je ne veux pas que tu lises mes lettres.
  Non. Tu ne prendras pas la voiture.

Exercices de révision

1. Conseils

Lösung

1. Marche deux heures ...; dors sept heures ...; couche-toi dès que tu as ...; lève-toi lorsque tu t'éveilles; travaille dès que tu es levé.
2. Ne mange qu'à ta faim; ne bois qu'à ta soif.
3. Ne parle que lorsqu'il le faut; n'écris que ce que tu peux ...; ne fais que ce que tu peux ...;
4. N'oublie jamais que ....
5. N'estime l'argent ....
6. Pardonne d'avance ...; ne méprise pas les hommes; ne les hais et ne les raille pas.

2. Ecriteaux en Allemagne

Hinweis Die Aufgabe läßt 2 Lösungen zu:

- eine umschreibende Erklärung
- die Übersetzung bzw. Angabe einer Formulierung, die dem frz. Sprachgebrauch entspricht (vgl. Übung **A**).

Lösung

1. Ici, il est défendu/interdit/on n'a pas le droit de fumer.
   Défense de fumer.
2. Il est interdit de se garer devant cette porte.
   Sortie de voitures. Prière de ne pas stationner/Stationnement interdit.
3. On est prié de fermer la porte.
   Prière de fermer la porte/Fermez la porte, s. v. p.
4. Ici, il est interdit de se baigner.
   Baignade interdite.
5. (C'est) réservé aux nageurs/Pour les nageurs seulement.
6. On ne veut pas être dérangé.
   Prière de ne pas déranger/Ne pas déranger, s. v. p.
7. Il ne faut pas/Il est défendu de marcher sur la pelouse/le gazon.
   Pelouse interdite/Défense de marcher sur la pelouse.
8. C'est un chemin privé. On n'a pas le droit de passer
   Chemin privé. Passage interdit.
9. Il ne faut pas ouvrir la portière avant que le train (ne) se soit arrêté.
   Ne pas ouvrir (la portière) avant l'arrêt du train.
10. (C'est) réservé aux handicapés.

3. Comme on fait son lit, on se couche

Hinweis Vorbereitung der Übung in Hausarbeit erlaubt einen zügigen Ablauf in der Klasse.

Lösungsvorschlag

1. Ecoute, Yvon, tu pourrais te taire/si tu te taisais pendant que je regarde ....
   Sois gentil, va jouer dans ta chambre, s'il te plaît./
   Yvon, tu veux bien te taire. Si tu allais jouer dans ta chambre.
2. Maintenant, ça suffit/Ça suffit maintenant. Va dans ta chambre et ne me dérange plus.
3. Vous prenez ..., vous continuez ..., puis vous empruntez.
4. Vous pouvez remonter la vitre, s. v. p.?/Cela vous gênerait de remonter ...?/Vous voulez bien .../
   Pourriez-vous remonter ...?
5. Pardon, mesdames. Vous permettez (que je passe)?
6. En sortant, n'oublie pas de fermer ... et ....
   Tu serais gentil(le) de fermer ... et ..., en sortant.
7. Je viens de rédiger un petit mot en français. Cela te gênerait de le lire et de le corriger (,s'il le faut)?
   Tu pourrais/Tu veux bien le lire ..., s'il te plaît?/J'aimerais bien que tu le lises ....

Exercices de perfectionnement

4. Le sens des nuances

Lösung a) = 2 – 5 – 6 – 8; b) = 1 – 4; c) = 3 – 7 – 9.

5. L'échelle de la politesse

Hinweis Teil a) kann von den Schülern in Hausarbeit vorbereitet werden.
Teil b) eignet sich für gemeinsame Erarbeitung.

Lösungs-vorschlag

a) 1. a) Vous ne trouvez pas qu'il y a un courant d'air?
Cela vous gênerait de fermer ...?/Vous pourriez fermer ..., s. v. p.?

b) Je voudrais aller ... Madame, auriez-vous l'amabilité de surveiller ...?/
Madame, pourriez-vous jeter un coup d'œil sur .../Madame, puis-je vous demander de .... .

c) Excusez-moi, monsieur, mais je ne supporte pas la fumée/Monsieur, vous vous trouvez dans un compartiment .... ./
Monsieur, veuillez respecter les inscriptions.

2. a) Je tiens à ce que la police vienne./J'exige qu'on appelle la police.
b) Madame, Monsieur, auriez-vous l'amabilité d'attendre l'arrivée de la police?/
Mme, M., pourriez-vous attendre pour témoigner, s. v. p.?
c) Monsieur, vous pourriez prendre les voitures accidentées (en photo), s. v. p.?
Auriez-vous l'amabilité de prendre ...?
d) Je peux avoir/Vous me donnez votre adresse, s. v. p.(?) Tenez, voilà la mienne.

3. a) C'est à vous, ça? Alors, mettez-moi ça à la poubelle./
Regardez-moi ça! Ça ne va pas. Enlevez-moi tout de suite ces ordures de là.
b) Bonsoir, monsieur. Vous savez l'heure qu'il est? Eh bien, fermez votre poste./
Vous ne trouvez pas que vous exagérez un peu? Il est 2 heures du matin, voyons!
c) Monsieur, vous ne voyez pas que votre voiture m'empêche de sortir? Voulez-vous bien la déplacer?/
Ah, vous voilà enfin! Regardez. Vous bloquez ma voiture. Soyez gentil. Déplacez/Enlevez la vôtre, s. v. p.

4. a) Pardon, mademoiselle/madame. Pourriez-vous m'apporter un autre couteau, s'il vous plaît? Celui-ci coupe mal.
b) Garçon/Monsieur. L'addition, s. v. p. Ça fait dix minutes que je vous l'ai demandée!
c) Pardon, monsieur. Mais j'ai l'impression que vous avez fait une erreur/vous vous êtes trompé.

b) 1. a) Fermez donc la fenêtre. Le courant d'air qu'il y a est insupportable. Je n'ai pas envie d'attraper un rhume.
b) Vous ne savez pas lire? Ici, c'est un compartiment «non-fumeurs».

2. b) Ecoutez, vous avec été témoin de l'accident et vous êtes obligé(e) de témoigner/
de rester ici jusqu'à ce que la police arrive.

3. a) Ecoutez. Vous allez vite m'enlever ça/Vous exagérez! Enlevez-moi ça d'ici. Sinon, je vais m'adresser au gardien.
b) Ça suffit! Vous allez tout de suite fermer votre poste. Vous m'avez compris?

4. a) Ça fait cinq minutes que je vous ai demandé de m'apporter un autre couteau./
Mademoiselle! Et le couteau (,) que je vous ai demandé de m'apporter!
b) Ça suffit. J'en ai assez d'attendre. Ou bien vous m'apportez l'addition ou bien je m'en vais sans payer.
Si vous n'êtes pas en état de me donner l'addition, je vais m'adresser au gérant.

Chapitre 4: La phrase active et la phrase passive

Übersicht über die Lernziele und Übungen

Lernziel/ Sachaspekt	Que sais-je?	Révision	Perfec-tionnement	Grammatik GG	GhF
Der Passivsatz					
• Passivsätze mit und ohne *complément d'agent*	**A**; **B**	**1**; **2**; **4**	**6**; **7**	149; 151	303; 305+306
• Vorgangspassiv oder Zustandspassiv; *complément d'agent* mit *par* oder *de*			**5**°; **6**; **7**	150	304+305
• Unterschiedliche Konstruktionen im Dt. und Frz.	**C**	**3**	▾**7** d)	151,2	307+308
• Aktivische Ersatzkonstruktionen des Passivs (*on*, Reflexivkonstruktion)	**C**	**3**	▾**7** d)	151,2	307+308
• Ersatz des Passivs durch Partizipialkonstruktionen	**A**		**5**°; ▾**7** b)	151,1	376,1
Aktiv und Passiv im Text					
• Gebrauch des Passivs zur Hervorhebung des Urhebers			**5**°	151,2	306
• Gebrauch von Aktiv und Passiv unter dem Aspekt der Mitteilungsperspektive; stil. Verwendung		**Z** 1+2; **4**	**5**°; ▾**7** a) + c); ▾**8**		306+406

° = Belegtext; Z = Zusatzübung

Lösungen, Hinweise, Zusatzübungen, Zusatzaufgaben

Que sais-je?

A. En bref

Lösung **a)** 1. A Strasbourg, trois lycéens sont/ont été accusés de cambriolages.
2. A Lyon, il y a eu une bagarre dans un bal: 10 personnes ont été blessées.
3. Au foot(ball), Nantes a été battu par Monaco 2 à 1.
4. Les inondations continuent.
Le départment ... a été déclaré zone sinistrée.
5. Tahiti est encore menacé par le typhon «William».
6. Le tunnel sous la Manche sera réalisé ...
7. En Belgique, 40 hommes ont été tués par une explosion qui s'est produite dans une mine/40 mineurs ont été tués par une explosion.

b) D'autres titres de journaux

1. (La) route Napoléon (est) toujours bloquée par la neige.
2. Deux vendeurs de drogue (ont été) arrêtés à Marseille.
3. (Une) petite fille (a été) kidnappée à la sortie de l'école.
4. (Une) grève des transports (a été) annoncée pour la semaine prochaine: (les) transports (seront) assurés par des camions militaires.
5. (Une) petite fille (a été) tuée dans un accident de voiture.
6. (La) bibliothèque municipale (sera) fermée du 1er au 14 août prochain.

B. Incendie au théâtre

Lösung
1. Hier soir, les ateliers ... ont été détruits par un incendie.
2. Les comédiens et les spectateurs ont été surpris par le feu au milieu ...
3. La représentation a été interrompue immédiatement.
4. La salle a pu être évacuée sans incident.
5. Le personnel ... est interrogé (par la police) depuis minuit.
6. D'après nos informations, le feu a été provoqué par ...
7. La direction espère que les représentations seront reprises dans ...
8. Un reportage ... sera publié demain.

C. L'Angleterre, un pays étrange

Hinweis Zu 2.: Benzin wird in England jetzt auch literweise verkauft.

Lösung
1. ..., in dem links gefahren wird.
2. wird nicht literweise, sondern gallonenweise/nach Gallonen verkauft.
3. ..., auf dessen Briefmarken der Name des Landes nicht steht.
4. Es wird natürlich englisch gesprochen, und es wird so konsequent (englisch) gesprochen, daß jedes Fremdwort englisch ausgesprochen wird.
5. Im Englischen werden die Subjektpronomen mit Kleinbuchstaben geschrieben, aber *ich* – auf Englisch *I* – wird groß geschrieben.

Exercices de révision

1. L'histoire du Prix Nobel

Hinweis Z. 9: *grâce à* drückt normalerweise eine positive Bewertung aus (vgl. Text 2, Z. 11). Hier ist es ironisch gemeint.

Lösung
Z. 2: a été inventé
4: était employée
5: a été/avait été détruit
7/8: est utilisée – est employée
10: ont été perfectionnés
11: a été ouvert
12: seraient destinés

Im folgenden Textabschnitt sind Futur und Conditionnel möglich. Es steht
- das Futur, wenn der Text als Zitat aufgefaßt wird,
- das Conditionnel, wenn der Text als *style indirect libre* interpretiert wird in Abhängigkeit von *A. Nobel avait décidé ... et il en avait fait un plan détaillé (qui prévoyait que)* ...

Z. 14: seront/seraient divisés
15: seront/seraient attribués
17: sera/serait destiné
18: sera/serait décerné
20: seront/seraient invités ...
où ils seront/seraient décorés

Zusatz-aufgabe Relevez dans le texte les données biographiques et rédigez en quelques mots la vie d'Alfred Nobel.

2. Louis Braille: bienfaiteur des aveugles

Lösung
Z. 2: qui lui sont donnés
3: l'autre aussi est atteint
4: est admis
5: sont instruits ... a inventé
6: sont imprimés
7/8: de ne plus être tout à fait exclu ... et se passionne ...
8/9: pourrait être perfectionné
10: (il) crée
11: a été transformé
13: a été donné
14: est connue et utilisée

Zusatz-aufgabe Si, dans les phrases suivantes, on remplaçait le passif par un verbe à l'actif, quelle construction devrait-on employer?

Beispiele + Lösung

2: Malgré les soins [qui lui sont donnés / qu'on lui donne] il perd un œil.

5: Dans cette école, [les élèves sont instruits / on instruit les élèves] au moyen d'un système ...

8: Mais il trouve ... et pense [que le système pourrait être perfectionné. / qu'on pourrait perfectionner le système.]

11: Grâce à ..., la vie des aveugles [a été transformée. / s'est transformée.]

14: Aujord'hui, [l'écriture braille est connue et utilisée / on connaît et utilise l'écriture braille] dans le monde entier.

3. Grand bal de carnaval au lycée

Hinweis In Aufgabe 1 wird das Programm separat abgefaßt und dem Brief beigelegt. Es steht im Présent mit Ausnahme von Satz 3 (Futur).
In Aufgabe 2 ist das Programm Bestandteil des Briefes und wird im Futur abgefaßt. Die Futurformen dieser Aufgabe stehen in der Lösung in ( ).

Lösung **Le programme**

- Tous les élèves, professeurs, parents d'élèves et amis sont (seront) invités.
- Seules les personnes déguisées sont (seront) admises./Il n'est (ne sera) admis que .../
  On n'admet (admettra) que les/des personnes déguisées.
- Le costume le plus original sera primé.
- Au rez-de-chaussée, on danse (dansera) jusqu'à 2 heures du matin.
- Comme attraction, on a prévu:
  La chanteuse Loulou, qui est (sera) accompagnée par l'orchestre «Les Clochards»;
  Le clown [klun] Charly, accompagné de son petit chien.
- A tous les étages, on vend (vendra) des boissons, des sandwichs, des saucisses, etc.
- Les boissons alcoolisées sont (seront) vendues (débitées) dans le/au bar installé dans la salle des professeurs.
- Les tickets d'entrée/Les entrées sont (seront) vendu(e)s à partir de 18 heures.

Lösungs-vorschlag **La lettre**

Cher Jean-Claude/Chère Annick,
A l'occassion de votre visite en mars, il y aura un grand bal au lycée. Il aura lieu le Mardi gras, et il faut que tout le monde soit déguisé.
Le comité d'organisation s'est réuni hier et il a fixé le programme que tu trouveras ci-joint (s. Aufgabe 1)/ le programme suivant: (s. Aufgabe 2).
Je suis content(e) de te revoir et je crois qu'on s'amusera bien. N'oublie pas ton costume.
Peut-être que tu seras primé(e). – A bientôt. Amicalement ...

4. Initiative pour sauver l'œuvre d'Albert-Schweitzer

Lösung

1. ... vient de visiter l'hôpital ...
2. Ce voyage a été facilité par l'ambassade ...; il a permis au proviseur de se rendre compte des progrès qui ont été réalisés par l'équipe ...
3. Les rapports entre le lycée qui porte ... et l'hôpital ... ont été établis il y a deux ans.
4. L'année dernière, les ... ont organisé une grande collecte ...
5. Ils espèrent que des collectes ... se feront/seront faites régulièrement ...
6. ..., ..., le centre ... risque d'être condamné à ...
7. Tous ceux qui veulent soutenir ... sont invités à envoyer ... au lycée ...
8. Ces dons seront versés ... à l'Association ...

Zusatz-übung 1 Die Thema – Rhema – Beziehung in der Textprogression kann anhand einer Textanalyse verdeutlicht werden. Modell s. **Zusatzübungen** Nr. 4, Seite 159.

Auswertung der Textanalyse

a) Quelles sont les informations principales que nous fournit la lecture de ce/votre texte?
- Le proviseur du lycée A. S. de Mulhouse a fait un voyage à/a visité l'hôpital de Lambaréné.
- (● Les rapports entre le lycée et l'hôpital ont été établis il y a deux ans.)
- L'année dernière, les élèves et enseignants/professeurs ont organisé une grande collecte en faveur du centre médical de Lambaréné.
- Tous ceux qui veulent soutenir cette initiative sont invités à envoyer leur don au lycée A. S.

b) Relisons le texte que vous avez rédigé.

1. De qui parle-t-on dans la première phrase?
   Qu'est-ce qu'on apprend sur lui? (Il a donc fait un voyage en Afrique.)
2. De quoi est-il question dans la deuxième phrase?
   Qu'est-ce qu'on apprend sur ce voyage?
3. Sur quoi nous fournit-on une information dans la troisième phrase? Laquelle?
4. Quel est le thème des phrases 4 et 5?/Sur qui apprend-on quelque chose dans les phrases 4 et 5?
   Quelles informations nous donne-t-on sur eux?
5. Et dans la phrase 6? De quoi est-il question? Qu'est-ce qu'on apprend sur lui? etc.

c) Etudions les phrases du texte.

Phrase 2: Pourquoi est-ce que le verbe *faciliter* est au passif?
- Le groupe *ce voyage* est le sujet de la phrase.

Donnez la phrase correspondante.
- L'ambassade du Gabon a facilité ce voyage.

Expliquez pourquoi la phrase passive est préférable dans ce contexte.
- On veut donner des informations sur le voyage du proviseur et pas sur l'ambassade du Gabon.

Lisez la suite de la phrase.
Donnez la phrase active qui correspond à *les progrès qui ont été realisés par l'équipe médicale de l'hôpital.*
- les progrès que l'équipe médicale de l'hôpital a réalisés.

A votre avis, qu'est-ce qui justifie l'emploi du passif?
- le rythme de la phrase?
- la mise en relief du complément d'agent (l'équipe médicale)?
- ● Les deux, mais plutôt le rythme de la phrase.

Phrase 3: Donnez la phrase active correspondante.
- Le lycée qui porte le nom de ce grand homme et l'hôpital en Afrique ont établi des rapports entre eux il y a deux ans.

Laquelle de ces deux phrases trouvez-vous plus élégante?
- La phrase passive. Elle est plus transparente: les rapports ... ont été établis il y a deux ans.
  Dans la phrase active, le groupe sujet est très long, le prédicat aussi.

Phrase 5: Remplacez *que des collectes ... Alsace* par une autre construction.
- qu'on fera régulièrement des collectes de ce genre dans toute l'Alsace.

Quelle est la construction préférée dans la langue écrite?
- Le passif.

Phrase 7: Donnez la phrase active correspondante.
- Les lycéens de Mulhouse invitent tous ceux qui veulent soutenir leur œuvre à envoyer leur don au lycée A. S.

Dans l'une de ces deux phrases, l'auteur continue son récit/reportage sur l'initiative de lycéens, dans l'autre, il change de perspective et s'adresse à ses lecteurs.
Indiquez les phrases en question.

- *Les lycéens ... invitent ...* = l'auteur continue ...
  Tous ceux ... sont invités ... = changement de perspective.

Phrase 8: Remplacez la phrase par une construction à l'actif.
- On versera ces dons sans tarder à ....

La phrase active a un double sens. Indiquez-le.
- On = le lycée/nous.

Lösung der Übung b): Informations fictives – article de journal.

1. Après ... (qui a été) organisée ... les élèves ... ont de nouveau rassemblé ...
2. Cet argent a été employé à moderniser ....
   Celles-ci seront inaugurées ....
3. M. le proviseur a été invité ... et se rendra .... Il sera accompagné de ... qui veulent faire ....
4. La petite cérémonie ... sera télévisée ....

Exercices de perfectionnement

5. Un bâtiment pour l'Europe

Hinweis Dieser Sachtext enthält Belege für die Erscheinungen, die im *Commentaire grammatical* bewußt gemacht werden:
- Passif-état und Passif-action mit ihren präpositionalen Ergänzungen
- die Beziehung zwischen Passif-état und Partizipialkonstruktion
- die textuellen Funktionen von Aktiv und Passiv.

GhF **406** ist hier noch nicht Lernstoff, kann aber zur Vertiefung herangezogen werden.

Wortschatzübung

Die Vorbereitung dieses vokabelreichen Sachtextes in Hausarbeit kann mit einer Zusatzübung (Gruppenarbeit) verbunden werden.

1. Le Conseil de l'Europe

Relevez dans le texte les groupes nominaux qui concernent le Conseil de l'Europe; donnez les expressions allemandes correspondantes.

Lösung

le Palais de l'Europe	Europaratsgebäude
le siège du Conseil de l'Europe	Sitz des Europarats
l'organisation des 21	Zusammenschluß von/der 21 westeuropäischen Staaten
le Parlement Européen	Europäisches Parlament
les sessions du Parlement	Sitzungen des Parlaments
le Chef du Département politique fédéral (de Suisse)	Chef des Auswärtigen Amtes, Außenminister
le Président de la République française	französischer Staatspräsident
le Comité des Ministres (le Conseil d'Europe)	Ministerrat

2. Le Palais de l'Europe

Relevez dans le texte les mots et expressions qui concernent le bâtiment et classez-les d'après son apparence extérieure, ses parties, sa construction et ses fonctions.

Lösung **Commentaire grammatical**

1. a) Passif-action findet sich in Zeile 20: ont été construits (Passé composé)
34/35: est assurée (*par* + Compl. d'agent)

Die übrigen Formen sind Passif-état.

b) Les verbes *construire* et *assurer* désignent des actions.

Construire est employé sans complément d'agent, mais on pourrait en ajouter un:
Les murs ont été construits en béton **par une entreprise alsacienne**.

Assurer est suivi d'un complément d'agent:
La circulation ... est assurée **par 12 ascenseurs**.
La distribution ... est assurée **par un transporteur** ...
Les autres verbes désignent des états.
Leurs compléments sont introduits par *de* et ont la fonction d'un complément circonstanciel.

La preuve:
1. Le toit **est** revêtu d'une couche de cuivre.
2. Le toit **est** revêtu de cuivre **par une entreprise alsacienne**.
1. = ist mit einer Kupferschicht überzogen (P-état).
2. = wird gerade von ... überzogen (P-action); im Présent markiert durch das Complément d'agent.

2. 20: ... qui est fait de grès ... (P-état).
31/32: Cette salle, qui est portée par ... et éclairée par ..., peut recevoir ... (P-action) et comporte ... qui est revêtue de cuivre (P-état).

3. a) (La première pierre a été posée par) M. Pierre Graber, Chef .... /C'est ... qui a posé ....
b) (Le Palais de l'Europe a été inauguré par) M. Giscard d'Estaing, alors/à cette époque Président .../C'est M. Giscard d'Estaing qui ....
c) (On a utilisé) du béton, du bois, de l'aluminium, du cuivre, du cuir.
d) (Pour la construction du palais, on a dépensé) environ 215 millions de francs.

Die Antwort ist korrekt, wenn das Satzglied, das die wesentliche Information (Rhema) enthält, an betonter Stelle (Satzende) steht oder durch *c'est ... qui* hervorgehoben wird.

4. On a employé l'actif pour des raisons de texte. La forme active *inaugure* permet de placer le complément *à Strasbourg* en dernière position/en fin de phrase et, ainsi, de continuer, dans la phrase suivante, à parler de cette ville.
La forme active *abrite* fait de *Palais de l'Europe*, qui a déjà été mentionné, le point de départ (thème) de nouvelles informations et fait entrer celles-ci dans le rhème qui se trouve en position finale.

6. Le nouveau Borg

Zum Text Z. 10: Yannick Noah, né d'un père camerounais et d'une mère française, a été champion de France de tennis en 1983.

Lösung
Z. 1: ... reçus par ... accompagné de ...
2: Accueillis par ... étonnés de ...
4: Entouré de cables, d'écrans ...
5: suivi et ... assailli d'une foule ...
6: ... connu et estimé de tous
7: ...Assailli de ... vaincus par ...
9: ... passionné par ...
10: ... impressionné par ...
11: surprendre par le début ...
12: écrasé par ...
13: ... oublié des amateurs ...
14: estimé des téléspectateurs ...

7. Monaco: les pirates du casino

Hinweis In dieser Integrationsübung werden neben der Rekonstruktion des Originaltextes alternative Konstruktionen mit gleicher textueller Funktion aufgezeigt und – in d) – Verben mit unterschiedlichen Konstruktionen im Dt. und Frz. geübt.

Lösung **Text**

Z. 1: ... seront interrogés
2: ... a été faite récemment par la police
3: ... étaient chargés
6: ... était toujours effectué par des équipes
7: ... ait été acheté.
8: ... a été surpris par
9: ... ont été interrogés
11: ... soient vidées ...
12: était aussitôt mise dans les boîtes qui sont prévues pour ...
14: ... seraient (seront) impliquées ...
16: ... sera désormais mis ...
17: ... qui serait (sera) encore tenté ...

Commentaire grammatical et stylistique

a) 2: que la police monégasque a fait récemment.
6: Comme ce genre ... s'effectuait toujours en équipes de deux ...
12: dans les boîtes qu'on avait prévues ...

b) 2: ... une rafle faite récemment ...
3: Certains membres ... chargés de vider ...
12: ... dans les boîtes prévues pour ...
17: ... tout employé tenté ...

c) La meilleure version:
6: evtl. Reflexivkonstruktion *s'effectuait* ... und alle unter b) aufgeführten Partizipialkonstruktionen.

d) 1. Les accusés ont été présentés au juge d'instruction. On les interroge/Ils sont interrogés/depuis plusieurs jours.
2. On **leur** a demandé (On **les** a interrogés **pour savoir**) depuis quand l'argent était détourné de cette façon, qui étaient leurs complices et où ils avaient caché l'argent.
3. Il est vrai qu'ils ont tout avoué, mais il y a encore une quantité de questions **restées sans réponse**.
4. Actuellement, quinze personnes sont sous les verrous. Une autre vingtaine de personnes risquent de **se faire** arrêter/d'être arrêtées.
5. Toutes les personnes impliquées dans l'affaire **se sont vu** (kein *accord*!) retirer leur passeport (par la police)/La police a retiré le passeport à toutes les ....

8. L'Aqueduc de Nîmes

Lösung a) 1. Les Romains attachaient une très grande importance à la qualité de l'eau.
a) L'eau était recueillie au nord des collines pour qu'elle ne s'échauffe pas ...
b) De là, elle était conduite dans les villes au moyen de grandioses aqueducs.
c) Les accidents de terrain étaient franchis à l'aide de ...

2. L'aqueduc de Nîmes conduisait l'eau captée près d'Uzès jusqu'à la ville de Nîmes.
a) Grâce à ce canal, environ 20 000 m^3 d'eau étaient transportés, chaque jour, sur une longueur ...
b) Le canal, qui était entièrement maçonné et recouvert de pierres, avait ...
c) Il était pourvu d'ouvertures pour qu'il puisse être nettoyé et pour que l'eau puisse être aérée.

3. Le pont du Gard est la partie ...
a) Il a été bâti, (‚par les Romains,) en blocs colossaux, ...
b) Pour réaliser ce chef-d'œuvre d'architecture, des pierres de 6 tonnes ont dû être hissées à plus de 40 mètres ...

4. L'aqueduc de Nîmes enjambe ...
a) Ce pont à trois étages ... qui a été construit vers ... est resté utilisable ...
b) Il a été restauré ...
c) Ce merveilleux ouvrage a été célébré par de nombreux écrivains, ...

b) Ausgangspunkt der Betrachtung ist die Version des Schülerbuches.

1. In der vorgegebenen Fassung ist *les Romains* Thema aller 4 Sätze.
(Progression mit einem durchlaufenden Thema.)
Die Passivkonstruktion verknüpft die Sätze linear.

Im Hinblick auf den Gesamttext vermittelt der Abschnitt 1 Hintergrundinformationen über die Römer als Erbauer der Wasserleitung. Daher ist die Version im Aktiv vorzuziehen.

2. In diesem Abschnitt stört der Wechsel des Themas in c) sowie die *on*-Konstruktion in b), die zwar in a), nicht aber in b) gerechtfertigt ist.

   Die Passivkonstruktion stellt eine lineare Progression in c) her und eliminiert die *on*-Konstruktion in b), ist jedoch in a) kein Gewinn: Die Informationsabfolge ist im Aktiv besser.

   Der Ersatz von *pour qu'on puisse le nettoyer ... l'eau* in c) durch Passivkonstruktionen verschlechtert den Text. – Daher:

   a) Aktiv; b) Passiv; c) Il était pourvu d'ouvertures pour qu'on puisse ...

3. a) Passiv: So bleibt *le pont du Gard* Thema der Aussage.
   b) Aktiv: So bleibt *des pierres* ... als Schwerpunkt der Aussage am Satzende stehen.

4. a)–c) Passiv: So entsteht eine Progression mit einem durchlaufenden Thema und das ungerechtfertigte *on* wird eliminiert (der Urheber der Handlung ist ja genannt).

Alternative

1. Dans ce passage, on donne des informations sur les Romains, constructeurs de l'aqueduc.
   Dans la version du livre, *les Romains* sont le thème des quatre énoncés.
   Il est donc préférable de conserver dans les phrases la construction active.

2. Ce qui gêne dans ce passage, c'est le changement du thème dans l'énoncé c) et la construction avec *on* dans la phrase b) (*on* – qui est-ce?).
   Pour obtenir un texte avec un seul thème, il est préférable de remplacer les phrases b) et c) par une phrase au passif.
   Dans la phrase c), la construction passive *pour qu'il puisse être nettoyé* ... est lourde: il vaut mieux laisser cette partie à l'actif.

3. a) En mettant la phrase à l'actif, *il* (= le pont du Gard) devient thème de l'énoncé.
   b) La construction avec *on* est préférable: elle met l'information essentielle en fin de phrase.

4. Dans les phrases a), b) et c), le passif est préférable: il permet de placer le groupe *l'aqueduc* en tête de phrase et d'établir ainsi un texte avec un seul thème. En plus, il permet de supprimer le pronom *on,* qui n'est pas justifié, puisqu'on indique dans le texte qui a fait restaurer le pont du Gard.

Lösung c) Z. 2: Ce produit inventé par ...
3/6: La nitroglycérine employée/qu'on employait avant ...
7/8: Aujourd'hui encore, on l'utilise ... On l'emploie ...
9/10: ... les engins de guerre se perfectionnaient aussi ...
11/13: Après sa mort, en ouvrant son testament, on a appris ...

Zusatzübung 2

Le message

La porte que quelqu'un a ouverte
La porte que quelqu'un a refermée, etc., aus Jacques Prévert, PAROLES, Gallimard, Paris 1949.

Das Gedicht ist abgedruckt in POÈMES DE VIVE VOIX, Klettbuch 5977, S. 31.

Lernziel: Stilistische Verwendung von Aktivsätzen mit indefinitem Pronomen als Subjekt an Stelle von Passivsätzen.

Commentaire grammatical et stylistique + Lösung (●)

1. Ce poème se compose de douze phrases inachevées.
   Sur quel modèle sont-elles construites?
   - Groupe nominal + pronom relatif + *quelqu'un* + verbe.

2. Lesquelles des relatives pourrait-on remplacer par une construction au passif?
   Faites l'opération.
   - Les relatives introduites par *que*: La porte qui a été ouverte (par qn), etc.

3. Quel effet stylistique l'auteur a-t-il obtenu en n'utilisant que des relatives à l'actif?

- En utilisant l'actif, l'auteur a pu faire un poème dont les douze vers sont tous construits sur le même modèle.
- De plus, l'emploi de l'actif permet de mentionner que c'est une personne qui est impliquée dans les actions décrites.
  En utilisant le passif, l'auteur aurait dû renoncer à mentionner ce *quelqu'un* anonyme (la porte qui a été ouverte) ou bien il aurait été obligé de révéler l'identité de la personne impliquée (une femme? un homme? la bien-aimée? le fiancé?) et de la mettre en relief (la porte qui a été ouverte par ...).
- C'est donc l'emploi de l'actif qui permet à l'auteur de formuler les informations d'une façon apparemment neutre et détachée, ce qui accentue le contraste qui existe entre la banalité des événements et la tragédie qu'ils recèlent.

4. Etudiez le temps des verbes.

- Les verbes sont au passé composé sauf ceux des vers 9–11, qui sont au présent.
- Le passé composé exprime un fait passé et achevé et que l'on considère comme en contact avec le présent.
  Sur le plan sémantique, les actions rapportées au passé composé désignent des actions de la vie quotidienne de ce *quelqu'un* non identifié.
- Le passage du passé composé au présent permet de structurer le poème.
- Sur le plan sémantique, les verbes au présent désignent la course dramatique et irrésistible de la personne en question vers la mort, course déclenchée par la lecture de la lettre (vers 6).
  En même temps, le présent implique le lecteur (l'observateur) dans la suite des événements: celui-ci vit en direct le drame, que rien ne peut arrêter.

5. Définissez le mot «message».

- Nouvelle généralement importante que qn transmet à qn d'autre.
- Réflexion sur le monde communiquée par un écrivain/artiste dans son œuvre.

6. Quel «message» l'auteur communique-t-il dans ce poème?
   Le titre du poème vous semble-t-il bien choisi?

- L'auteur veut montrer à quelle fin mène le manque de sensibilité et d'amour. Il nous invite à améliorer nos relations avec notre prochain, à être plus sensibles aux soucis de ceux qui nous entourent et à leur accorder un peu de chaleur humaine.
- Le titre, qui joue sur les deux sens du mot «message» est très bien choisi. Il se réfère, d'une part, au message de la lettre qui déclenche la tragédie, d'autre part, au message de l'auteur, c'est-à-dire à la leçon à tirer de ce poème.

Chapitre 5: La phrase affirmative et la phrase négative

Übersicht über die Lernziele und Übungen

Lernziel/ Sachaspekt	Que sais-je?	Révision	Perfectionnement	Grammatik GG	GhF
Verneinungs- und Einschränkungsmorpheme der neutralen Standardsprache					
● Gebrauch und Stellung	**A, B, C**	**1; 2**		143–145	290–293; 301
● Stellung bei Verben mit pronominalen Objekten	**C**	**1**		58+59	292
● Verneinung im Satz ohne Verb		**1; 1** b)°		146	294
● *rien/quelque chose – personne/rien* + *de* + Adj.	**B**	**1** b); **Z**		118 A	293, 2 B; 141, A
● *jamais, rien, personne* in bejahendem Sinn			**3** a) + b); **4**	69 A	298
Verneinungsprobleme der gehobenen geschriebenen Sprache:					
● *ne ... point/guère; ne ... ni ... ni;* Verneinung durch *ne* ohne *pas; ne explétif*			**3**°		296–299
● Benennen der Morpheme der gehobenen geschriebenen Sprache und Ersetzen durch solche der neutralen Standardsprache			**3** a)		296+297; 299
● *ne ... ni ... ni*			**3** b)▪		297

°Belegtext; ▪Integrationsübung; Z = Zusatzübung

Lösungen, Hinweise, Zusatzübungen, Zusatzaufgaben

Que sais-je?

A. Charade Alsacienne

Hinweis Nach französischer Klischeevorstellung unterscheiden ‹die Elsässer› nicht deutlich zwischen [k], [p], [t] und [g], [b], [d]. Sie geben damit Anlaß zu Wortspielen und Witzen von der Art dieses Bilderrätsels.

B. A la frontière

Hinweis Text Satz 2: *des chocolats* = Pralinen, Schokoladenkonfekt.
Diese Übung eignet sich besonders für mündliche Arbeit mit verteilten Rollen; sie kann folgendermaßen durchgeführt werden:

1. Übertragung des französischen Textes ins Deutsche und des deutschen Textes ins Französische
2. Übertragung des französischen Textes wie bei 1. und Wiedergabe des deutschen Textes in der 3. Person.

Lösung **Vorschlag 1**

1. Non. Nous n'avons rien à déclarer.
2. Non. Ni l'un ni l'autre. Je ne fume plus depuis plus d'un an.
3. Dans le sac, il n'y a que/il a y seulement nos provisions, rien d'autre.
4. Un électrophone/tourne-disque, rien d'extraordinaire.

5. C'est un cadeau pour nos enfants à Saint-Malo.
Notre fille est mariée à/avec un Français et on ne se voit/nous ne nous voyons qu'une fois par an.
6. Mais (écoutez!) je me suis renseigné à Francfort. Personne ne m'a dit qu'il fallait dédouaner un électrophone/tourne-disque.
7. Si nous avions su que c'était si compliqué, nous n'aurions pas emporté l'électrophone.
Est-ce qu'on ne peut pas/Ne pouvons-nous pas le déposer quelque part?

Vorschlag 2

1. Non. Monsieur et madame n'ont rien ...
2. Non, (ils n'ont) ni ... Monsieur (dit qu'il) ne fume plus ...
3. ... leurs provisions ...
5. (Madame dit que) c'est un cadeau pour leurs enfants ... Leur fille ... et ils ne se voient que ...
6. Monsieur (dit qu'il) s'est renseigné ... Personne ne lui a dit ...
7. (Madame dit que) s'ils avaient su ..., ils n'auraient pas ... Elle aimerait savoir s'ils ne peuvent pas .../Est-ce qu'ils ne peuvent pas ...

Zusatzfragen

- Pourquoi faut-il employer l'article dans: ... ce n'est pas un électrophone, ça? (5.)
- Pourquoi ne faut-il pas l'employer dans: Vous n'avez pas de chocolats? Pas de cigares? (2.)
- Pourquoi ne faut-il pas employer l'élément *ne* dans: Mais pas en France? (7.)
- Transformez en phrase sans verbe:
  Dans ce sac, il **n**'y a **que** nos provisions (3) = **Seulement** nos provisions.

C. Jouer avec les filles

Hinweis In Abweichung vom Originaltext wird in der Lösung auch in der direkten Rede die vollständige Verneinung (mit *ne* und *pas* etc.) erwartet.

Lösung Z.
2: «Ne nous dérange pas ou je te donne ...»
3: Ça, ça ne lui a pas plu, à Gisèle.
4/5: Si nous ne pouvons pas jouer avec vous ...
Je vais leur demander de ne pas vous donner de dessert.
6/7: ... il dit qu'il n'avait pas envie ..., que ce n'était pas juste et que si on ne lui permettait pas de manger ...
8: ... de ne pas faire tant de bruit pour ne pas réveiller ...
9/10: «Vous ne voulez toujours pas jouer ...?»
11/12: «Moi, je ne joue pas ..., je ne parlerai plus jamais à personne.»
13/15: «Tu crois que je ne sais pas ce que ... quand je n'étais pas là?»
«... Je n'ai rien dit de toi ...»
16/18: «Ne te mêle pas de ce qui ne te regarde pas ...»
19/20: «... les garçons qui ne nous laissent pas jouer tranquilles ...»
On était sûr de n'avoir rien fait de mal/de n'avoir fait rien de mal, mais ... ne nous ont pas laissé manger de dessert. ... décidé à ne plus jamais jouer avec ...

Exercices de révision

1. La maison des objets qui bougent

Lösung **Text**

Z. 2: elle ne voulait que l'informer ...
8: Celui-ci n'était pas content ...
11: Je ne soupçonne personne en particulier ...
14: ... que je ne ferme jamais
16: ... mais rien n'a disparu.
21: Vous ne savez pas si ...
22: ... mais je n'en suis pas sûre.
24: Il préférait ne pas répondre.
26: Je ne laisse pas/jamais les fenêtres ouvertes.
27: Vous n'avez pas vu de traces ...
28: Pas une égratignure.
29: Et personne n'a la clé ...?
30: Personne.
31: ... on ne vous a rien volé?
39: Et il n'y avait personne?
40: Il n'y avait plus personne.
41: Et vous n'avez pas de chat?
42: Non. Ni chat ni chien.
43: ... vous ne savez pas qui ... et vous n'avez aucune idée de ce ...
45: Aucune.

Lösung

a) Commentaire grammatical

1.	Je **ne** laisse	**pas/jamais**	les fenêtres ouvertes.
	Vous **n'** avez	**pas**	vu de trace ...?
		Pas	une égratignure?
	On ne vous a	**rien**	volé?

Ne et *pas* encadrent la forme conjuguée du verbe et le pronom-objet qui la précède/l'accompagne.

2. 11	: COD	– Je soupçonne quelqu'un.
16	: S	– Mais quelque chose a disparu.
29/30	: S	– Et quelqu'un a la clé?/Quelqu'un.
31	: COD	– ... on vous a volé quelque chose?
39	: COD	– Et il y avait quelqu'un?
40	: COD	– Et il y avait encore quelqu'un.

3. Ce sont des phrases sans verbe.

Lösungs-vorschlag

Résumé

Quelqu'un s'introduit dans la maison de la dame.
Elle a vu des traces par terre et elle a entendu que quelqu'un était dans la cuisine.
Cette personne a même cassé une tasse.
Or, la dame ne laisse jamais les fenêtres ouvertes et elle ferme toujours la porte d'entrée à clé.
Il n'y a que trois personnes qui ont une clé: elle-même, sa fille qui habite à Orléans et son fils.
Celui-ci a accompagné sa mère au commissariat. Mais il ne prend pas part à la conversation.
Il ne répond même pas à la question que lui pose Maigret.
D'après les apparences, c'est lui qui se promène dans la maison pendant la nuit.
Pourtant, sa mère ne le soupçonne pas.

Lösungs-vorschlag

b) L'interrogatoire du jeune homme

1. Résumé in der 3. Person.

Le jour de l'orage, le jeune homme n'a pas travaillé; il n'a rien fait de spécial, comme il dit. Il n'a eu aucune visite, même pas la visite d'un copain.
D'après ce qu'il dit, ses copains ne viennent presque jamais le voir.
Ce jour-là, il n'a pas quitté la maison. Il dit qu'il n'est allé nulle part.
En ce qui concerne l'armoire, il n'a rien remarqué.
Il déclare que cette armoire ne contient rien de précieux et ajoute qu'il ne s'intéresse pas du tout à ce qu'il y a dedans.
Il affirme que ce n'est pas lui qui a laissé les traces dans le couloir. D'ailleurs, il n'a aucune explication et il n'a aucun soupçon.
En plus, personne n'a de chat dans la maison.
En ce qui concerne/Au sujet de sa mère, il dit qu'elle n'a pas un seul ami et qu'elle n'a reçu personne ces dernières semaines.
Il soutient que le jour en question il ne s'est absolument rien passé.

2. Einfachere Lösung in der 1. Person

Le jour de l'orage, je n'ai pas travaillé. Je suis resté à la maison/Je ne suis allé nulle part.
Je n'ai rien fait de spécial et je n'ai eu aucune visite.
L'armoire en question/L'armoire de ma mère ne contient rien de précieux.
En tout cas, je ne me suis jamais intéressé à ce qu'il y a dedans.
En ce qui concerne les traces, je ne sais pas qui les a laissées.
Je n'en ai aucune explication et je n'ai aucun soupçon.
(Il faut savoir que) ma mère n'a reçu personne ces dernières semaines: elle n'a pas d'amis.
Et dans la maison, il n'y a pas de chat et pas de chien/il n'y a ni chat ni chien/personne n'a un chat ou un chien.

Zusatz-übung

Die Überlegungen des Kommissars. Text s. **Zusatzübungen** Nr. 5, Seite 160.

Lernziel: rien/quelque chose/personne/quelqu'un + de + Adj./Adv.

Lösung:
1. «Dans l'armoire, il n'y a rien de spécial», dit le jeune homme.
   Moi, je dis qu'il y a quelque chose de précieux dedans/qu'elle contient ...
2. Il dit qu'il n'a rien remarqué d'étrange (remarqué rien d'étrange), mais il sait quelque chose d'important.
3. Il n'y a que le fils et la fille qui aient/seuls le fils et la fille ont une clé, personne d'autre.
4. Qui (est-ce qui) se promène dans l'appartement de quelqu'un sans rien voler?
5. Ça doit être quelqu'un qui cherche autre chose. Le fils, par exemple.
6. Je me demande si sa mère soupçonne vraiment quelqu'un d'autre.

2. Sauvetage en montagne

Hinweis Die Lösung der Aufgabe setzt auch die unter a) gegebenen Informationen voraus.

Lösung
1. ... n'ont observé aucune règle ...
2. Ils n'étaient pas du tout en forme et ils n'avaient pas encore fait une seule escalade ...
3. ... ils n'étaient pas équipés ...: ils n'avaient même pas emporté de ...
4. ..., aucun d'entre eux n'avait une carte ...
5. ..., ils n'ont pas informé le gardien, de sorte que personne ne savait ...
6. ..., ils n'ont plus parlé ... ils n'ont pas écouté non plus la météo.
7. La nuit ... Mais ... qu'ils ne recommenceront plus jamais à faire ...

Zusatzaufgabe Rédigez un article plus détaillé sur cet incident en utilisant quelques-unes des informations mentionnées dans le commentaire b).

Exercices de perfectionnement

3. Garçon, un bock!

Hinweis Dieser literarische Text enthält Belege für Erscheinungen, die im *Commentaire grammatical et stylistique* erarbeitet werden:
- Verneinungsmorpheme der geschriebenen Sprache
- die Verneinung mit *ne* (ohne *pas*) und das *ne explétif*
- *personne, rien, jamais* in verneinendem und in bejahendem Sinn.

Zum Text *Un bock* ist veraltet; heute bestellt man *un demi.*

Wortschatzübung In Verbindung mit der häuslichen Vorbereitung des Textes können folgende Aufgaben zum Wortschatz (in Gruppenarbeit) gestellt werden:

1. Relevez dans le texte les verbes et expressions qui désignent l'action de parler et la façon de le faire. Donnez les verbes allemands correspondants.
   Ex.: 9: il me dit d'une voix tranquille: ...
   10: il reprit: ...

   Lösung
   Z. 9: dire qc (d'une voix tranquille) (69)
   10: reprendre (30)
   11: remettre qn à sa place (d'un ton brusque)
   13: rester (un instant) sans rien dire
   14: balbutier (23)
   15: répondre (calmement) à qn (70)
   16: se taire
   17: répliquer (avec résignation) (42)
   18: s'écrier
   19: (une voix lointaine) répéter
   22: demander qc à qn (34)
   25: prononcer qc (d'une voix toujours égale) (71)
   30: crier qc (de nouveau) (52)
   40: insister
   54: répondre (d'une voix ferme)
   62: se mettre à crier

2. Relevez dans le texte les verbes de perception (voir etc) et donnez les verbes allemands correspondants.
   Ex.: 2: j'aperçus soudain ...
   10: je le dévisageai.

Lösung

Z. 2: apercevoir qn/qc (51; 63; 74; 76)
10: dévisager qn
11: reconnaître qn
17: voir (qn/qc) (27; 52; 73)
34: considérer qn (avec stupeur)
48: écouter qn/qc
67: revoir qn (77)
68: découvrir qn

3. Relevez dans le texte les verbes et expressions qui désignent l'action de se déplacer.
Donnez les verbes allemands correspondants.
Ex.:1: je suis entré dans cette brasserie
2: je n'allais nulle part

Lösung

Z. 1: entrer (dans une brasserie) (3)
2: (ne pas) aller (nulle part) (65)
marcher (66)
4: aller s'asseoir
20: apparaître
39: retourner (se coucher)
49: venir (quelque part)
51: se promener. Arriver (quelque part)
57: se retourner (63)
63: se relever. Venir (vers qn). S'enfuir (dans le bois)
66: se lever – revenir – se sauver
72: rentrer (au collège)

Lösung **a) Commentaire grammatical et stylistique**

1. ne ... point (4) – où je n'étais pas trop serré.
ne ... guère (7) – que le pantalon ne tenait pas bien/tenait mal/tenait à peine
ne ... ni ... ni (66) – j'avais peur de me lever, de marcher, de revenir, de me sauver même.
(Vgl. GhF **291 A + 297**)
2. a) → avoir soif (expression figée)
b) ne pas avoir le sou (expression figée) → avoir de l'argent
c) Phrase négative sans verbe → (j'ai) une femme, des enfants, des soucis, du chagrin, tout ça.
d) Après *ce n'est/ne sont pas* le nom est toujours accompagné de l'article/L'attribut (Prädikatsnomen) prend toujours l'article après *ce n'est pas* → C'est une belle vie.
e) une = une seule
f) Dans la phrase négative, l'article partitif est remplacé par *de* partitif. → Mais j'ai encore eu du goût, envie de faire quelque chose, de l'amour pour ma famille, mes amis.
3. a) ne ... guère (s. Aufgabe 1); ... ne pouvait faire = et que cet homme ne pouvait **pas** faire ...
b) elle ne pouvait **pas** y parvenir/arriver.
c) Je n'osais **pas** faire; ne ... ni ... ni (s. Aufgabe 1).
d) si le garde ne m'avait **pas** découvert ...

Dans la langue soutenue, l'élément *pas* peut-être omis quand la négation se rapporte aux verbes *pouvoir, oser* (*savoir*) et dans les circonstancielles introduites par *si* (vgl. GhF **296**).

4. a) Ich ging ohne irgend einen Grund hinein.
b) Ich schüttelte ihm die Hand und war so überrascht, daß ich einen Augenblick lang dastand, ohne etwas zu sagen/sagen zu können.
c) Ich tue nichts, wie du siehst, ich tue niemals etwas/absolut nichts.
d) Ich habe seit langem an nichts mehr Gefallen, zu nichts mehr Lust, und empfinde für niemanden mehr Liebe.

Après *sans* et *jamais* les éléments *rien, aucun* et *personne* prennent un sens affirmatif.
Exemples dans lesquels *rien* garde son sens négatif: Z. 1 – 23 – 30/33.

5. a) *rien* + **de** + adjectif
b) Dire/penser/croire/espérer **que** non/oui/si (vgl. GhF **276**).
6. a) Es fehlte nicht viel und ich hätte ihn/fast hätte ich ihn scharf zurechtgewiesen.
b) Ich bestreite nicht, daß man gezwungen ist zu arbeiten, wenn man keinen Pfennig (Geld) hat.
c) Aus Angst, daß er mich schlüge, floh ich in den Wald.

Dans ces phrases *ne* n'est pas un élément de négation: il s'agit de *ne explétif*.

Autres formes de la langue écrite:

a) Il ... *fallut* ... que je ne le *remisse* ... – En langue neutre: Il *s'en est fallu* ... remettre ...
J'ai failli le *remettre* ...

Zusatz-aufgabe Racontez (par écrit) pourquoi le comte des Barrets est moralement à bout.

Lösung **b) Traduisez en français.**

1. Le narrateur s'aperçoit vite que son ancien camarade de collège Jean des Barrets a des soucis, parce qu'il ne fait que boire.
2. Peu à peu, le narrateur apprend que des Barrets s'est à jamais retiré de la société et qu'il ne va nulle part ailleurs que dans cette brasserie.
3. La décision du comte a été radicale et définitive: il n'a ni famille ni métier/profession. Il vit sans rien faire et sans contacter personne.
4. Enfin, il avoue pourquoi il est devenu ainsi: il ne peut ni ne veut oublier que son père a presque assommé/failli assommer/manqué d'assommer sa mère quand il avait 13 ans.
   Il a alors eu un terrible choc, car il aimait ses parents plus que personne.
5. Ni son père ni sa mère ne lui ont donné des explications. Aucun des deux ne s'est occupé de lui après cet incident.
   Au collège, personne ne s'est aperçu de rien. Son comportement n'avait pas changé.
6. Jean des Barrets n'a apparemment jamais parlé à personne de son passé.
   Et il est clair que l'on ne peut pas résoudre ses problèmes sans en parler à quelqu'un.
7. Les adultes sont souvent égoïstes et peu sensibles.
   Seul un enfant sait combien souffrent les enfants, quand les parents se disputent.
   Il y a des situations dans lesquelles la confiance d'un enfant est détruite à jamais.

4. En écoutant les voisines

Lösung a) Z. 2: ... à tout jamais.
4: ...qui n'a jamais rien fait.
6/7: ... il ne voulait rien apprendre. Après, il n'a rien fait ... il est sans aucune qualification.
8: vivre sans rien faire.

b) Z. 11: Elle ne laisse personne vivre ...
13/14: Si jamais il veut prendre ... Si jamais il y parvenait ...
16: ... sans saluer personne.
17: ... il n'a jamais fait de mal à personne.
18/19: Il paraît qu'il n'avait pas de petite amie et même pas de copains. ... sans avoir quelqu'un avec qui il puisse sortir ...
(*Quelqu'un* muß stehen wegen der Erweiterung *avec qui ... temps*.)

Zusatz-aufgabe Résumez ce que les voisines reprochent a) à René
b) à sa mère. (Gruppenarbeit)

Chapitre 6: L'accord entre les différentes parties de la phrase

Übersicht über die Lernziele und Übungen

Lernziel/ Sachaspekt	Que sais-je?	Révision	Perfectionnement	Grammatik GG	GhF
Accord des Prädikatsnomens	**A**			129,2; 2,4	315; 18 + 19
Accord des Verbs					
• nach mehrgliedrigem Subjekt vom Typ *toi et moi, nous/on …*	**B**	**1**			314
und nach *c'est moi … qui;*				153	
• nach Mengenbegriffen und neutralem *il*	**D**	**1**	**6**	140	311–313
Accord des Participe passé					
• bei Verben aller Kategorien …	**C**	**2–4**	**5▪**	89+98	377–379
besonders bei refl. Verben		**3; 4**			379
• mit Bezug auf erweiterte Nominalgruppen		**2**	**▾7▪**		378
• bei folgendem Infinitiv			**Z1**		378 A
• *ci-joint/-inclus, excepté, y compris*			**Z2**		377 A

▪ = Integrationsübung; Z = Zusatzübung

Lösungen, Hinweise, Zusatzübungen, Zusatzaufgaben

Que sais-je?

Un mauvais point pour le Ministre!

Richtigstellung: … vous remercie de vos aimables vœux **auxquels** il a été très sensible …

A. Professions

Lösung b) Il y a encore peu de **femmes** qui sont **physiciennes** etc.

Keine feminine Form haben: chef d'entreprise, professeur, reporter, écrivain, ingénieur (vgl. GhF **19**/GG **2**,4).

Wortschatzübung 1

Lernziel: Kennzeichnung des natürlichen Geschlechts im Maskulinum und Femininum (GG **2+8** GhF **15–19**).

B. Préparatifs de voyage

Lösung a) 1. …, toi et Philippe, **vous** allez …
Martine et moi, **nous** allons nous occuper …
2. Il manque encore les chèques …
3. …, c'est moi qui vais m'en charger.
…, c'est vous autres qui devriez vous en occuper.
Martine et Isabelle le feront …
4. C'est toi, Isabelle, qui pourras régler ça?

b) **Toi** et Philippe > **vous** + verbe à la 2e personne du pluriel.
Martine et **moi** > **nous** + verbe à la 1ère personne du pluriel.

C. Le départ

Lösung

1. ... l'ont contrôlée ... (la voiture). ... l'a même lavée.
2. La tente qu'ils se sont procurée ... les provisions que ... ont achtetées ... Elle en a acheté beaucoup trop.
3. Les valises sont déjà rangées ... Philippe les a mises ...
4. ... quelle route il a choisie.
5. Elle s'est cognée.
   – «Tu t'es fait mal?»
   Je me suis cogné la tête.

D. Congés et vacances

Lösung

a)
1. part/partent
2. sont obligés
3. vont
4. passe/passent
5. sont – vont – apprennent
6. ont
7. prend/prennent

b) la plupart des ... / beaucoup de ... / bien des ...] entraînent toujours un verbe au pluriel.

Bei Mengenbegriffen, die mehrere Personen oder Sachen bezeichnen, ist es also immer richtig, wenn das Verb in die 3. Person Plural gesetzt wird.

Exercices de révision

1. Jobs de vacances

Lösung

Z. 1/2: cherchent – sont
3: ce qu'ont repondu
4/7: ont cherché – nous avons été embauchés – Nous qui n'avions encore jamais travaillé – nous nous sommes fait 5.000 F
8/9: ont donné
10/14: le jeune homme qui a mis la main
15/16: nous sommes parties
17/18: sont placées
19/20: vous êtes pareils – qui veulent toujours ....

2. Nouvelles locales

Hinweis In diesen Sätzen ist das Bezugswort jeweils ein Element einer erweiterten Nominalgruppe. Um bewußt zu machen, daß der Accord des Participe passé in der geschriebenen Sprache den Bezug verdeutlicht, sind die Beispiele so gewählt, daß sich der Inhalt der Aussage bei falschem Accord ändert.

Es empfiehlt sich, die Aufgabe fragenderweise zu lösen:
Qui est-ce que les habitués ont souvent caressé sur le comptoir? (Le chat)
Et quand vous faites l'accord? (C'est la propriétaire qu'ils ont caressée.)

Lösung

1. caressé
2. emprunté – abandonné
3. –
4. arrêté/arrêtée
5. tombé en ruine – restauré

- L'accord supprime l'ambiguïté dans les phrases 1 – 2 – 4 – 5.
- Dans la phrase 4, seul le participe passé indique quelle personne a été arrêtée. Pour éviter l'équivoque, il vaut mieux préciser:
  - **La complice** de Jojo, que la police a arrêtée hier, (virgules) ...
  - La complice de Jojo, une **jeune femme** (de 23 ans) que la police a arrêtée hier, ...
  - La complice de Jojo, le **cambrioleur** que la police a arrêté hier, ...

3. L'art de convaincre

Lösung

Z. 3: que j'ai reçue
4: que tu as eu la gentillesse de m'envoyer
5: m'ont plu – Je les ai montrées
7: que j'ai passées
8: que tu as accepté
11: se sont décidés
13: nous avons fait visiter
14: nous avons passé
15: que nous avions louées
16: nous avons dû
17: nous ne l'avions prévu
19: combien de piqûres j'ai eues – nous nous sommes bien amusés quand même/quand même bien amusés
20: nous a offert
21: Nous sommes donc partis

23: qu'ils ont construits
24: nous avons quitté –
nous nous sommes dirigés
25: Nous nous sommes arrêtés –
26: qui est (était) située
27: Nous y sommes restés
29: dont nous avons été accueillis –
je me suis promis
31: nous avons pu assister
32: nous sommes allés voir
34: que j'avais vue –
35: ne m'a autant impressionnée

Zusatzaufgabe Mettez-vous à la place de Petra et répondez à la lettre de Pascale.

4. Tout est bien qui finit bien

Lösung a) Angeglichen werden müssen folgende Partizipien:

Z. 1: se sont levés
2: se sont habillés – sont partis
4: ils ne s'étaient pas réveillés
5: je ne les ai pas accompagnés
6: je me suis levée
7: je suis allée – nous sommes parties
8: que nous nous étions procurés
9: Nous nous sommes baladées
nous nous sommes arrêtées
10: que nous avions emportée
11: est descendue
12: elle s'est penchée – s'est retrouvée
13: Je l'ai aidée
18: s'est assise
19: nous sommes parties
20: est passée – nous a ramenées

Exercices de perfectionnement

5. «Amoco-Cadiz», les Bretons n'ont pas oublié

Lösung a)/b)

Z. 2/3: sont sauvés
5: que les Bretons aient jamais vue
6: ont été recouvertes
7: on l'a chiffrée
8: ont été comptés
ont été déclarées sinistrées
10: ne l'a pas oubliée
13: qui ont été causés
14: n'ont ... pas été indemnisés
a été ... touchée
18: dont ils sont menacés
19: sera améliorée
20: (seront) ... choisis
(seront) obtenus
21: sont ... évoqués.

c) 1. Combien/Quelle quantité de pétrole a coulé dans la mer?
2. Combien d'oiseaux est-ce que la marée noire a tués?/Combien ... la marée noire a-t-elle tués?/ Combien la marée ... a-t-elle tué d'oiseaux?
3. Quelles espèces d'animaux ont disparu depuis? (Quelles espèces = Subjekt)
4. Quelles catégories d'habitants ont particulièrement souffert?
5. Combien de communes ont été déclarées sinistrées? (Passivischer Satz)
6. A combien de millions de francs a-t-on chiffré/évalué l'ampleur de la catastrophe? (A combien de ... = complément circonstanciel)

Wortschatzübung 2 **Lernziel:** Suffixe zur Genusmarkierung des Nomens (GhF **21–23**).

Der Text bietet Belege für folgende Suffixe:

a) Suffixes désignant le genre masculin

1. **le** pétrol**ier** [-e]
le roch**er**
le dang**er**

2. **un** équip**age** mais: **la** plage
le nettoy**age** (une image)

b) Suffixes désignant le genre féminin

1. **une** activ**ité**
la facil**ité**
la curios**ité**

2. **la** mar**ée** (mais: **le** lycée
une ann**ée** **le** musée)

3. **le** bat**eau**
   un ois**eau**
4. **le** poiss**on** (mais: **la** boiss**on**
   les envir**ons** la maison
   (le citron) la raison
   (le blouson) la façon)
5. **le** brev**et**
   (le billet)
6. **le** pétrole (substance chimique)
   (le bronze – métal)
7. **un** anim**al**
   (le canal)
8. **le** trav**ail**

3. **la** conséqu**ence**
   la perman**ence**
   la consci**ence**
4. **une** ampl**eur** mais: **un** pêcheur
   (la longueur) un visiteur
   (la largeur) (personnes)
   (la hauteur)
5. **une** opin**ion** mais: **un** mill**ion**
6. **la** popula**tion**
   la construc**tion**

6. N 13 bis: la meurtrière

Lösung

1. Hier encore, il s'est produit deux accidents ...
   que les accidents se produisent ...
2. Il y passe chaque jour ... dont un grand nombre traverse/traversent ...
   Il existe bien des passages ... les conducteurs passent ... qui veulent traverser ...
   Ce n'est/Ce ne sont donc pas les panneaux ... qui manquent: Il manque des contrôles ...
3. Les accidents ... existent ... Mais il se présente encore ...
   ... ceux qui habitent ... n'arrivent pas ...
   ... il disparaît, chaque année, ... ce ne sera pas nous qui disparaîtrons ...

Hinweis

In leistungsstarken Kursen kann darauf hingewiesen werden, daß bei Verben vom Typ *se produire* die persönliche Konstruktion und die Konstruktion mit neutralem *il* nicht austauschbar sind, sondern daß die jeweilige Konstruktion vom Kontext bzw. von der Mitteilungsperspektive abhängt (vgl. GhF **405**). Dies kann bewußt gemacht werden durch Analyse und Umformung der Sätze mit Extraposition des Subjekts.

In allen Beispielen ist das nachgestellte nominale Subjekt rhematischer Bestandteil (Schwerpunkt) der Aussage. Bei einer Umformung der Sätze muß die Thema-Rhema-Abfolge erhalten bleiben. Dies ist möglich durch Verwendung von *il y a* oder mit Hilfe einer *on*-Konstruktion:

1. Hier encore, il s'est produit/il y a eu deux accidents.
2. Il y passe/Il y a/On y compte, chaque jour, des milliers de véhicules ...
   Il existe bien/Il est vrai qu'il y a/Il est vrai qu'on a aménagé des passages pour piétons ...
3. Mais il se présente/il y a/on rencontre encore d'autres problèmes.
   ... il disparaît/on voit disparaître, chaque année, de nombreuses espèces ...

(Vgl. auch Chapitre 1, Übung 10, PFM S. 17.)

Zusatz-aufgabe

- Décrivez la N 13 bis et expliquez pourquoi elle est si dangereuse.
- Dites de quoi se plaignent les riverains de la N 13 bis. (Gruppenarbeit)

▼ 7. Les Français et l'environnement

Hinweis

Die Schwierigkeit dieser Aufgabe besteht darin, daß das Bezugswort häufig ein Element einer erweiterten Nominalgruppe ist oder daß es weit entfernt ist von dem es näher bestimmenden Participe passé oder Adjektiv.
   A quel mot est-ce que le participe passé/l'adjectif se rapporte?

Lösung Z. 2: ... une série d'enquêtes annuelles
3/4: Ces enquêtes ont été menées ... une partie représentative ... composée de 2.000 individus âgés ...
5/6: Parmi les divers thèmes abordés, celui intitulé ...
7/11: ... plus de ... Français se déclarent satisfaits du cadre de vie quotidien ...
... la proportion des «peu satisfaits» ... est en légère augmentation comparée ...
Ceux qui restent insatisfaits
12/15: La gêne causée ... reste relativement importante.
... les habitants de maisons individuelles.
16/19: Abordant les problèmes ... sa préservation est considérée comme importante ...
Ceux qui l'estiment «très importante» ...
... un niveau d'études équivalent ou supérieur au baccalauréat.
20/21: ... sont jugées comme les industries les plus polluantes ...

Hinweis Die in Ghf **377 A** und **378** beschriebenen Sonderfälle wurden nicht als Lernstoff in PFM aufgenommen, da Verstöße gegen diese Regeln nach der Réforme Haby zu tolerieren sind und auch in Frankreich in Prüfungsarbeiten nicht mehr als Fehler bewertet werden.

Diese Feinheiten können in leistungsstarken Kursen behandelt werden durch die Übungen

Zusatzübung 1

Village-vacances: une nouvelle formule de vacances. Text s. **Zusatzübungen** Nr. 6, Seite 160.

Lösung

a) Z. 6: Vous trouverez ci-joint ...
9: Etant donné le grand nombre ...
11/12: ... de la fiche verte ci-incluse.
14/15: ... utilisation ... non comprise ...
18: ..., y compris les randonnées ...
19: ..., excepté les lundis ...

b) Sehr geehrter Herr Laurent!

Wir danken Ihnen (sehr)/bedanken uns für das Interesse, das Sie unserem Ferien- und Freizeitangebot/unserem Ferienaktivprogramm entgegenbringen, und teilen Ihnen gern unsere Preise für diesen Sommer mit.

Beiliegend/In der Anlage finden Sie zwei Prospekte, die Ihnen einen Eindruck von unseren Einrichtungen und der schönen Lage unseres Feriendorfes vermitteln.

In Anbetracht der zahlreichen Interessenten bitten wir Sie, Ihre Reservierung so bald wie möglich (möglichst bald) vorzunehmen und dazu das beiliegende grüne Formular zu verwenden/Ihre Reservierung möglichst bald unter Verwendung des ... grünen Formulars vorzunehmen.

- (Der) Tagessatz für vier Personen (2 Erwachsene und 2 Kinder), (und die) Benutzung aller Sportanlagen (beträgt): 200 F.
- Eine Familienpauschale von 15 F pro Tag berechtigt Sie zur Teilnahme an allen Sportarten, einschließlich der Ausritte, die wir täglich außer montags und Donnerstag/donnerstags nachmittags durchführen/veranstalten.

Wir wünschen Ihnen schon jetzt (heute) einen angenehmen Aufenthalt in unserem (Ferien-)Dorf.

Mit vorzüglicher Hochachtung/Hochachtungsvoll

Zusatzübung 2

Le dernier séjour à l'hôtel L'AMIRAL. Text s. **Zusatzübungen** Nr. 7, Seite 161.

Lösung

Accord findet statt in 2. ... qu'il a priés ...
7. ... qu'il avait poliment invitée ...
8. ... on l'avait toujours laissé(e) refroidir ...

Chapitre 7: L'emploi des articles

Übersicht über die Lernziele und Übungen

Lernziel/ Sachaspekt	Que sais-je?	Révision	Perfectionnement	Grammatik GG	GhF
Funktionen der Artikel					
● Bestimmter und unbestimmter Artikel, Partitiv, partitives *de* …	A°; B	1■; 3a)		10; 14; 16–18	38–40; 46
… Best. Artikel (Stoffart) vs. Partitiv (Teilmenge)	C	3a)			40
● Wiedergabe des dt. Nullartikels		3b)			36+37
● Funktionen der Artikel im Textzusammenhang	Bb)		4; Z2	10	38–40
Gebrauch der Artikel					
● bei Ländernamen …	A°; D	2;	▼9■	12	42; 242,2
und Namen der Tageszeiten		1a)■			43,1
● beim Prädikatsnomen	A°		5a); Z3	19	47; 50
● im verneinenden Satz …			Z3	20	47
mit prädikativer Ergänzung und mit direktem Objekt;		1b)■	5b); Z1		47; 50
in Richtigstellungen			▼8		47U
● beim indirekten Objekt mit *de* und mit *à* sowie nach Präpositionen			6; 7; ▼10b)	21	48
● bei Mengenbegriffen und sonstigen Nominalgruppen mit *de*-Ergänzung		3b)	▼10a)	18 +15	46; 48
● nach *à/en/avec/dans* + N zur Bezeichnung der Fortbewegungsart und des Verkehrsmittels			Z3	125	42; 253
● Wiederholung und Auslassung der Artikel bei Personennamen, in der Apposition, in Aufzählungen und Reihungen			▼9■		41; 49; 51; 65
Artikel vs. Possessivbegleiter s. **Chapitre 9**	Ab)°; Ac)	5	9; Z2; ▼10		

° = Belegtext; Z = Zusatzübung; ■ = Integrationsübung

Lösungen, Hinweise, Zusatzübungen, Zusatzaufgaben

Que sais-je?

A. La jeune droite

Planche de dessins La «jeune droite», ce sont les enfants des étudiants de gauche qui, en mai 1968, se sont révoltés contre la génération de leurs parents.
Ainsi dans l'actuel conflit des générations, les jeunes adoptent par réaction les idées de droite.

Text

– Quand je serai grand, je serai «Médecin sans frontières».
– Ah, c'est bien, ça!
Alors, tu soigneras les malheureux du monde entier?
Les réfugiés asiatiques, les expulsés d'Afrique, les rebelles des luttes armées, sans tenir compte des frontières?
– Qu'est-ce que c'est que ces tarés?
J'aurai des cliniques en Espagne, en Belgique et au Luxembourg ... je planquerai mon fric en Suisse, j'investirai en Californie et j'aurai une île dans le Pacifique!

Hinweis

Der Text enthält Belege für

- den bestimmten Artikel und den unbestimmten Artikel Plural
- den Nullartikel bei *être* + Berufsbezeichnung und *sans* + N
- den Gebrauch des Artikels bei femininen und maskulinen Ländernamen.

Lösung

1. je serai médecin: *être* + N désignant une profession
des cliniques: pluriel de *une clinique*
sans frontières: *sans* + N sans article
les malheureux du monde entier: nom déterminé par le groupe *du monde entier* (catégorie)
sans tenir compte des frontières: tenir compte de qc

2. en Espagne, en Belgique, en Suisse: noms de pays féminins
au Luxembourg: nom de pays masculin
les réfugiés asiatiques: nom déterminé par un adjectif (catégorie)
d'Afrique: nom de continent féminin
dans le Pacifique: préposition autre que *sans*.

B. Une visite-éclair

Lösung

a) Z. 3: à la Loterie ...
4: une somme ... la moto
5: une bouteille de jus ...
6: un verre d'eau ...
7: des glaces
8: un disque
9: du rock? du jazz? de la musique classique?
10: Le disque de ...

b) 4: ce n'est pas + **un/une/le/la + N**
la moto **qu'il veut** ...: nom déterminé par une proposition relative
9: **du** rock etc.: noms abstraits
10: **le** disque **de** ... **que** ...: nom déterminé.

C. Ça peut-être compliqué, la vie

Lösung

1. – de la viande? du mouton
– La viande
2. – des œufs ... des épinards
– les œufs
3. – des pâtes au beurre.
– Les pâtes
4. – un/du bouillon avec des biscottes. une cigarette
5. – plus de biscottes. le bouillon ... le tabac ... la santé

D. Commerce international

Lösung

a) 1. La/Cette moto – au Japon; 2. Ce kilt – en Angleterre/Grande-Bretagne/Ecosse; 3. Ce fromage – en Hollande/aux Pays-Bas; 4. Ces jeans – aux Etats-Unis; 5. Cette montre – en Suisse; 6. Cette voiture – en Italie; 7. Ces meubles – au Danemark; 8. Ce camion – en Suède.

b) L'Angleterre, la Hollande, l'Italie et le Danemark font partie du Marché commun; le Japon, etc. n'en font pas partie.

c) Hier sind folgende Formulierungen möglich:
- des voitures françaises (= fabriquées en France); des chaussures italiennes etc.
- des vins de France/du vin d'Alsace (de Bourgogne) (= produit typique d'une région); des fromages de Hollande etc.
- du beurre danois/irlandais (= produit au Danemark/en Irlande).

Exercices de révision

1. Autres pays, autres mœurs

Hinweis Diese Übung integriert Erscheinungen, die dem Schüler aus der Lehrbucharbeit bekannt sind:

- Gebrauch der Artikel;
- partitives *de* in Mengenbegriffen;
- Gebrauch der Artikel nach Präpositionen;
- Gebrauch der Artikel bei Namen der Tageszeiten.

Lösung a) 1. une règle – le matin – un roi – à midi – un prince – le soir – un mendiant.
2. le matin – bien des Allemands – un petit déjeuner copieux: du pain, du beurre, de la confiture, de la charcuterie, du fromage et un œuf.
3. A midi – un repas chaud: un potage, un plat de viande et un dessert.
4. Le soir, beaucoup d'Allemands – des sandwichs, des tomates, de la salade, des œufs, pas de pain.
5. la gaffe – les pommes de terre avec un/le couteau, le couteau – les aliments sur la fourchette.
6. les sandwichs – une tranche de pain beurrée – de la charcuterie ou du fromage.
7. les steaks – peu d'Allemands aiment la viande saignante.

b) 1. En France, on sert du pain à tous les repas. Avec le potage (la soupe), toutefois, on ne mange pas de pain/Cependant, on ne mange pas de pain avec le potage.
2. On ne mord pas dans son pain, on ne le coupe pas avec un couteau, mais on le rompt pour le manger par petites bouchées.
3. Le couteau ne sert qu'à couper/sert seulement à couper.
Quand on a coupé un morceau/un bout de viande, on pose son couteau sur le rebord de l'assiette. On prend la fourchette dans la main droite et (l')on continue à manger.
4. En général, on ne mange pas les fruits/les fruits ne se mangent pas avec les doigts. Les pommes, les poires, les oranges, les pêches se mangent souvent avec un couteau et une fourchette/On mange souvent ... avec ... .
Un conseil: Regardez comment la maîtresse de maison mange le(s) fruit(s) et faites comme elle.
5. Encore un conseil: Quand vous offrez des fleurs à vos amis français, n'enlevez pas le papier. En France, on remet (offre/donne) les fleurs avec le papier.

2. Souvenirs du monde entier

Hinweis Die Schemazeichnung zeigt Fluglinien von Air France.

Lösung a) Ariane est allée

en Ecosse/Angleterre	au Mexique	en Espagne	au Japon
au Canada	en Equateur/Ecuador	en Israël	en URSS/Russie
aux Etats-Unis		en Inde	en Norvège

b)
- Les kilts ... en Ecosse/Angleterre – un souvenir d'Ecosse
- Le service ... en Chine – un souvenir de Chine
- Le poncho ... en Equateur – ... de l'Equateur
- Le sari ... en Inde – ... de l'Inde
- L'insigne ... aux Etats-Unis – ... des Etats-Unis
- La croix ... en Israël – ... d'Israël
- Les mocassins ... au Canada – ... du Canada.
- Le caviar ... en URSS/en Russie – ... d'URSS/de Russie
- L'aquavit ... en Norvège – ... de Norvège
- La mantille – en Espagne – ... d'Espagne
- L'équipement ... au Japon – ... du Japon
- Le livre ... au Mexique – ... du Mexique.

c)
- au Portugal/du Portugal. Ebenso: Brésil, Chili, Danemark, Luxembourg, Maroc, Vénézuéla (auch: Venezuela)
- en Allemagne/d'Allemagne. Ebenso: Autriche, Egypte, Finlande, Suisse, Tunisie, Turquie
- à Cuba/de Cuba. Ebenso: Madagascar

Wortschatzübung Im Anschluß an diese Übung bietet es sich an, die Namen der wichtigsten Länder, ihrer Einwohner und Nationalität zusammenzustellen und die Genusregeln der Ländernamen daraus abzuleiten. Dies kann in einem Tafelanschrieb geschehen, dessen Ausgangswort der Ländername ohne Artikel ist.

Es empfiehlt sich, nicht alle Ländernamen auf einmal lernen zu lassen, sondern sie auf mehrere Texte zu verteilen, z. B.

- Europäische Länder nach *Un bâtiment pour l'Europe* (**4**, 5)
- Amerikanische Länder nach *L'évasion* (**11**, 4)
- Arabische Länder nach *Samia de Paris* (**12**, 8), *La visite médicale* (**16**, 2) oder *Les immigrés* (**8**, 10)
- Asiatische Länder nach *La visite du Président en Chine* (**18**, 2).

1. Les continents

Continent	**Habitant**	**Adjectif**
l'Afrique f	Africain,e	africain,e
l'Amérique f	Américain,e	américain,e
– du Nord	– Nord-Américain,e	– nord-américain,e
– du Sud	– Sud-Américain,e	– sud-américain,e
l'Asie f	Asiate/Asiatique	asiatique
l'Australie f	Australien,ne	australien,ne
l'Europe	Européen,ne	européen,ne

2. Pays d'Europe

Pays	**Habitant**	**Adjectif/Nationalité**	**Langue**
la Finlande	Finland**ais,e**	finlandais,e	le finnois
la France	Français,e	français,e	⟵
l'Irlande f	Irlandais,e	irlandais,e	l'anglais
la Hollande/ les Pays-Bas	Hollandais,e	hollandais,e/ néerlandais,e	le hollandais
la Pologne*	Polonais,e	polonais,e	⟵
l'Angleterre f	Anglais,e	anglais,e	⟵
le Portuga**l**	Portugais,e	portugais,e	⟵
l'Autriche f	Autrich**ien,ne**	autrichien,ne	l'allemand
l'Italie f	Italien,ne	italien,ne	⟵
la Norvège	Norvégien,ne	norvégien,ne	⟵
la Hongrie*	Hongr**ois,e**	hongrois,e	⟵
la Suède	Suédois,e	suédois,e	⟵
le Luxembour**g**	Luxembourgeois,e	luxembourgeois	le français
le Danema**rk**	Danois,e	danois,e	⟵
l'Espagne f	Espagnol,e	espagnol,e	⟵
l'Allemagne f	Allemand,e	allemand,e	⟵
la Roumanie*	Roumain,e	roumain,e	⟵
la Belgique	Belge	belge	le français/le flamand
la Bulgarie*	Bulgare	bulgare	⟵
la Russie	Russe	russe	⟵
la Suisse	Suisse	suisse	l'allemand/le français/ l'italien/le rhéto-roman
la Grèce	Grec, Grecque	grec, grecque	⟵
la Tchécoslovaquie*	Tchécoslovaque	tchécoslovaque	Die Sprachen dieser Vielvölkerstaaten sind nicht Lernziel.
la Yougoslavie*	Yougoslave	yougoslave	

Hinweis

- Die mit * gekennzeichneten Volksrepubliken haben die offizielle Bezeichnung *République populaire de* (*Bulgarie* etc.); aber: *République fédérale populaire de Yougoslavie*
- Bundesrepublik Deutschland = République Fédérale Allemande (RFA)
  DDR = République Démocratique d'Allemagne.

Genus-regeln

- La plupart des noms de pays sont de genre féminin: ce sont tous ceux qui se terminent en *e*.
- Les noms de pays dont la dernière lettre n'est pas un *e* sont masculins (vgl. GhF **24**/GG **3**,3).

Diese Regel wird angewandt bei den folgenden Ländernamen:

3. Pays d'Amérique

Pays	Habitant	Adjectif/Nationalité	Langue
les Etats-Unis	Améric**ain,e**	américain,e	l'anglais (américain)
le Mexique	Mexicain,e	mexicain,e	l'espagnol
le Canada	Canad**ien,ne**	canadien,ne	l'anglais/le français
le Brésil	Brésilien,ne	brésilien,ne	le portugais
le Chili	Chilien,ne	chilien,ne	l'espagnol
Cuba	Cubain,e	cubaine,e	l'espagnol
l'Equateur/Ecuador m	Equatorien,ne	équatorien,ne	l'espagnol
le Vénézuéla	Vénézuélien,ne	vénézuélien,ne	l'espagnol
le Pérou	Péruvien,ne	péruvien,ne	l'espagnol
l'Argentine f	Argent**in,e**	argentin,e	l'espagnol

4. Pays asiatiques

Pays	Habitant	Adjectif/Nationalité	Langue
la Chine	Chinois,e	chinois,e	←
le Japon	Japonais,e	japonais,e	←
l'URSS f	Citoyen Soviétique	soviétique	le russe
la Turquie	Turc, Turque	turc, turque	←
l'Inde f	Hindou,e	indien, ne	l'hindi
le Viet-Nam	Vietnamien,ne	vietnamien,ne	←
le Cambodge	Cambodgien,ne	cambodgien,ne	←
la Corée	coréen,ne	coréen,ne	←
l'Iran m	Iranien,ne	iranien,ne	le persan

Exceptions: le Cambodge; **le** Mexique

5. Pays arabes

Pays	Habitant	Adjectif/Nationalité	Langue
l'Algérie f	Algérien,ne	algérien,ne	l'arabe
l'Arabie Saoudite	Saoudien,ne	saoudien,ne	l'arabe
l'Egypte f	Egyptien,ne	égyptien,ne	l'arabe
la Syrie	Syrien,ne	syrien,ne	l'arabe
la Tunisie	Tunisien,ne	tunisien,ne	l'arabe
le Liban	Libanais,e	libanais,e	l'arabe
le Maroc	Marocain,e	marocain,e	l'arabe
Israël m	Israélien,ne	israélien,ne	l'hébreu

On dit:

1. venir / revenir / rentrer [**du** Canada / **des** Etats-Units / **de** Grèce / **d'** Italie
2. aller / vivre / habiter [**au** Canada / **aux** Etats-Units / **en** Grèce / **en** Italie
3. connaître [la capitale **de la** France/**de l'**Italie/**du** Japon/**des** Etats-Unis.
   [l'histoire **de** France/**d'** Italie/**du** Japon/**des** Etats-Unis.
   acheter des produits **de** France/**d'** Italie/**du** Japon/**des** Etats-Unis.
4. apprendre / comprendre / parler bien/couramment [**le** français / **l'** anglais / **le** grec
   parler [français / anglais / grec

3. Conseils de la Prévention Routière

Hinweis Mit Hilfe der Pictogramme können folgende Wörter erschlossen werden:

le jerricane
le bidon (d'huile)
la batterie
le niveau d'eau
le radiateur
la trousse de première nécessité
l'ampoule (de réchange)

Lösung a) Z. 3: le carburant
4/5: Le constructeur – de l'ordinaire, du super ou du gas-oil.
6: Un jerricane d'essence
9: l'huile.
10: Les huiles
12: de l'huile
13: un bidon d'huile
15: le niveau d'eau
16: de l'eau distillée
18: le niveau d'eau
19: de l'antigel
21: la pression
22: des raisons de sécurité
23: la roue de secours
24: Pour le contrôle des freins
28/29: une boîte d'ampoules – des fusibles.

b)

votre type **de** voiture le niveau d'eau des raisons de sécurité la roue de secours une trousse de première nécessité des ampoules de rechange	un jerricane **d'**essence un bidon d'huile une boîte d'ampoules	de l'huile **du** même type l'approche de l'hiver la pression des pneus le contrôle des freins
Feste Begriffe. Im Deutschen Komposita.	Mengenangaben bzw. Bezeichnung von Produkt + Verpackung.	Nomen mit präpositionaler Ergänzung. Im Deutschen Genitivobjekt.

Exercices de perfectionnement

4. Tout est relatif

Lösung Z. 1: la jolie histoire – la théorie
3: un aveugle – un verre de lait.
5: Le lait – un liquide blanc.
7: une couleur, la couleur
9: le cygne – un grand oiseau.
10: Le cou
13: le visage de l'aveugle – le lait.

La jolie histoire **d'Einstein, auquel on demandait ...** = une histoire précise;

la théorie de la relativité = une théorie dont tout le monde sait qu'elle existe;

un aveugle = une personne pas identifiée et pas encore mentionnée dans l'anecdote;

un verre de lait = chose pas encore mentionnée;

le lait = nom de matière;

un liquide blanc = terme nouvellement introduit
une couleur: de même
] un liquide blanc et une couleur parmi tant d'autres, donc des choses non déterminées;

la couleur **des plumes** ... = chose déjà mentionnée et bien définie, etc.

le visage **de l'aveugle** = l'aveugle (déjà mentionné) n'a qu'un seul visage.

5. Une jeune fille qui aime son métier

Lösung a) 1. est infirmière – est infirmière diplômée.
2. être infirmière – une profession – une vocation
3. est infirmière en chef
4. être médecin
5. c'est un médecin très connu

b) 1. Vous êtes fonctionnaire? – Non, je ne suis pas fonctionnaire.
2. Vous avez fait **des** études universitaires? – Je n'ai pas fait **d'**études ...
3. Vous tenez **un** magasin? – Je ne tiens pas **de** magasins ...
4. Vous vendez quelque chose, **des** produits de beauté, par exemple? – Je ne vends pas **de** produits ...
5. Mais vous êtes employée? – Oui. ...
6. S'agit-il d'**une** entreprise industrielle? – Il ne s'agit pas **d'une** entreprise ... – (= il s'agit bien d'une entreprise, mais pas d'une ... industrielle.)
7. Vous avez **un** poste dans l'administration? – Je n'ai pas **de** poste ...
8. Vous organisez **des** expositions ou des conférences? – Je n'organise pas **d'**expositions ...
9. Est-ce que vous êtes en contact avec beaucoup de gens, pour votre profession? – Oui, ...
10. Vous êtes assistante sociale? – Je ne suis pas assistante ... Je ..

Zusatzübung 1

Le saviez-vous? Text s. **Zusatzübungen** Nr. 8, Seite 161.

Lernziel: Die Artikel im Satz mit Prädikatsnomen und im verneinenden Satz (GhF **47+50**/GG **19+20**).

Lösung

1. Les perles – les huîtres – les mois
2. Le caméléon – la couleur du caméléon – un autre caméléon
3. un crocodile – un tronc d'arbre – le crocodile – une branche d'arbre avec des feuilles
4. La chauve-souris – un oiseau – des œufs.
5. un cochon d'Inde – un cochon – d'Inde/de l'Inde.
6. La vache – la femelle du bœuf. La femelle du taureau. La femelle du bœuf – la charrue.
7. du chameau – une provision d'eau. La bosse du chameau – une provision d'eau, mais une provision de nourriture, des bottes de foin et des paquets de sucre.

6. Pour être heureux dans la vie

Lösung

1. Pour être heureux, il faut **des** amis/**de la** chance, etc. – ... on a besoin **d'**amis/**de** succès, etc. – Sans amis/argent/humour, etc.
2. Avec **des** amis/**de l'**argent/**un** poste etc.
3. Je me passerais facilement **d'**argent, **de** diplômes etc. – Je me moque **de l'**argent/**du** prestige/**d'un** poste etc. – Je renoncerais ... **aux** amis/**au** succès/**à l'**intelligence, etc.

(Zu *de + du/des/de l' > de* vgl. GhF **48**/GG **21**).

7. Tout change, même les Français

Lösung

Z. 1: à des changements
2: aux repas traditionnels
3: des bons petits plats
4: de tranches de pain
6: à des envies nouvelles
aux sandwichs divers
7: aux hot-dogs, aux hamburgers et aux salades
9: aux trois repas
10: aux réunions sympathiques
11: de respect, aux traditions
12: de temps, de rendez-vous
13: de problèmes, des grands et des petits
14: de régime, d'habitudes
15: de troubles, d'allergies, de bourrelets
17: à des spécialistes – aux petits chagrins
18: aux conseils
19: des pilules
20: de repos et de repas
21: de dangers, des risques
22: du/des discours

Zusatzaufgabe

Opposez les habitudes que les Français avaient auparavant à celles qu'ils ont maintenant.

▼ 8. Les petites discussions de la famille Lambert

Hinweis Es empfiehlt sich, die betreffenden Sätze interpretieren zu lassen, damit den Schülern bewußt wird, ob der Satz verneinende oder bejahende Bedeutung mit einer Einschränkung hat.

Lösung

1. – d'argent de poche:	Sens négatif: Tu n'as pas encore reçu ton argent de poche.
– de l'argent:	Sens affirmatif: Je te donne de l'argent, mais pas pour que tu le jettes ...
– de l'argent:	Sens affirmatif: Vous gagnez de l'argent, mais par pour ...
2. – des centaines:	Sens affirmatif: s. o.
– de temps:	Sens négatif: Il ne faut pas perdre de temps ...
3. – des efforts:	Je fais des efforts, mais pas pour ...
– d'efforts:	Tu n'en fais plus du tout.
– du sport:	Ce que nous faisons pendant les cours de sport, c'est ...
de sport:	Je ne ferai plus de sport du tout.

Zusatz-übung 2

Informations complémentaires sur les Français. Text s. **Zusatzübungen** Nr. 9, Seite 162.

Lernziel: Gebrauch der Artikel im verneinenden Satz

Lösungsvorschlag

1. ... on ne sert pas **du** pain ... (= on sert du pain, mais pas à tous les repas; vgl. GhF **47**)
   On n'aime pas tellement ... (On préfère le pain rassi).
   Le dimanche, les boulangers ne font pas de pain/ne travaillent pas.
   Les épiceries et ... ne sont pas ouvertes non plus.

2. Chez nous aussi, on aime ...
   On mange ausssi .../Mais on n'aime pas les .../ne mange pas de ...
   ... nous aimons le bœuf, le porc, le veau/nous mangeons beaucoup de.../; nous n'aimons pas (tellement) le mouton/mangeons rarement du/ne mangeons pas de mouton.
   Il y a très peu de gens qui mangent .../
   En général, nous mangeons les steaks bien cuits.

3. ... nous ne prenons jamais du fromage (= mais autre chose) Chez nous, on mange ...
   Par conséquent, le plateau de fromages n'existe pas dans les petits restaurants de notre région.
   Et puis, chez nous, le fromage ne se mange pas par ...
   En général, il est coupé en tranches et on le mange sur une tranche de pain beurré.
   Cette tranche de pain, on la mange avec une fourchette et un couteau.

4. Chez nous, on ne prend pas d'apéritif/on ne connaît pas l'apéritif avant les repas.
   A table, on boit rarement du vin/ne boit pas de vin/pas **du** vin, mais ...
   Après le déjeuner, nous ne prenons pas de café. Nous en prenons plus tard et ce n'est pas dans une petite tasse qu'on le boit: on le boit dans une grande tasse, avec de la crème.

▼ 9. Flashs

Hinweis Diese Übung integriert den Gebrauch der Artikel

- bei Personen- und Herrschernamen
- bei *de* + Ländernamen in erweiterten Nominalgruppen
- in der Apposition, in Aufzählungen und Reihungen

sowie die Wiederholung und Auslassung der Artikel in nebenordnenden Verknüpfungen.

Lösung

1. La reine d'Angleterre, Elisabeth II/Elisabeth II, reine d'Angleterre, a été reçue, hier, par le président des Etats-Unis.
2. Les citoyens de la République fédérale d'Allemagne (RFA) ont voté: la coalition chrétienne-libérale restera au pouvoir.
3. La finale de rugby se disputera entre l'équipe de France et l'équipe d'Irlande.
4. Plus d'essence les dimanches et jours de fête?
   Un grand nombre de pompistes revendiquent le droit de fermer leurs stations-service le samedi après-midi.
5. La discussion sur les avantages et les inconvénients de la politique économique actuelle continue.
   Patrons et employés/ouvriers désapprouvent les mesures proposées par le gouvernement.
6. L'exposition «Camping et Loisir» a été un plein succès. Caravanes, camping-cars, bateaux, articles de camping et de sport ont attiré plus de 20 000 visiteurs.

7. Le premier jour des vacances a provoqué des embouteillages sur de nombreuses routes.
   Sur l'A 7, il s'est produit un grave accident: trente véhicules – voitures de tourisme, camionnettes, camions et cars – se sont carambolés.
8. «Ligne et Couleur», un groupe d'architectes français et (d'architectes) allemands qui font de la peinture, organisera, ou mois de novembre, une exposition à l'Hôtel de ville de Stuttgart.
9. J.-Y. Cousteau, officier de marine, océanographe et cinéaste français, tourne un nouveau film.

Weitere Beispiele für die Wiederholung des Artikels:

• die zeitgenössische Literatur und Kunst	la littérature et l'art contemporains
• die Besitzer und Mieter von Luxuswohnungen	les propriétaires et les locataires d'appartements de luxe
• die Bedeutung der Physik und Chemie	l'importance de la physique et de la chimie
• ein Weg für Radfahrer und Fußgänger	un chemin pour les cyclistes et (pour) les piétons
• die alten und neuen Argumente gegen dieses Projekt	les vieux (anciens) et les nouveaux (récents) arguments contre ce projet
• ein Strauß roter und gelber Rosen	un bouquet de roses rouges et de roses jaunes.

Zusatzübung 3

Vacances individuelles. Text s. **Zusatzübungen** Nr. 10, Seite 162.

Lernziel Gebrauch der Artikel bei Ländernamen und bei

- *à/en* + N zur Bezeichnung der Fortbewegungsart
- *avec/dans* + N zur Bezeichnung des Verkehrsmittels (GhF **42** + **253**).

Lösung

1. les fjords de (la) Norvège en bateau
2. les geysers de l'/d'Islande à cheval
3. la forêt ... du Brésil avec/dans un avion de tourisme (aber: **en** avion)
4. le sud des Etats-Unis en/à moto
5. une région ... de (la) Suisse à pied/à/en vélo
6. des torrents du Massif Central en kayak
7. la côte ... dans/avec une voiture de sport (aber: **en** voiture)
8. la partie ... de l'URSS avec le Transsibérien (aber: **en** train)
9. l'intérieur de la Sardaigne à dos d'âne.

▼ 10. La futurologie

Lösung **Commentaire grammatical**

a) Commençons par la traduction.

- une tâche d'ordinateur = Computeraufgabe
- un tronc d'arbre = Baumstamm
- un travail d'artiste = Künstlerarbeit
- un dessin d'enfant = Kinderzeichnung

- la tâche d'un/de l'ordinateur = Aufgabe eines/des Computers
- le tronc d'un/de l'arbre = Stamm eines/des Baumes
- le travail d'un/de l'artiste = Arbeit eines/des Künstlers
- le dessin d'un/de l'enfant = Zeichnung eines/des Kindes

1. Dans le groupe (nominal) *une tâche d'ordinateur,* le complément de nom *(d'ordinateur)* indique le genre/l'espèce de tâche dont il s'agit.
   Le nom et son complément ont la valeur d'un nom composé.

   De même: un tronc d'arbre
   un travail d'artiste
   un dessin d'enfant

2. Dans le groupe *la tâche d'un ordinateur,* le complément de nom *(d'un ordinateur)* désigne le moyen (la personne) qui exécute/exécutera/a exécuté le travail.

   De même: le travail d'un artiste/de l'artiste
   les dessin d'un enfant/les dessins de l'enfant

   Le groupe *la tâche d'ordinateurs bien concus* appartient aussi à cette catégorie:
   *la tâche** **de des** *ordinateurs* ... devient *la tâche* **d'** *ordinateurs bien concus.*

3. Dans le groupe *le tronc d'un arbre/de l'arbre* le complément de nom *d'un arbre/de l'arbre* désigne l'ensemble dont *le tronc* fait partie.
De même: les pieds d'une table
la serrure de la valise.

D'autres exemples:

un travail de fou	un jour de fête	les champions de tennis
l'action d'un fou	la date de la fête	les règles du tennis
les pays de l'Est	un salaire de professeur	les amateurs du rugby français
un vent d'est	une réunion de professeurs	la finale de rugby

b) Complétez.
1: de sources d'énergie
2: de techniques ... des déchets
3: de la pollution ... de l'environnement
4: de plantes ... d'aliments ...
5: de la population mondiale
6: du Tiers-Monde
7/8: des conditions de vie de la population ... les domaines de la médecine et de l'hygiène

Zusatz-aufgabe

Refaites l'exercice b) en remplaçant le style nominal par une construction verbale.

Modèle: D'après les futurologues, l'humanité devra
● développer ...

Lösung
1. développer des sources ...;
2. mettre au point des techniques ... et assurer le stockage ...;
3. réduire la pollution et protéger l'environnement;
4. cultiver des plantes ... et développer des aliments ...;
5. aider le Tiers-Monde à s'industrialiser et à se développer sur le plan technique;
6. améliorer les conditions de vie ... .

Chapitre 8: Les pronoms personnels et les pronoms adverbiaux

Übersicht über die Lernziele und Übungen

Lernziel/ Sachaspekt	**Que sais-je?**	**Révision**	**Perfec-tionnement**	**Grammatik GG**	**GhF**
Formen und Gebrauch der verbundenen Personalpronomen und der Adverbialpronomen *en* und *y*					
• Formen und Gebrauch, generell	A°; B; C	1	6°; 6b)	55–57	101–106; 114–117
• Opposition Personalpronomen – Adverbialpronomen	B	1; 3		55–57	102–106
• Stellung zweier Pronomen ...					
bei der Personalform des Verbs ...	A°; C	1; 2; 4	7; ▾10	59	110
beim Imperativ ...	C		6°; 6a) + c)	60	114–116
im Satz mit Verb + Infinitivergänzung	C	4	7■; ▾10	61–63	117–120
• Neutrales *le*			6°; 6a); ▾8	55,2	108
• Objektpronomen von *on*			6°; 6b)	72	102
Textuelle Funktionen der Personal- und Adverbialpronomen					
• Personalpronomen als Element der Textkohärenz		5a)		54	101
• Verweisfunktion von *le, en, y* ...			6°; 6a)		105; 108
und *on, nous, vous*			6°; 6b)		102
Formen und Gebrauch der Reflexivpronomen und der unverbundenen Personalpronomen					
• Opposition *soi-lui/elle/eux/elles*			▾9		112+113
• Pronominalisierung des ind. Personenobjekts mit *à* + unverb. Personalpronomen nach Verben vom Typ *présenter qn à qn*			6d)		110; 115
• Opposition neutrales *il – ce, cela* siehe **Chapitre 9**			8		
• Opposition *il – celui-ci* siehe **Chapitre 9**			7		
• Weitere Verben mit unterschiedlicher Pronominalisierung des ind. Objekts siehe **Chapitre 10**			7		
• Verben mit unterschiedlicher Objektstruktur im Dt. und Frz. siehe **Chapitre 10**	B	1; 3			

° = Belegtext; ■ = Integrationsübung

Lösungen, Hinweise, Zusatzaufgaben

Que sais-je?

A. Rien n'est simple dans la vie!

Planche de dessins

Bild 9: Chouinegomme = chewing-gum.

Das metasprachliche Vokabular kann gefestigt werden durch Fragen wie:

Dessin 1: Quelle est la fonction syntaxique du
pronom *tu*? (Sujet de la phrase)
me? (Complément d'objet indirect – COI)
le? (Complément d'objet direct – COD)

A quelle catégorie de pronoms appartient le pronom-objet *me* (dessin 1)? Pronom conjoint.
moi (dessin 5)? Pronom disjoint.

Lösung

Z. 1: me le rendre
2: je te l'ai prêté –
je ne t'en ai pas fait cadeau –
je n'en ai pas
3: je ne l'ai plus. Je l'ai donné.
C'est lui qui l'a.
4: Il m'a demandé de le lui laisser. Vas-y.
5: M'a dit. Rends-le-moi.
6: Je l'ai prêté. Adresse-toi à lui.
7: Je ne vous prêterai plus ... et à toi.
8: T'a donné
9: il m'en a donné un.
10: J'en ai besoin. À moi. Je le lui avais prêté.
11: Te le rendre. Le voilà.
12/13: Me demandent – je le leur rends – sur eux.

B. Dernières nouvelles

Lösung

1. Elle y a trouvé
elle nous/m'a envoyé
Elle y restera
Elle n'en a pas parlé.

2. Tu te souviens
je m'en souviens
y a mis le feu
J'en ai encore parlé
d'y aller déjeuner.

3. Elle en parle – y retourner.
lui faisait
Elle ne pense plus à lui.
elle n'en parle plus/
ne parle plus de lui.

C. C'est le ton qui fait la chanson

Lösung

Maman:
Tu peux me le rendre?
Tu m'en offres un?
Tu ne veux pas les lui expliquer?
Tu serais gentil de le lui apporter.
Tu pourrais le leur monter.

Mon frère:
Rends-le-moi tout de suite.
Offre-m'en un.
Explique-les-lui donc.
Apporte-le-lui.
Monte-le-leur.

Exercices de révision

1. Le gâteau

Zum Text Es handelt sich um einen Sandkuchen (biscuit sec/sablé).

Lösung

Z. 2: lui offrir
3: lui achète
4: lui faire
5: le faire – t'aider
7: en trouve une
9: me le passes
11: en faut
12: le battre
13: le faire
15: l'allumes – le faire
16: J'en mets
17: le pèses – en faut
18: l'ajoutes
21: Il y en a – les met
22: en faut
23: les casse
24: les casser
25: il y en a
26: m'en donnes – s'il te plaît
27: la mettre
29: Il en faut
30: y va
32: l'admirer – t'en offrir
34: lui annonce
35: le sortir
36/37: lui souhaitent
37: les remercie – leur fait
39: en donne

2. Le cadeau de M. Durieux

Hinweis Satz 4: Durch Wegfall des nominalen maskulinen Synonyms *bijou* bezieht sich das pronominale Objekt auf *la bague*; daher Angleichung des Participe passé.

Lösung
1. Il la lui a offerte
2. l'en a beaucoup remercié.
3. ne leur en avait pas parlé.
4. a essayé la bague et elle l'a regardée
   la lui prêter
   en a plusieurs – lui a envoyée ...

3. A propos

Lösung

1. – Tu peux/Peux-tu me prêter un timbre?
   – Je vais voir si j'en ai encore ... Oui, j'en ai encore un/il m'en reste encore un. Tiens, tu peux le prendre.
   – Merci. Je t'en redonnerai/rendrai un, demain./Demain, je ...
2. – Ma chaîne (stéréo) est constamment en panne. Je crois que je vais m'en acheter une autre.
   – Mon frère veut vendre la sienne. Tu peux l'avoir pour 1.000 F.
   – Non, merci. Je n'en veux plus d'occasion. Cette fois, je vais m'en acheter/je m'en achète une neuve.
3. – (Est-ce que) tu t'intéresses aux films de Buñuel?
   – Je n'en ai vu qu'un seul. Mais j'(en) ai oublié le titre.
   – Il t'a plu (,ce film)?
   – Oui. Mais je ne me souviens plus des détails.
4. – (Est-ce que) vous aimez les champignons?
   – Oui, (nous) on aime les cèpes. Mais malheureusement, on n'en trouve presque plus.
   – Si. Je connais un endroit où il y en a beaucoup. Samedi (dernier), on y en a cueilli au moins un kilo.

4. Dans l'étude de Maître Lejuste

Lösung
1. lui téléphoner – le joindre
2. l'a eu
   lui a posé – en parler
3. lui a fait
   le lui rendre
   l'avait laissé traîner – le (lui) renvoyer.
4. en faire une
5. l'avait entendu(e) téléphoner
6. l'avait envoyée – lui avait fait faire
7. lui a demandé – lui avait dictées – les signer – les taper.
8. ne lui avait pas dit – y aller

5. La guitare du vagabond

Hinweis Wenn ein Satz zwei Nominalgruppen enthält, die Personen gleichen – hier männlichen – Geschlechts bezeichnen, verweist im Folgesatz das Pronomen *il* auf die erstgenannte Person (in der Regel das Subjekt). Die zweitgenannte Person (in der Regel Objekt) wird durch *celui-ci* oder *ce dernier* wieder aufgenommen (vgl. GhF **123**/GG **67**).

Lösung a) Un vagabond entre un jour dans un bistro et commande un demi-litre de rouge et un grand sandwich au fromage. Au moment de payer, **il** constate qu'il n'a pas d'argent sur lui. **Il** explique au patron pourquoi il ne peut pas payer la consommation et **lui** propose de prendre sa guitare en gage pendant qu'il va chercher son porte-monnaie. En disant cela, **il** pose une vieille guitare sur le bar et s'en va.
Le vagabond est à peine sorti du bistro qu'un monsieur bien habillé **y** entre. **Le monsieur/Celui-ci** s'installe au bar et prend un apéritif. Tout à coup, **il** voit la guitare. Il prend l'instrument et **l'**examine dans tous les sens, puis il s'adresse au patron et **lui** demande si la guitare est à vendre. «La guitare?» dit le patron/**ce dernier** en regardant le client tout étonné. Là-dessus le monsieur sort son portefeuille et **lui** propose 5.000 francs. Le patron saute sur l'occasion et dit que la guitare est un objet de famille et qu'il ne peut pas **la** vendre sans **en** avoir parlé auparavant à sa femme.
Le monsieur **lui** donne alors son numéro de téléphone et part en laissant 10 francs sur le bar. Peu après, le vagabond revient, paie sa consommation, prend son instrument et se dirige vers la porte.

Mais le patron **le** rappelle. Il **lui** demande s'il ne veut pas vendre la guitare et **lui** offre 200 francs. Le vagabond refuse. Alors le patron **lui** offre 400 francs et veut prendre la guitare. Mais **le vagabond/ celui-ci** ne veut toujours pas s'**en** séparer. Finalement, quand le patron met 600 francs sur le bar, **il** accepte. Vite, **il** empoche les 600 francs et part.

b) Aussitôt, le patron fait le numéro de téléphone que le monsieur lui a indiqué. C'est le numéro d'une banque. Le patron demande M. Ladent.
– M. Ladent, vous dites? répond la dame au téléphone.
Et le patron apprend alors qu'il n'y a pas de monsieur de ce nom dans cette banque et que M. Ladent y est inconnu.

Wortschatzübung

Ausgehend von den Nomen *le portefeuille, le porte-monnaie, un demi-litre* und *un numéro de téléphone* können Schreibweise und Pluralbildung der Komposita wiederholt werden (GhF **31**/GG **7**).

Schema für einen Tafelanschrieb: Quels sont les composants de ces noms?
Mettez les noms composés au pluriel.

Nom	**Pluriel**	**Composants**
1. un portefeuille un pourboire	des portefeuilles pourboires	
2. un porte-monnaie un lave-vaisselle un tire-bouchon un porte-clés	des porte-monnaie lave-vaisselle tire-bouchons porte-clés	**Verbe + Nom:** porte + (la) monnaie etc.
3. un numéro de téléphone un terrain de camping une brosse à dents	des numéros de téléphone terrains de camping brosses à dents	**Nom + groupe prépositionnel:** numéro + de téléphone etc.
4. un demi-litre une demi-bouteille	des demi-litres demi-bouteilles	**Demi + Nom**
5. un nouveau riche le grand-père la grand-mère **Mais:** un Nord-Africain un Franco-Canadien	des nouveaux riches les grands-pères grand(s)-mères des Nord-Africains Franco-Canadiens	**Adjectif + Nom:** nouveau + (un) riche etc.

1. Les noms composés qui s'écrivent en un seul mot forment leur pluriel comme les noms simples.
2. Dans les noms composés dont le premier élément est un verbe, seul le nom peut prendre la marque du pluriel.
   On ne met au pluriel que les noms qui désignent des choses comptables.
3. Dans les noms composés dont le second élément est un groupe prépositionnel, celui-ci reste invariable.
4. L'adjectif *demi* placé avant un nom est invariable. – **Mais:** une heure et demie.
5. Dans un nom composé du type adjectif + nom, l'adjectif et le nom prennent la marque du pluriel.
   Exceptions: les adjectifs *nord, sud, est, ouest* et ceux qui se terminent en *-o*.

Exercices de perfectionnement

6. La visite de Jessica

Hinweis Dieser Text enthält Belege für:
- Reflexivpronomen und das Objektpronomen *le*
- die Adverbialpronomen *en* und *y*,

deren grammatische und textuelle Funktionen im *Commentaire grammatical* erarbeitet werden.

Zum Text Effectivement, Hugo tuera Hœderer. Mais c'est poussé par la jalousie qu'il tirera après avoir trouvé Jessica dans les bras d'Hœderer.

Lösung **a) Commentaire grammatical**

1. • Verbes pronominaux

Z. 4: se taire
5: s'en aller (17; 18; 20)
7: se reprendre (10)
17: se fâcher avec qn
32: s'y prendre

• Le pronom *le* renvoie à

Z. 5: quelque chose
15: la phrase précédente
27: Il veut me tuer? (24)
30: il = Hugo (28)
33: il = Hugo (31)
33: le = qu'il sera content ...;
34: l' = il (Hugo)
36: Faites-le = Hugo (34);
si on le lui prend = le revolver
37: l' = il/le (Hugo; 37)

2. Les pronoms adverbiaux *en* et *y*

• 13 + 14: y = au parti (complément circonstanciel)
• Elément d'une expression figée dans
Z. 1: il y a (17)
5: s'en aller (17; 18; 20)
30: en vouloir à qn
32: s'y prendre

b) Les réflexions de Hœderer

1. Pourquoi veut-on **nous** séparer (= Hugo et moi)
2. ... on risque qu'ils **vous** liquident
Quand on s'engage ..., il **vous** arrive ...] (on = man; vous = einem)
3. Ils **nous** ont trahis ... (on = nous)
4. Ils ne se gênent pas de **nous/vous** humilier.
... il **nous/vous** laissent tomber.] In diesen Sätzen kann *on* als *man* oder als *nous* interpretiert werden.
5. ... entre **nous** (on = nous, Hugo et moi)

c) Les conseils d'un ami de Hœderer

1. Faites-**le** désarmer.
2. ... faites-**le-lui** prendre
3. Ne **lui** laissez pas le temps de **l'**exécuter.
4. .. méfiez-**vous d'elle** et laissez-**la** hors du jeu.
5. ... ne **le** ménagez pas.
Surtout ne **vous** faites pas tuer par lui ...

d) Conversations entre Hugo et Jessica

1. ...recommandé à lui
... présenté à lui
2. Installe-toi là-bas
Informe-le de cela et donne-lui ...
Non. J'y penserai.
3. ... de l'amitié pour lui.
... te présenter à lui.
Je te présenterai à eux tous.
4. Aide-moi, Jessica.
... je lui parlerais ...
Rends-le-leur .... laisse-moi faire.
Ne pense pas ... à lui, pense ... à toi.

Zusatz-aufgabe Über die grammatische Auswertung hinaus bietet sich eine kurze inhaltliche Besprechung an.

Sujets d'étude

1. De quelle nature sont les relations entre Hugo, Hœderer et Jessica?
2. Que pensez-vous de la démarche de Jessica auprès de Hœderer?
Y voyez-vous une trahison? – Justifiez votre opinion.
3. Comparez la façon dont Jessica et Hœderer veulent sauver Hugo.
Pourquoi Hœderer refuse-t-il de régler l'affaire tout simplement en désarmant Hugo?
4. A votre avis, suffit-il d'avoir un idéal politique ou bien l'action politique implique-t-elle qu'on «se salisse les mains»?

Lösungsvorschlag

1. Hugo est un jeune idéaliste. Il lui répugne de tuer Hœderer, d'autant plus qu'il l'apprécie, mais il ne voit pas comment il pourrait éviter d'exécuter l'ordre qu'il a reçu.
   Jessica comprend le conflit de son mari. Mais elle connaît aussi les réactions possibles de Hœderer et le système politique dans lequel ils vivent. Ainsi, elle se rend bien compte du danger qui menace Hugo.
   Hœderer est au courant de la mission spéciale de Hugo. Il est conscient des scrupules de Hugo et du conflit intérieur qui le tourmente/fait souffrir. Mais il ne sait pas comment celui-ci peut/va se tirer d'affaire et s'il va exécuter l'ordre qu'on lui a donné ou pas.
2. Jessica s'adresse à Hœderer parce qu'elle a confiance en lui. En l'informant, elle espère pouvoir éviter que Hugo soit obligé de tuer ou bien qu'il soit tué à son tour. Il ne s'agit donc pas d'une trahison, mais d'un appel à la conscience de Hœderer.
3. Jessica voit la situation de son mari d'une façon plutôt naïve/simpliste. Elle pense que l'affaire serait réglée si Hœderer désarmait Hugo. Hœderer, lui, trouve cette proposition indigne. Il préfère parler ouvertement à Hugo pour que celui-ci puisse prendre sa décision en toute liberté.
4. L'action politique n'implique pas forcément le meurtre, mais souvent, elle l'entraîne .

7. Elle demandait toujours davantage

Lösung

a) 1. Elle m'a demandé de la lui prêter
   Je la lui ai apportée.
   Quand elle me l'a rendue
2. Elle m'a prié de le lui laisser
   je le lui ai prêté.
   elle m'a téléphoné
   j'ai dû le faire réparer
3. Elle m'a suggéré de lui en offrir
   j'en ai acheté
   si elle m'(en) a remercié.
4. elle m'a soupçonné de la tromper.
   que je sorte avec elle.
   je ne me suis pas laissé faire
   Je lui ai dit ... j'y suis allé.
5. Jacques y était aussi.
   elle m'a demandé de le lui présenter.
   je le lui ai présenté
   Quand je le lui ai fait remarquer,
   elle m'a répondu
   je lui ai téléphoné
   et je lui ai fait comprendre

b) E: José t'a dit que c'est fini entre nous?
A: Oui, il me l'a dit. C'est un peu de ta faute, je pense.
E: Comment? De ma faute?
A: Tu ne trouves pas que tu as exagéré un peu?
E: Moi? Mais je n'ai rien fait.
A: Tu n'as pas cassé sa chaîne stéréo, par exemple?
E: Non. Quand il me l'a apportée, elle ne marchait pas.
A: Et le vélomoteur qu'il t'a prêté?
Tu aurais au moins dû payer les réparations, je trouve.
E: Pourquoi? Les véhicules sont tous assurés, non?
A: Tu sais bien que c'est José qui a tout payé.
Tu es une ingrate. Tu ne l'as même pas remercié du parfum qu'il t'a offert pour ton anniversaire.
E: Si. Et puis, il ne me plaisait pas. C'est sans doute la marque que préfère sa cousine.
A: Tu es jalouse?
E: Moi? Pas du tout. C'est José qui est jaloux.
Hier soir, à la discothèque, quand j'ai dansé avec Jacques, il était furieux. Si tu l'avais vu! Mais quand il va au cinéma, c'est avec sa cousine, comme il dit.
Moi, je n'ai jamais rien dit. Mais je suis sûre que sa cousine, c'est une copine.
Non, non. Je suis contente que ce soit fini entre nous.

Zusatz-aufgabe

Résumez les reproches que José fait à Eliane.

▼ 8. A la cantine

Lösung 1. – N'êtes-vous pas M. Berger?
– Si, c'est moi.
– Est-ce que votre travail vous plaît?
– Oui, monsieur. Ce que nous faisons en ce moment est beaucoup plus intéressant que je (ne) (le) pensais.

2. – (Est-ce que) vous êtes dans l'équipe de M. Clément?
– Non, je travaille avec M. Bellini, M. Clément a refusé de me prendre dans son équipe.

3. – Que M. Clément soit compliqué/un homme difficile, je le sais. Mais ça, ça va trop loin/Mais là, il va trop loin. Je vais lui parler.
– Ne le faites pas, je vous en prie. Je trouve normal que le chef d'une équipe/d'un groupe de travail choisisse lui-même ses collaborateurs. D'autre part, je m'entends très bien avec M. Bellini.

4. – Alors, vous n'êtes pas déçu?
– Non, pas du tout/absolument pas. Au contraire, je préfère qu'on/que l'on soit franc/sincère avec moi.

▼ 9. Proverbes (1)

Lösung a)

Proverbes	Explications	
2. pour soi	a) Chez soi	e) de lui
3. chez lui	b) l'homme lui-même	f) d'elle
5. entre eux	c) que lui	g) en lui
	d) entre elles	h) de soi (-même)

b) 1. g); 2. h); 3. a); 4. c); 5. d); 6. b); 7. e); 8. b).
c) 1. ... quand on a besoin d'**eux** ... (1). 2. ... contre **lui** ... (5). 3. ... parler d'**elle** (8). 4. (3).

▼ 10. Les immigrés: un dossier explosif

Lösung Z. 2: de les avoir fait venir
3: il lui revient de les intégrer
6: Elle en faisait venir des milliers et des milliers.
8: on ne s'occupait pas d'eux. Dès qu'ils les ont fait venir
9/10: les ont vu(s) s'installer (Zum Accord vgl. GhF **378 A** 2.)
12/13: qu'on ne pouvait pas leur refuser.
14: pour les leur faire comprendre.
17: viennent s'y installer
19: d'en renvoyer un grand nombre
20/21: pouvoir en obtenir
22/23: l'a vu naître – y fait revivre
25: semble l'inviter
28: d'en expulser des millions.

Zusatzaufgabe Dites brièvement en quoi consiste le problème.

Chapitre 9: Les déterminants et les pronoms démonstratifs, possessifs et indéfinis

Übersicht über die Lernziele und Übungen

Lernziel/ Sachaspekt	Que sais-je?	Révision	Perfectionnement	Grammatik GG	GhF
Formen und Gebrauch der Begleiter und Pronomen					
• **Possessiva:** Begleiter und Pronomen	**A**°; **A** a)–c); **B**	**1**; **2**■; **3**■	**6**■; ▼**6** b)	25+26; 68	55+56; 127+128
• Opposition Possessibegleiter – best. Artikel zum Ausdruck der Zugehörigkeit (Körperteile, Kleidungsstücke)		**5**	**9**; **Z** 2; ▼**10**	22+26	44+56
• **Demonstrativa:** Begleiter und Pronomen	**A**°; **A** a) + b)	**2**■; **3**■	**6**■	23+24; 66+67	53+54; 121–124
• Neutrales *il, ce, cela/ça*			**8**; **Z** 1	67,2	124–126
• **Indefinita:** Begleiter und Pronomen	**A**°; **A** d) + e); **C**	**4**	**6** a)	27–31; 69–73	58–62; 140–145
Textuelle Funktionen der Begleiter und Pronomen					
• Possessiv- und Demonstrativpronomen als Elemente der Textkohärenz		**2**		67	122
• Opposition *sa voiture – la voiture de celui-ci*	**A** b)		▼**6** b)		122+123; 128
• Opposition best. Artikel – Demonstrativbegleiter			**6**		38; 54
• Stilistische Verwendung des Demonstrativbegleiters in Opposition zum best. Artikel/ Possessivbegleiter			**Z** 3		
Zur Opposition *il – celui-ci* siehe auch **Chapitre 8**		**5**	**7**		124–126

° = Belegtext; Z = Zusatzübung; ■ = Integrationsübung

Lösungen, Hinweise, Zusatzübungen, Zusatzaufgaben

Que sais-je?

A. Page d'humour

Hinweis Die Texte enthalten Belege für die zu behandelnden Begleiter und Pronomen.

Lösung a) Z. 1: le mien – mon oncle
2: celui-là – ce chapeau-là
3: celle-là – cette voiture-là
4: celui-ci – ce moyen-ci
5: la mienne – ma femme (à moi)

1+5: pronom possessif remplacé par un déterminant possessif + nom
2–4: pronom démonstratif remplacé par un déterminant démonstratif + nom

b) 1. le monsieur (sujet)
2. le client (complément d'objet direct)
3. le fils du pompiste (sujet)
4. le jeune conducteur (complément indirect)

Traduction.
1. ... aus seinem Wagen
2. ... dessen Wagen
3. ... seines Wagens
4. ... dessen Wagen

c) 1. La vendeuse dit: «N'oubliez pas votre parapluie, madame.»
Mais Mme Mallot a laissé son parapluie dans la/sa voiture.
Le parapluie qui est sur la chaise n'est pas à elle.
Mais où sont ses clés? Ah, les voilà; elle les a/avait mises dans son sac/dans sa poche.

2. A la gare: l'express de Rouen est en retard. Deux jeunes gens discutent.
L'un d'eux attend son frère et ses parents.
L'autre attend sa cousine et les parents de celle-ci.

d) 1. ... toute la nuit
2. ... toutes les boîtes
... toutes sans exception
3. ... tout le quartier
... tous les deux
4. ... tous les soirs.
5. ... tous (les) deux
6. ... toute une histoire.
7. ... toutes pareilles.

e) Déterminants:

3. un **autre** client
ne ... **aucune** idée
4. **chaque** matin
5. **toutes** les boîtes

Pronoms:

3. quelque chose

4. l'un – l'autre – aucune – vous les jetez toutes ...

B. Adieu, Méribel!

Lösung

1. Non. Les miennes ...
Ce sont ceux de Daniel ...
Non. Les siens ...
2. Eve a failli oublier les siennes ...
Les miennes ... et celles de Serge aussi.
3. Ce n'est pas le tien?
Non. Le mien ...
4. ... si ce sont les vôtres.
5. Non. Les leurs sont ...
Alors, ce sont celles de ...

C. A l'école de ski

Lösung

Z. 1: Tous les moniteurs
2: tous diplômés
3: seulement quelques-uns
4: Chaque moniteur
5: chacun s'est présenté ...
tout le monde se tutoyait.
7: aussi quelques-uns
8: tout a bien marché.
A chaque cours ... quelque chose ...
9: tous ... sans aucun problème.
10: quelques-uns ont eu peur.
11: Quelqu'un a même voulu ...
aucun d'entre eux
12: rien dit.
14: quelques chutes ... mais personne ...
15: tous très contents ... .

Exercices de révision

1. Au conseil municipal

Lösung

Z. 2: ses idées
4: vos propositions servent ...
vos intérêts ... pas les nôtres.
6: de notre commune.
7: nos voisins
7/8: leurs problèmes ... les nôtres,
notre solution ... de la leur
11: la mienne ... ma ferme
13: notre village; nos champs ...
14: nos champs ... celle des vôtres
16: ses idées et les nôtres.
18: son point de vue
19: notre situation ... .

Zusatz-aufgabe Résumez (in Gruppenarbeit)
- les informations données sur cette commune bretonne;
- les raisons pour lesquelles les conseillers municipaux s'opposent au remembrement des terres.

2. Compte-rendu

Lösung
1. celui de la commune
2. celle du 16 juin
3. diffèrent des nôtres
4. ceux des habitants. différente de la leur
5. celle des petits fermiers
6. ceux qu'il présente
7. de ceux de quelques-uns.

3. Proverbes (2)

Lösung

1. sa peine	celle d'aujourd'hui.
2. son lit	Celui ... celui qui
3. sa langue ... sa bouche	Ceux qui
4. ses saints	à celui qui ... à ses subordonnés.
5. son nid	Celui qui
6. sa place	Celui qui quitte sa place ... à son retour.
7. ton eau	Ses actes ... ceux de l'avenir.
8. son chien	Celui qui.

4. Les 24 heures du Mans

Hinweis Die Unterlegung stellt den Rundkurs von Le Mans dar. Die Fahne markiert den Start- und Zielpunkt.

Lösung
1. En France, aucune course automobile n'attire autant de spectateurs que les 24 heures du Mans. Tous ceux qui y ont assisté une fois, font leur possible pour y retourner l'année suivante.
2. Il y a, d'abord, le côté technique qui les attire: tout est minutieusement organisé; rien n'est laissé au hasard. En effet, pas un seul détail ne doit être négligé, si on veut gagner cette course très/extrêmement dure.
3. Ainsi, les différentes équipes commencent leurs préparatifs plusieurs mois à l'avance, quelques-unes même dès le lendemain de la course.
4. En ce qui concerne les voitures, il y a toujours quelque chose à améliorer.
   Les constructeurs examinent toute la voiture et remplacent l'une ou l'autre pièce par quelque chose de plus solide.
5. Les mécaniciens font et refont chaque opération, car la vitesse à laquelle chacun d'entre eux travaille peut décider de la victoire.
6. Mais ce qui rend cette course si passionnante, c'est l'ambiance.
   Tous ceux qui voient leur pilote favori s'arrêter aux stands partagent son excitation et comptent les secondes qui s'écoulent jusqu'au moment où celui-ci repart.
7. Personne ne peut imaginer ce que quelques mécaniciens sont capables de faire en quelques secondes.

5. Billet tarif «famille»

Lösung
1. Enlève **ton** blouson.
2. J'ai mal **aux** yeux.
   Mais ouvre donc **les** yeux ...
3. Après, j'aurai **les** mains sales.
4. J'ai mal **aux** pieds.
   En attendant, quitte **tes** chaussures.
   Ne mets pas **tes/les** pieds ... sur **mon** anorak.
5. Veux-tu que je sorte **ta** veste grise ...?
   J'ai seulement froid **aux** pieds.
6. Je peux descendre **ma** couchette?
   Tu m'as fait mal **au** doigt.
7. Elle a **les** cheveux ... et **le** visage ...
   Faites **vos** lits et taisez-vous.

Bei Nomen, die Körperteile bezeichnen, ist das Zugehörigkeitsverhältnis ausgedrückt
- durch das Subjekt: **J'**ai mal aux yeux
- durch das ind. Objekt: Tu **m'**as fait mal au doigt. (Vgl. GhF **44**/GG **22**+**26**.)

Exercices de perfectionnement

6. «Face à face»

Lösung Z. 1/2: votre position et celle de votre parti sur cette question?
3: Ma position et celle de mon parti ... **les** mesures **que** ...
4: à notre pays.
5: **Ces** mesures (= celles dont il vient de parler)
6: **le/ce** problème
7: contre **la** politique **des nationalisations**
8/9: ... celle du général .... Sa politique dans ce domaine ... la nôtre.
11: Identique à la nôtre.
12: Vos amis
13: **la** politique **du général** ... la vôtre.
15: Sa politique ... celle de mon/notre parti.
17/18: **Les** nationalisations ... votre concept ....
18/19: Derrière vos mesures ... tout notre système.
20: **Cette** intention (= l'intention de changer tout notre système) ... celle du général ... la nôtre.
21/22: Votre politique ... notre économie.
23: **Les** nationalisations (en général) ... notre pays
24: nos grandes entreprises.
25/26: **Les** nationalisations ... **ces** mesures (= les nationalisations dont il vient de parler).
27: Votre politique ...
28: **la** politique **des nationalisations**.

Zusatzaufgabe Résumez les arguments a) du député socialiste
b) du député gaulliste.

a) Après l'émission

Lösung Z. 2: chacun notre (position)
3: quelque chose de nouveau
6: les uns aux autres
7: les uns des autres
8: quelque chose de constructif
10: Tous ceux qui le connaissaient
11: ... d'autres (intentions)
13: Tout ce (qu'il a fait)
16: n'importe quoi
17: (et) personne d'autre
19/20: certaines (... entreprises)
21: Tous ceux (qui)

▼ b) Résumé

Hinweis Die Schwierigkeit der Übung liegt in der Wiedergabe des Zugehörigkeitsverhältnisses in der 3. Person. Es ist zu unterscheiden:

Le député gaulliste attaque vivement **le parti socialiste.**
↑ ↑
Il dit que **sa politique** (seine eigene P.) ...
↑
Il dit que **la politique de celui-ci** (ihre, deren P.)

Der Possessivbegleiter stellt also ein Zugehörigkeitsverhältnis zur erstgenannten Person her, in der Regel zum Subjekt.

Lösung
1. Le député gaulliste attaque vivement le parti socialiste. Il dit que la politique de celui-ci a pour but/ poursuit le but de changer tout le système économique du pays.
2. Le parti socialiste, cependant, se réfère au général de Gaulle et à la politique de celui-ci dans le domaine des nationalisations.
3. Le député socialiste rappelle aux téléspectateurs que le général de Gaulle a nationalisé les banques et d'autres grandes entreprises et que, par conséquent, le parti socialiste continue la politique de celui-ci.

4. Le député gaulliste contredit le socialiste et refuse les arguments de celui-ci/ses arguments. Il précise que le général de Gaulle a pris ses mesures de nationalisation après la Seconde Guerre mondiale pour relancer l'économie tandis que le parti socialiste et sa politique ont pour but d'étouffer/de supprimer toute initiative privée.
5. «Ne citez donc pas de Gaulle, continue-t-il. Sa politique et la vôtre ne sont pas identiques et ne le seront jamais.»
6. «Au contraire», réplique le socialiste. Et il répète que les mesures de son parti complètent celles du général de Gaulle, parce qu'elles fourniront au pays les outils économiques du siècle prochain.

Wortschatzgebung

Sachgebiet «Politique»

1. Der Text enthält folgende Syntagmen:

a) **La politique** de qn peut **différer de** la politique de ...
aboutir à (la ruine)
avoir pour but (de supprimer) ...

b) **On** peut **mener** une politique identique à celle de ...

défendre **être contre** **s'acharner contre** **condamner/refuser** **s'opposer à**	un concept politique une politique la politique de qn

2. Das Sachfeld kann erweitert werden durch

a) **Les partis politiques en France**

être membre de un membre de adhérer à un adhérent de voter pour/contre	un parti de droite ● le R.P.R. (Rassemblement pour la République = le parti des Gaullistes) ● l'U.D.F. (Union pour la démocratie française) qui regroupe – le P.R. (Parti républicain) – le C.D.S. (Centre des Democrates sociaux) – le Parti radical un parti de gauche ● le M.R.G. (Mouvement des radicaux de gauche) ● le P.S. (Parti socialiste français) ● le P.C.F. (Parti communiste français) les écolo(giste)s/les Verts

b) **Les idées politiques**

1. On peut avoir des idées	communistes conservatrices écologistes gauchistes gaullistes libérales socialistes progressistes révolutionnaires	2. On peut s'orienter vers/ approuver/ soutenir	le communisme le conservativisme l'écologisme le gauchisme le gaullisme le libéralisme le socialisme

7. Anecdotes

Lösung

● Z. 1: **Elle** m'a fait ...
4: – Pourquoi, lui demande-t-**il** ...?
5. – ..., répond-**elle**, ...
Zu 3: *ce prince* kann nicht pronominal ersetzt werden, da *il* keine hinweisende Funktion hat und *celui-ci* nur verwendet wird, wenn bei zwei Personen auf die letztgenannte verwiesen wird.

- 9: **Il** etait même prêt ... si **celui-ci** ...
  11: ... leur répliqua-t-**il** ...
  12: ... **il** fut sacré ...
- 15: ... dit-**il**, **celle-ci** devra définir ...

Zu 17: *Boileau* kann nicht pronominal ersetzt werden, da er im vorangehenden Satz weder in Subjekt- noch in Objektfunktion genannt wird.

8. La Bretagne sous la pluie ou sous le soleil?

Lösung Z. 1: **C'est** définitif?
2: **Il** paraît que, ..., **il** pleut
4: raconté **cela/ça**?
5: **Ce** n'est donc pas vrai?
6: **C'est** de la blague.
dire **cela/ça**.
7: **c'est** évident.
Mais **il/c'est** possible
8: **Cela/Ça** dépend.
9/10: **c'était** ... **il** a fait
10: **Il** faut dire
11: **cela/ça** arrive
Mais **il/c'est** encourageant
13: **cela/ça** m'étonnerait
14: **il** faut
Dire qu'**il** ne pleut pas ...
ce serait mentir.
15: Si **cela/ça** peut vous rassurer ...
16: **Cela** vous surprendra ... que c'est.
17: A part **ça**, ... c'est certain.

Zusatz-übung 1

Hypothèses. Text s. **Zusatzübungen** Nr. 11, Seite 162.

Lernziel wie Übung 8.

Lösung

Z. 1: **C'est** vrai.
2: **Cela/Ça** m'étonnerait.
... dit **cela/ça**?
4: **C'est** une erreur.
6: **Cela/Ça** fait ...
il/c'est impossible
7: **c'est** sûr.
8: **c'est** évident.
il/c'est bien possible
11: **c'est** vrai
12: **C'est** une façon. **Il** est vrai
15: **cela/ça** m'a ... fait plaisir.

9. Portrait de famille

Lösung

1. **des** cheveux gris
les cheveux tout gris
ses premiers cheveux gris
2. **la** peau blanche
avec **sa** peau
une peau très sensible
3. **son** profil
un profil grec
qu'**un** grand nez
et un front ...
4. **les** yeux de ma cousine
des yeux verts
la couleur de **ses** yeux
les yeux marron

▼ 10. Principes

Lösung a) Z. 2: savoir **ses/les** départements*
4: *nur:* **Ses** pauvres = bestimmte arme Leute
5: avoir **son/le** baccalauréat*
6: avoir fait **son** service militaire (feste Wendung)
10: *nur:* de **son** milieu (**du** milieu = aus der Unter-/Halbwelt).
13: *nur:* vérifier **son** addition
15: *nur:* surveiller **son** foie

b) Il ne fallait pas
Z. 1: Montrer quelqu'un **du** doigt
2: Vivre au-dessus de **ses** moyens
3: Etre mal avec **sa/la** concièrge*
4: Etre (ou épouser) un réformé
5: après **les** repas (en général)
7: Parler **la** bouche pleine
8: **Se** ronger **les** ongles. (*se* drückt bereits die Zugehörigkeit aus)

* In diesen Beispielen ist der bestimmte Artikel möglich, da es sich nicht um ein Besitzverhältnis handelt. Der Possessivbegleiter drückt ein Zugehörigkeitsverhältnis aus.

A quoi on pourrait ajouter
Z. 12: Mettre **son** mouchoir sur la table
13: Mettre **les** doigts dans **son** nez
14: Mettre **les** mains dans **ses** poches
15: Tirer **la** langue (Man kann nur die eigene Zunge herausstrecken.)
16: **Se** salir **les** vêtements (vgl. *se ronger les ongles*).

Zusatz-übung 2

La complainte d'une mère. Text s. **Zusatzübungen** Nr. 12, Seite 163.

Lernziel: Artikel und Possessivbegleiter bei Nomen, die Körperteile bezeichnen.

Lösung

Z. 1: mes deux yeux ... mon souffle ... mon sang
2: tes yeux ... ta bouche ... mes veines
3: ton sang ... ta blessure ... ta mort
4: la main ... la mort
5: mon garçon
7: les bras ... le visage ... les larmes et la grande souffrance.

Auswertung

Pourquoi, dans les lignes 1 à 3, faut-il mettre le déterminant possessif devant les noms qui désignent des parties du corps?

- Le déterminant possessif précise de quels yeux, de quel souffle etc. il s'agit (ceux du fils).

Pourquoi faut-il employer l'article défini dans les exemples dans 4 et 7?

- Dans la phrase: «Il me reste à attendre ... », la mère parle d'elle-même.
  Dans la dernière phrase, il est aussi question de la mère.

Zusatz-übung 3

La femme du pilote. Text s. **Zusatzübungen** Nr. 13, Seite 163.

Lernziel: Gebrauch des Demonstrativbegleiters als stilistisches Mittel.

Lösung

a) Probablement: sa poitrine, son lit;
Leur/La chambre.

b) Version des Originaltextes. Mögliche Alternativen stehen in ( ).

Z. 1: Cette (La) ville serait ... dans ses cent mille ...
2: à cette (la) femme
3/4: Cette (La) ville endormie ... ses lumières ... leur poussière.
4: ces (ses) bras
5/6: Cet homme ... ces millions d'hommes ... cet étrange sacrifice.
7: cette (la) nuit.

Auswertung

Quel effet l'emploi fréquent du déterminant démonstratif fait-il sur le lecteur?

- Le déterminant démonstratif sert à désigner la proximité d'une personne ou d'un objet.
  Son emploi fréquent rend la description plus vive.
- Employé à la place du déterminant possessif, il traduit souvent une valeur affective, ici l'émotion et l'amour de la femme pour son mari.
- En plus, le déterminant démonstratif suggère au lecteur que le nom qu'il accompagne désigne quelque chose de décisif ou bien fait partie d'un événement décisif: en effet, le pilote trouvera la mort/disparaîtra au cours de son vol de nuit suivant.

Chapitre 10: Les compléments du verbe

Übersicht über die Lernziele und Übungen

Lernziel/ Sachaspekt	Que sais-je?	Révision	Perfectionnement	Grammatik GG	GhF
Verben mit nominalen Objektergänzungen					
• Verben mit indirektem Objekt mit *à* und mit *de*	**A**°; **A** a) + b); **C**	**2** a); **3**■		92+93	173–176; 189
• Verben mit **einem Objekt** bei unterschiedlicher Objektstruktur im Dt. und im Frz.	**B**	**1**; **3**■	**Z 1** a); **Z 2**■; **Z 3** d)	91+92,2; 96	173–175
• Verben mit **zwei Objekten**	**C** a)	**2** a)	**6** a)	94+95	176–178
• Verben mit transitiver und intransitiver Konstruktion	**D** b)			87	165
• Verben mit **prädikativer Ergänzung**			**6** b) + c)		180–181
• Verben mit unterschiedlicher Pronominalisierung des *à*-Objekts			**7**		174
Reflexive Verben					
• Verben mit reflexiver und nicht reflexiver Form;	**D** a)			97	186
• Dt. reflexive Verben mit nicht reflexiver Entsprechung im Frz.			**8**	97	187
Verben mit Infinitivergänzungen					
• Infinitivergänzungen mit *de*, *à* und ohne Präposition	**A**°; **A** a) + b)	**5**■	**Z 3**■ a) + b)	101–103,1	194; 197–199; 201; 204
• Verben mit nominalem Objekt + Infinitivergänzung: *permettre à qn de faire qc* etc. *prier qn de faire qc* etc.		**2** b); **5**■; **4** a)■; **4** b)■	**Z 1** b); **Z 2**■	102,2 103,1b+2c	202+203
Verben der Wahrnehmung und *laisser/faire/envoyer faire*			**9**; **Z 1** b)	63+101,2	195+196
• Verben mit unterschiedlicher Infinitivstruktur: *s'attendre à faire qc – attendre de faire qc*			▼**10**; **Z 1** b) + c); **Z 3** c)	104	205
Verben mit unpersönlicher Konstruktion			**Z 4**		206+207

° = Belegtext; ■ = Integrationsübung; Z = Zusatzübung

Hinweis Die Konstruktionstypen der Verben können nur in Opposition zu anderen Verbtypen sinnvoll geübt werden. Die in der Übersicht genannten Lernziele weisen die Übungsschwerpunkte aus.

Lösungen, Hinweise, Zusatzübungen

Im folgenden sind die Verben aufgelistet, die in *Que sais-je?* und den *Exercices de révision* geübt werden. Die Verweise geben die Übung an, in der sie erstmals verwendet werden.

a) Verben mit Objektergänzung

Übung	Trans. Verben	Ind. Obj. mit de	Ind. Obj. mit à	Verben mit 2 Obj.
A	aider **qn**	mourir de faim se nourrir de qc il s'agit de qn/qc	s'employer à qc participer à qc s'adresser à qn	sauver qn **de** qc
B	croire **qn** suivre **qn** remercier **qn**	parler de qn/qc profiter de qn/qc changer **de** qc	mentir **à** qn téléphoner **à** qn répondre **à** qc manquer **à** qc	
C		manquer **de** qc jouir de qc rêver de qn/qc se moquer de qn/qc avoir besoin de qc	s'intéresser à qn/qc prendre part à qc assister à qc renoncer à qc plaire à qn	expliquer qc **à** qn appendre qc à qn présenter qn à qn demander qc à qn il faut qc à qn
1	servir **qc** rencontrer qn/qc	se débarrasser de qn/qc se douter de qc	survivre **à** qn/qc	coûter la vie **à** qn
2		se plaindre de qc s'occuper de qc/qn	obéir à qn	passer qc **à** qn prendre qc à qn reprocher qc à qn pardonner qc à qn montrer qc à qn faire comprendre qc à qn
3	croire qn + Adj. changer se changer changer qc	servir de qc parler **de** qn/qc changer **de** qc	jouer à qc parler **à** qn/ **avec** qn	
4				prêter qc **à** qn condamner qn à qc
5	–	–	–	–

b) Verben mit Infinitivergänzung

Übg.	Infinitiv ohne Präp.	Infinitiv mit de	Infinitiv mit à	Nom. Objekt + Infinitiv
A	pouvoir faire qc	être en train de faire qc risquer de faire qc décider de faire qc promettre de faire qc	s'engager réussir commencer } à faire qc	aider **qn à** faire qc demander **à** qn **de** faire qc
B	vouloir faire qc			prier **qn de** faire qc inviter **qn à** faire qc reprocher **à** qn **de** faire qc

Übg.	Infinitiv ohne Präp.	Infinitiv mit de	Infinitiv mit à	Nom. Objekt + Infinitiv
C	aimer faire qc il faut faire qc			
D			s'attendre à faire qc	
2	se voir faire qc sembler faire qc voir (qn) faire qc espérer faire qc préférer faire qc laisser (qn) faire qc	se dépêcher de faire qc être obligé de faire qc essayer de faire qc	arriver continuer] à faire qc	faire comprendre **à** qn dire **à** qn conseiller **à** qn faire signe **à** qn] **de** faire qc --- apprendre **à** qn **de** faire qc --- empêcher **qn** accuser **qn**] **de** faire qc --- décider **qn à** faire qc
3	–	–	–	–
4	faire faire qc à qn	accepter de faire qc	tenir à faire qc	remercier **qn** de faire qc --- autoriser **qn à** faire qc forcer **qn à** faire qc --- proposer **à** qn défendre **à** qn pardonner **à** qn permettre **à** qn promettre **à** qn] **de** faire qc
5	déclarer faire qc désirer faire qc détester (de) faire qc		s'intéresser se plaire se résoudre passer son temps s'habituer] à faire qc finir **par** faire qc	offrir **à** qn **de** faire qc --- charger **qn de** faire qc --- Die Verben dieser Spalte sind von den Schülern nach ihrer Konstruktion zu ordnen.

Que sais-je?

Auftakt: Die Anzeige des WWF liefert die Informationen, auf denen die Übung **A** beruht. Es wird nur der Text oberhalb des Photos ausgewertet.

A. Les pandas menacés

Lösung

a)
1. **en** Chine
2. **dans** les montagnes
3. mourir **de** faim
4. se nourrissent **de** bambous
   en train **de** disparaître ...
   risquent **de** disparaître ...
5. décidé **de** créer
6. commence **à** compter ... **à** les localiser
7. s'emploie **à** la protection ...
   engagé **à** soutenir
   promis **de** participer ... **à** cette grande action
8. s'agit **d'**une entreprise ...
   s'adresse **à** tous ceux ...
   leur demande **de** le soutenir
9. Aidez **le** WWF **à** sauver.

b) • **V + COD**

trouver	faire	compter	replanter	connaître
menacer	sauver	localiser	préserver	aider
A: créer	aimer	soutenir		

• **V +** ***de*** **COI**

mourir de faim
se nourrir de qc
A: s'agir de qc

• **V +** ***à*** **COI**

s'employer à qc
participer à qc
s'adresser à qn

• **V +** ***de*** **inf.:**

être en train de faire qc
A: risquer de faire qc
décider de faire qc
promettre de faire qc
demander à qn de faire qc

• **V +** ***à*** **inf.:**

s'engager à faire qc
réussir à faire qc
A: commencer à faire qc
aider qn à faire qc

• **V + inf.**

pouvoir faire qc

Wortschatzübung

Ausgehend von der Lexik der Anzeige des WWF und der Übung A läßt sich mit den Schülern das folgende syntagmatische Feld zum Thema **Environnement** erarbeiten:

Responsabilités

estimer important se sentir responsable de soutenir s'employer à s'engager à participer financièrement à développer des programmes pour	la protection/ la préservation de	l'environnement la nature les forêts les eaux	menacé
		les plantes les animaux les espèces	menacé/ en voie de disparition

B. Entendu en passant

Lösung a) 1. aider **qn** 3. croire **qn** 5. parler **à** qn **de** qn
2. mentir **à** qn 4. suivre **qn** 6. remercier **qn de** qc

b) 1. **l'**aide; 2. de **lui** avoir menti; 3. de **la** croire; 4. l'invite à **le** suivre; 5. ne **l'**a jamais remercié

c) 1. Ariane est malade. Tu ne veux pas/Ne veux-tu pas **lui** téléphoner?
2. Ton père est furieux. Pourquoi est-ce que tu ne réponds pas/ne réponds-tu pas **à** sa lettre?
3. N'hésite pas. Profite **de** cette occasion.
4. D'accord. Mais ne manque pas **à** ton devoir.
5. On ne peut pas compter **sur** lui. Il a encore une fois changé **d'**avis.
6. Viens. Rentrons. **J'ai** froid.

C. Parlons sport

Lösung **a) Un joueur passionné de hand-ball**

1. Thierry s'intéresse beaucoup au hand-ball.
2. Il prend part à toutes les rencontres ...
3. ... c'est son frère Bruno qui lui a appris les règles ...
4. C'est également Bruno qui l'a présenté à l'entraîneur ...
5. ..., Thierry pourra changer d'équipe.
6. Thierry aimerait bien assister au championnat ...
7. Mais probablement, il devra renoncer à ce voyage: il manque d'argent.
8. Et il est trop fier pour demander de l'argent à son père.

b) Rivalités dans l'équipe de rugby

1. Michel Lacoste jouit d'une bonne renommée dans son club.
2. L'entraîneur cherche un nouveau capitaine: il se décide pour Michel.
3. Ce choix ne plaît pas à tous les membres du club.
4. Les amis de Serge Papillon trouvent cette décision étrange.
   Il faut savoir que Serge est très ambitieux et qu'il rêvait de ce poste.
5. Mais l'entraîneur n'a pas confiance en lui: Serge se moque souvent de ses ordres.
6. L'entraîneur sait que Serge refusera cette décision.
   Mais le club a besoin d'un capitaine sur qui on peut compter.

D. Jeune fille au pair

Lösung a) 1. Je m'appelle ... tout le monde m'appelle
2. ... je me lève
3. Je réveille ..., je les habille
4. je promène le chien.
5. je vais chercher les enfants.
6. je les couche.
7. Mon travail se termine
8. je ne m'attendais pas

b) 1. Ce matin, par exemple, Claudine a descendu toutes les bouteilles vides dans la voiture.
2. Puis, elle les a rapportées à l'épicier du coin, avec Mme Caron.
3. Ensuite, celle-ci est sortie en ville: elle avait d'autres courses à faire, et Claudine est rentrée à pied.
4. Comme elle n'était pas pressée, elle s'est arrêtée devant toutes les vitrines.
5. En rentrant, la concierge lui a demandé de distribuer le courrier, ce qui a fait que Claudine a monté un gros colis au 4e étage.

Exercices de révision

1. Campagne en faveur des animaux

Lösung a) Z. 2: nous aidions les animaux
ils ont besoin de nous
4: survivront ... au massacre
5: coûte la vie ... à des millions
6: se débarrasser ... de leur chien ou de leur chat
7: expliquait à un monsieur
qui venait de donner
8: discute ... de la protection
rencontrons une plus grande ...
9/10: ne se doutent pas du danger
qui menace de nombreux ...
profitons de l'occasion
11: remercions les habitants
12: suivront l'exemple

b) Z. 2: servir qn/qc
aider qn; avoir besoin de qn/qc
4: survivre à qn/qc
5: coûter la vie à qn
6: se débarrasser de qn/qc
8: rencontrer qn/qc
9: se douter de qc
10: profiter de qc
11: remercier qn
13: suivre qn/qc

2. Coupe de France: Nantes et Bordeaux en finale

Hinweis Diese Integrationsübung enthält Verben verschiedener Objektstruktur und Verben mit Infinitivergänzungen unterschiedlicher Konstruktion.

Lösung a) 1. *assister* **à** ce match
2. *passe* le ballon **à** l'ailier droit
3. *prendre* le ballon **au** joueur ...
profite **de** la sortie
4. *reproche* cette initiative **à** son gardien ...
5. *pardonnent* ... **à** leur camarade.
6. *renverse* un joueur
se plaint **de** vives douleurs
7. *s'occupe* **du** joueur blessé.
8. n'a pas *plu* **aux** spectateurs.
9. *montre* le carton jaune **au** joueur
10. *s'adresse* **à** l'arbitre
obéir **à** l'arbitre
11. *fait comprendre* **à** son équipe
renoncer **à** toute brutalité.
12. *suivent* son conseil et *réussissent* **à** marquer

b) 1. L'entraîneur des Bordelais a appris **aux** ailiers **à** tirer de loin et **à** passer rapidement ...
2. ... il avait dit **à** ses joueurs **de** jouer rapidement et **d'**empêcher les Nantais **de** prendre le ballon.
3. ... il avait conseillé **à** ses camarades **de** faire leur possible ... **pour** marquer un but ...
4. Les Bordelais se sont donc dépêchés **d'**attaquer ... qu'ils ont réussi **à** y envoyer le ballon.
5. Les spectateurs s'attendaient **à** voir ... Mais ... ont commencé **à** jouer brutalement.
6. L'entraîneur leur a fait signe **de** respecter les règles. Mais ... s'est vu obligé **d'**intervenir ...
7. ... celui-ci accusait l'arbitre **d'**avoir pris ... et essayait **de** le décider **à** ne pas punir son camarade.
8. Martin semblait être blessé: on le voyait se rouler par terre.
Il espérait pouvoir continuer, mais l'entraîneur a préféré le remplacer.
Mais ... l'entraîneur l'a laissé continuer.
9. ... mais ils ne sont pas arrivés **à** marquer un but.
10. Ils ont continué **à/de** lutter ...

3. Pas de pitié pour l'entraîneur!

Lösung

1. L'entraîneur veut changer le gardien de but. Les joueurs demandent des explications.
En effet, Hans joue au football depuis l'âge de 12 ans.
C'est un très bon joueur et il n'a jamais manqué à son devoir.
2. Nous sommes déçus: nous croyions tous l'entraîneur objectif.
Nous voulons savoir pourquoi il a changé d'avis et à qui/avec qui il a parlé avant de prendre cette décision.
3. Jobst, le capitaine, a demandé des explications à l'entraîneur.
Celui-ci parle de problèmes qui n'existent pas.
Mais les joueurs ne le croient pas. Ils sont sûrs qu'il leur ment.
4. Maintenant, Jobst va aux vestiaires ...
Le voilà de nouveau: il s'est changé.
Regarde. Il s'en va sans parler à l'entraîneur.
Cela/Ça lui servira de leçon. Tu vois, les temps ont changé.

4. Amitié sincère

Lösung

a) A la maison

1. Les parents ont permis à Frédéric d'inviter cinq personnes.
2. Pascal Rayneau a demandé à son père de lui prêter la/sa voiture pour aller chez Frédéric.
3. Mme Rayneau a proposé à son fils/Sa mère (lui) a proposé de l'emmener chez Frédéric et d'aller le chercher le soir.
4. M. Rayneau a autorisé son fils à prendre la voiture.
5. Mais il lui a défendu de faire de la vitesse pour étonner ses copains.
6. Mme Rayneau conseille à Pascal de ne pas dépasser le 90 à l'heure.
7. Pascal (lui) a promis de conduire raisonnablement.
8. Il n'a pas oublié ce qui est arrivé à son frère: le tribunal a condamné Joël à une amende de 600 F pour excès de vitesse.
9. (Et) sa mère l'a prié/Mme Rayneau a prié Pascal de téléphoner quand il serait arrivé.

b) Chez Frédéric

1. Quelques copains ont invité Pascal à boire de l'alcool.
2. Le soir venu, Yvon a empêché son copain ivre de prendre le volant.
3. Il sait que la police ne pardonne pas aux automobilistes qui conduisent en état d'ivresse.
4. Pascal tenait à rentrer en voiture.
5. Mais finalement, Yvon a forcé son copain à rentrer en taxi.
6. Pascal a accepté de laisser la voiture là où elle était.
7. Le lendemain, Pascal a remercié son ami de l'avoir mis dans un taxi.

5. La révolution de 1838

Hinweis Außer den Präpositionen sind auch die vom Kontext her verlangten Objektpronomen einzusetzen.

Lösung Z. 1: réussit à monter
2: s'intéressèrent à faire
3: se plaisaient à pratiquer
5: se résolut à en faire
6/7: essayèrent de la retenir ...
lui demandèrent de renoncer à cette entreprise ...
la prièrent de passer son temps à faire
8: détestait (de) mener
9: désira parler
10: lui proposa de monter
11: finit par le persuader
et le chargea de trouver
14: occupée des provisions
15: fait faire
17/18: lui offrirent ... de redescendre ...
déclara vouloir continuer
18: en remerciant les hommes de l'avoir aidée à voir
21: s'habituer à voir.

Exercices de perfectionnement

Hinweis In Grundkursen mit uneinheitlichen Vorkenntnissen ist es empfehlenswert, mit einer Übung zu beginnen, in der die gebräuchlichsten Verben reaktiviert werden. Dies kann geschehen mit Hilfe der Übung 5 (Integrationsübung) oder der folgenden Zusatzübung, die die Verben nach Gruppen behandelt.

Zusatz-übung 1

Détruire la Terre ou protéger l'environnement? Text s. **Zusatzübungen** Nr. 14, Seite 164.

Lernziel: a) Verben mit indirektem Objekt mit *de* und mit *à* (GhF **173–175**; **178**);
die Verben *servir, croire, manquer* (GhF **189**);
Verben mit Infinitivergänzung mit *à* (GhF **197**).
b) Verben mit nominalem Objekt + Infinitivergänzung (GhF **198**; **202+203**).
c) Verben mit unterschiedlicher Infinitivergänzung (GhF **205**).

Lösung

a) La Terre, planète menacée

1. servir l'humanité ...: elle appartient à tous.
En nous servant de ses richesses ... penser aux conséquences.
2. Commençons par le sol.
ceux qui en disposent, ... n'y pensent pas.
contribuent à sa destruction ... profitent du sol sans songer à sa protection.
3. dépend de ce liquide.
se sont changées en égouts ... a réussi à les faire disparaître.
nous nous plaignons des plages ... Nous opposons-nous ... à la dégradation ...?
Nous révoltons-nous ...contre les entreprises ...en quoi consistent ... continuent à les déverser ...?
préférons-nous écouter ceux qui nous avertissent de la mise en danger ...?
4. on s'aperçoit du progrès ... et de la mort ...
temps de prendre ... accepter de faire ...
consentent déjà ... à rouler ... ce qui contribue ... à réduire ...
5. qui manquent de compréhension ... se méfient des avertissements ...
ne manquent pas de bonne volonté; ce qui leur manque, ...
6. changera le climat ... se transformeront ... en déserts.
continue à abattre ... en se référant à des ... expertises.
croire ces savants ... ni (à) leurs «expertises».
enseigne à quoi peut mener ... il a changé ... en désert.
C'est ... à l'homme que ... doit ses régions ...: devaient leur servir de matériau ...
7. Insistons ... sur sa protection ... ne manquons pas d'exprimer ...
écouter ceux ... contredire ceux qui se bornent à dire que tout finira par bien s'arranger.
8. qu'elle s'empare (Subj.) de la vie.
Il ne s'agit pas de s'attaquer au progrès, il s'agit de croire en/à l'avenir ...
responsable de la Terre ... le devoir de veiller ...
en se fiant à la technique ... s'engager pour la protection ...

Nach Konstruktionstypen geordnet ergibt sich folgende Übersicht der Verben:

a) Verben mit Objektergänzung

GhF 173	**GhF 174**	**sowie**	**GhF 175**
servir qn/qc	appartenir à qn	contribuer à qc	disposer de qc
écouter qn	penser à qc	s'opposer à qc	profiter de qc
croire qn	songer à qc	se référer à qc	dépendre de qc
contredire qn	s'attaquer à qc	mener à qc	s'apercevoir de qc
+	se fier à qc	croire à qc	manquer de qc
changer qc	–	–	se méfier de qc
	s'engager pour qc	commencer par qc	s'emparer de qc
	insister sur qc	se transformer en qc	sowie:
	se révolter contre qn/qc	croire qn/qc	se servir de qc
	consister en qc		se plaindre de qc

Verben mit zwei nominalen Objekten:
(ausführliche Behandlung in Übung 6)

changer qc en qc	devoir qc à qn
il me manque qc	avertir qn de qc
	servir à qn de qc

Zu unterscheiden sind:

je manque de qc	servir qn/qc	croire qn
il me manque qc	se servir de qc	croire qc
	servir à qn de qc	croire à/en qc

b) Verben mit Infinitivergänzung

GhF 197		**sowie die Verben**
réussir	à faire qc	accepter de faire qc
continuer	à faire qc	il s'agit de faire qc
contribuer	à faire qc	finir par faire qc
consentir	à faire qc	
se borner	à faire qc	

b) Mesures à prendre

1. Défendre aux particuliers de s'enrichir ...
2. Décider les responsables ... à développer ... arrêtant la pollution.
3. Encourager les entreprises à investir
4. Forcer l'industrie à prendre ...
5. Obliger les pays riches à s'occuper ... du Tiers-Monde
6. Aider les pays ... à sortir de leurs difficultés ...
7. Demander aux leaders ... de tirer ... et d'interdire aux ... experts de continuer
8. Persuader les habitants ... de protéger ... et d'aider à convertir ... pour qu'elles les servent mieux.
9. Charger les députés de proposer des lois protégeant ...
10. Ne pas s'opposer aux suggestions de lois ...
11. Demander des explications aux responsables ... manquent à leur devoir.

c) Slogans

1. N'attendez pas d'être mieux informé(s), agissez! Ne vous attendez pas à des miracles.
2. Refusez de supporter ceux qui se refusent à supporter vos intérêts.
3. Si nous ne forçons pas les responsables à protéger la Terre, nous serons bientôt forcés d'émigrer sur la Lune.
4. Décidons-nous à changer la façon de voir les choses, sinon les choses nous décideront à changer de façon de vivre.
5. Pour commencer à construire le monde de demain, il faut commencer par détruire les concepts d'hier.
6. Ceux qui ne se risquent pas à exprimer leur volonté, risquent bientôt de ne plus avoir l'occasion de le faire.

6. Une promotion inattendue

Lösung **a) Une bonne surprise**

1. Mademoiselle Odile Sauvage avait demandé sa mutation **à** son chef de service, M. Lemoine. Elle pensait, en effet, qu'elle n'avait aucune chance de promotion dans la maison.
2. Aujourd'hui, M. Lemoine fait part à Mlle Sauvage de la décision du Président Directeur Général de l'entreprise.
   Celui-ci a chargé la jeune femme **de** la réorganisation du service export et l'a nommée ... directrice de ce service.
3. Elle va faire un stage de formation où l'on enseigne **aux** jeunes cadres l'art de la gestion.
   En outre, on y apprend **aux** stagiaires les techniques de vente les plus modernes.
4. Odile Sauvage est très fière d'avoir obtenu ce poste de responsabilité.
   Elle s'est empressée de remercier M. Lemoine **des** bons rapports qu'il avait faits.
   Mais elle n'ose pas parler **à** ses collègues **de** sa promotion: ils **l'**accuseraient certainement **de** flagornerie.
5. M. Lemoine explique **à** Odile les motifs du départ de son prédécesseur.
   On reproche **à** celui-ci son manque d'initiative.
   En plus, ses collaborateurs directs s'étaient plaints **au** chef du personnel **de** son caractère brusque et désagréable.

Les verbes du texte:

GhF 176	GhF 177	GhF 178	GhF 181
demander qc à qn enseigner qc à qn apprendre qc à qn expliquer qc à qn reprocher qc à qn	charger qn de qc remercier qn de qc + accuser qn de qc	parler à qn de qc se plaindre à qn de qn/qc + faire part à qn de qc	nommer qn + N

b) Les arguments de la direction

1. Tout le monde **la** juge intelligente.
2. M. Lemoine **l'**estime discrète.
3. Elle s'est toujours montrée absolument honnête.
4. Ses collègues **la** tiennent **pour** décidée et coopérative.
5. Les cadres **la** considèrent capable de diriger un service.

Voilà pourquoi le P. D. G. **l'**a nommée chef du service export.

c) Les réactions des collègues

1. ... estiment la décision
   ... ait été nommée directrice
2. ... qui jugent la nomination d'Odile étonnante:
   Ils jugent la jeune femme trop peu dynamique et ne la croient pas capable de ...
3. ... se montre particulièrement désagréable: elle se prend pour un génie
4. ... qu'elle la tient pour/la considère comme une «lèche-bottes».

7. Chez le psychanalyste

Lösung

1. a) j'**y** pense souvent.
   b) je **lui** succèderai probablement.
   c) je ne m'**y** intéresse pas beaucoup.
2. a) je n'**y** réfléchis pas trop.
   b) Je m'**y** oppose.
   c) j'**y** consentirais sans hésiter.
3. a) je tiens beaucoup **à elle**.
   b) je ne **leur** parle pas toujours ...
   c) la plupart du temps, je **lui** cède.
4. a) il m'arrive de m'attaquer **à lui**.
   b) Je refuse de **leur** mentir.
   c) que je renonce **à elle**?
5. a) si je m'attacherais **à eux**.
   b) Je ne suis pas sûr de **leur** plaire/que je **leur** plairais/plaise.
   c) ... je m'intéresserais/intéresse **à eux**.

8. Un mauvais film

Hinweis Neben den Alternativlösungen sollte auch jeweils die Lösung mit reflexivem Verb besprochen werden.

Lösung

1. Ils s'étaient mariés il y a cinq ans. A cette époque-là, il séjournait à Orléans pour des raisons professionnelles, et elle travaillait comme secrétaire dans son entreprise.
   Ils s'aimaient beaucoup/étaient très amoureux l'un de l'autre.
2. Les/Ces derniers mois, cela a beaucoup changé: ils se disputent du matin au soir.
   Il s'est mis à boire et elle se doute qu'il la trompe.
3. Un jour, elle lui fait savoir qu'elle s'est décidée à divorcer.
   Il ne s'y attendait pas.
4. Dans un accès de rage et de désespoir, il scie la direction de la voiture de sa femme.
   Le lendemain, la petite Renault s'écrase contre un arbre/rentre dans un arbre.
   Pour tout le monde/Pour tous, Mme M. s'est tuée dans un accident de voiture.
5. Il ne s'attendait pas cependant à une fin aussi tragique.
   Des sentiments de culpabilité s'emparent de lui. Il regrette son/se repent de son action.
6. Un soir, il va se promener dans la vieille ville.
   Peu avant 11 heures, les réverbères s'éteignent, il s'arrête un instant sur le pont, son agitation intérieure redouble/s'accroît.
7. Le lendemain matin, on peut lire dans le journal: «M.M., P.D.G. d'une grande usine textile s'est noyé/se noie dans la Loire.»
8. «Un mauvais film au fond» dit Hans. «L'action se déroulait certes dans une belle ville.
   Mais l'histoire était ennuyante et banale.»

9. Bagarre au bistrot

Lösung

1. J'ai **fait** sortir toute la bande de mon bistrot.
   Je n'allais quand même pas **les/leur laisser** casser les tables et les chaises!
2. Ah non! On n'allait pas les/leur **laisser** tout démolir!
3. Quand j'ai vu que la bagarre devenait sérieuse, j'ai **envoyé** mon fils prévenir la police.
   J'ai été soulagé quand j'ai **vu/entendu** arriver le car de police, et je **leur** ai vite **fait** comprendre la situation.
4. J'étais là quand ils ont commencé à se battre.
   J'ai **vu** le grand blond bousculer le petit brun.
   Puis, le grand blond a **fait** tomber le petit sur le trottoir.
   C'est alors que j'ai **vu** un des jeunes sortir un couteau de sa poche.

10. Les culex pipiens, aèdes et anophèles

Zum Text le culex pipiens, l'aède m = Stechmückenarten;
l'anophèle m = Malariamücke.
Zu le *culex pipiens femelle* (18/19) vgl. GhF **15 A** 3.

Lösung Z.

1: attendez-vous à rencontrer
3: vous risquez d'avoir
5/6: il vous arrive de vous promener ...
je vous souhaite d'avoir
7: Vous commencez à ... poser
8/11: viennent vous pomper ...
vous obligent à prendre ...
se sont juré de vous faire
passer ... finissent ... par
gagner ... obligé de leur déclarer.
12: a décidé de prendre contact
13: se risque à vous approcher ...
est forcée de le faire.
15: arrivent à se développer
16: refuser de lui donner ...
18/19: vous vous refusez à satisfaire ... se résoudre à employer
20/23: a résolu de ... rencontrer ...
vous avez fini de lire ...
venez d'éteindre ...
Vous attendez d'avoir ...
23: pensé à fermer
24: décidés à dîner
26: se décident à partir. commencent par faire
28: Vous jurez de massacrer
29: vous décidez ... à prendre part
pensant avoir mis

Zusatz-übung 2

Le Gendarme des Marquises. Text s. **Zusatzübungen** Nr. 16, Seite 169.

Lernziel: Verben mit Ergänzungsstrukturen aller Kategorien.

Lösung

1. d'un gendarme … chargé d'administrer …
2. d'un grand pouvoir … manque de travail
3. lui envoie …
4. lui explique … lui ordonne …
5. à notre gendarme … il en garnit …
6. de son gouvernement … doit au fisc.
7. lui ait confié … se met au travail.
8. aux différentes catégories … s'agit de chiens … obligé de réclamer … à chaque propriétaire …
9. de prévenir … de la nouvelle loi. il les informe de l'impôt et les avertit des conséquences …
10. des indigènes: … préféré se débarrasser de leurs chiens … vengés du gendarme stupide.

Zusatz-übung 3

Seul à travers l'Atlantique. Text s. **Zusatzübungen** Nr. 15, Seite 166.

Lernziel: Verben mit Infinitivergänzung

- Die Texte a) + b) enthalten die Verben

GhF **191** avouer sembler oser préférer → faire qc	GhF **192** venir revenir → faire qc passer **pour** faire qc	GhF **195** voir regarder entendre sentir → faire	GhF **197** tenir, apprendre, réussir, songer rester, hésiter, tarder → **à** faire qc
GhF **199** apprendre **à** faire qc GhF **89** être prêt le seul le premier → **à** faire qc	GhF **200** se décider se refuser se risquer s'habituer se borner se préparer s'entendre → **à** faire qc	GhF **201** décider refuser risquer essayer accepter → **de** faire qc	GhF **204** s'arrêter se dépêcher s'efforcer s'étonner se garder se proposer se repentir se souvenir → **de** faire qc

sowie passer … à faire — être étonné de faire — se rappeler
être occupé à faire — venir de faire — se souvenir (GhF **185**)

- Teil c) übt Verben mit unterschiedlicher Infinitivkonstruktion (s. Lösung);
- Teil d) behandelt folgende Verben mit unterschiedlicher Objektstruktur:
  1. demander 3. changer 5. réussir
  2. aller 4. approcher 6. servir

Lösung

a) Les préparatifs et le but de l'entreprise

1. a décidé de traverser
2. s'est proposé de trouver
3. tenait à partir – à étudier
4. s'est décidé à acheter
5. prêt à partir
6. s'est refusé à s'en servir
7. appris à attraper … et à les découper
8. refusé d'emporter … s'est habitué à boire
9. risquait de mourir
10. réussi à vaincre
11. le seul à traverser le premier à le faire

(Die präpositionalen Ergänzungen der Adjektive werden in Chapitre 11 behandelt.)

b) Deux épisodes du journal d'Alain Bombard

Z. 1: occupé à étudier
2: venait de heurter
3: songé à me débarrasser
4: revenir m'attaquer
dépêché de fixer
6: restait ... à attendre
avoué avoir eu
9: semblait me craindre
osé approcher
10: voyais foncer
hésitait à m'attaquer
11: gardé de le provoquer
efforcé de bouger
13: arrêté de me suivre
14: venait de me dépasser
15: décidé d'allumer
essayer de me faire
17: préféré allumer
raison de le faire
18: invité à prendre
19: accepté de monter
proposé de lui parler
21: passés ... pour voir
22: s'agissait d'un canot
25: l'idée de vous servir
27: excusé d'avoir commis
essayé de se justifier
28: borné à finir
29: étonné de voir

c) Résumé

1. décide de traverser
la décision de faire
se décide à partir
2. refuse d'emporter ... se refuse à attraper
3. l'habitude de manger ... s'habituera ... à boire
4. se prépare à organiser
s'occupe ... de tout
apprend les noms ... apprend à naviguer
5. prêt à partir
entend ... lui déconseiller de faire
s'entend ... à faire
6. occupé à étudier ... vient de le heurter
revient l'attaquer
7. regarde ... suivre
voit déjà foncer ... sent la peur monter
ne risque rien ... risque de perdre
8. ose ... attaquer
le courage d'approcher
se risque ... à rester
semble avoir peur
a l'air de craindre
9. s'étonne de son comportement ...
s'étonne de voir
propose de prendre ...
ne tarde pas à accepter
se dépêche de monter ... s'est
proposé de parler au capitaine
10. repenti d'avoir fait
se rappellera ... avoir passé.
se souviendra ... d'avoir

d) Ne confondez pas

1. Bombard demande le capitaine.
Il demande une explication.
Il demande au capitaine de lui expliquer pourquoi il ne s'est pas soucié/occupé de lui.
A son avis, le métier de capitaine demande un haut degré de responsabilité.

2. – Comment allez-vous? demande le capitaine.
– Merci. Ça va bien./Je vais bien.
Le capitaine porte un uniforme blanc qui lui va très bien.
Ses cheveux gris vont bien avec son teint bronzé.

3. Le temps va changer/changera, mais Bombard espère gagner l'Amérique sans être obligé de changer de cap.
La voile est déchirée: il faudrait qu'il la change.
Il rêve d'être à terre, de pouvoir se changer et aller dîner/manger dans un bon restaurant/restaurant chic/élégant.
Sa fatigue se change en joie, lorsqu'il constate qu'il est déjà tout près de la côte américaine.

4. La fin de l'aventure approche.
Bombard s'approche du but de son voyage.
Voilà qu'un requin s'approche de son canot/bateau.
Bombard prend son fusil sous-marin et l'approche lentement du rebord du canot.

5. La traversée de l'Atlantique a réussi sans complications.
   Bombard a réussi une entreprise dangereuse.
   Tout semble lui réussir./Il semble réussir en tout.
   Il réussit dans son métier de médecin, comme auteur et à la télévision.

6. Bombard a encore sa boussole, dont il n'a plus besoin, mais qui peut encore servir.
   Il a toujours la boîte de conserve qui lui a servi d'assiette et de verre et sa carte (marine) déchirée, qui ne sert plus à rien.

Zusatz-übung 4

Heureux de se revoir. Text s. **Zusatzübungen** Nr. 17, Seite 169.

Lernziel: Verben mit unpersönlicher Konstruktion (GhF **206+207**).

Lösung

C'est toi, Robert? Je suis très content que tu viennes me voir Ça fait/Voilà au moins deux ans que je t'ai vu la dernière fois.

. . .

Si je vais bien? Oui. Très bien.

. . .

Oui, je me plais beaucoup à Tours. Tours (‚c') est une très belle ville/ville merveilleuse (magnifique). Mais je n'ai pas encore réussi à/eu l'occasion de voir (visiter) les alentours. Je manque tout simplement de temps.

. . .

Non. Mais, tu sais, je tiens beaucoup à faire une bonne impression dans la maison/l'entreprise.

. . .

Tu as déménagé? (Mais) je ne savais pas! J'aimais beaucoup cette belle vieille maison.

. . .

En hiver, il faisait trop froid dans l'appartement? Chez moi, c'est exactement le contraire. Il fait trop chaud et je ne peux pas baisser le chauffage/le radiateur. Le soir, j'ai souvent tellement chaud que je dois ouvrir/je suis obligé d'ouvrir/qu'il faut que j'ouvre toutes les fenêtres.

. . .

C'est chic/chouette que tu sois chez moi pour le déjeuner! Alors il ne me reste qu'à vite acheter quelques bouteilles de bon vin/quelques bonnes bouteilles de vin.
On sonne chez moi. Il faut que je descende, c'est à coup sûr/certainement le facteur. A demain.

Chapitre 11: L'adjectif

Übersicht über die Lernziele und Übungen

Lernziel/ Sachaspekt	Que sais-je?	Révision	Perfectionnement	Grammatik GG	GhF
Morphologie und Accord des Adjektivs					
• Maskulinum und Femininum; Singular und Plural	**A**; **B**	**1**; **2**	4°, 3+4; ▼**5**	33–40	67–79
• *beau, vieux, nouveau*	**A**	**2**		38+39	73
• Adjektive auf *-al*	**B**		▼**5**	39,2	76
• Farbadjektive			4°, 3	40	79
• Zusammengesetzte Adjektive			4°, 4; ▼**7**▪	40	78
• Besonderheiten			▼**7**▪	40	77
Stellung des Adjektivs					
• Adjektive mit fester Stellung	**B**	**3**	**6**	42+43	80–83
• Adjektive mit wechselnder Bedeutung bei Voran- und Nachstellung		**3**	4°, 2; **8**	44	83; 82 A
• Stellung mehrerer Adjektive beim Nomen			4°, 1; ▼**5**; **6**; ▼**7**▪	45	84
• Einfluß von Redeabsicht und stilistischer Intention auf die Stellung des Adjektivs			**10**	41	80, 3
Präpositionale Ergänzungen des Adjektivs			4°; **7**; **9**	47	88+89
Steigerung des Adjektivs s. **Chapitre 12**	**B** c)	**2** b)	**5**		
Opposition Adjektiv-Adverb s. **Chapitre 12**	**B** b) + c)	**1**; **2** b)	**6**; **8**		

°Belegtext; ▪Integrationsübung

Lösungen, Hinweise, Zusatzaufgaben

Que sais-je?

A. Dans le vieux manoir

Planche de dessins Pourquoi est-ce que ces dessins vous font rire?

- Dans ce manoir où tout est vieux, on s'attendait à y rencontrer une femme qui, elle aussi, était (est) vieille./Parce que le propriétaire du manoir aime beaucoup tout ce qui est vieux, sauf les vieilles femmes.

Hinweis **A.** 12. **un** uniforme.

B. Le continent africain

Lösung a) 1. ... et d'autres villes nord-africaines
2. ... et d'autres zones sèches
3. les grandes pluies et la végétation tropicale(s)
4. ... et d'autres parcs nationaux
5. les villes modernes et les vieilles traditions ...

b) 1. ... des courageux explorateurs/explorateurs courageux partis ... de cet immense continent. (Voranstellung, da es sich um fast selbstverständliche Eigenschaften handelt.)
2. aux nombreuses traces laissées par les colonisateurs européens
3. à leurs grands efforts ... les maladies contagieuses
4. ... les puissances coloniales
5. aux grosses fautes ...

c) 1. les anciennes colonies devenues des Etats indépendants
2. leurs richesses naturelles et leurs problèmes économiques et sociaux
3. la crise financière ...
4. ... les pays arabes
5. ..., les points chauds ...

Exercices de révision

1. Etre scénariste

Lösung **Commentaire grammatical**

1. a) marron, bon marché, chic, sport.

b) mince; simple; pauvre, riche; difficile, facile, tranquille; dynamique, honnête, sensible; écologique, politique, insupportable.

c) joli(e); noir(e); bleu(e), clair(e); cher, chère; personnel(le), soigné(e), connu(e), cultivé(e); loyal(e); culturel(le), moral(e), social(e); naturel(le), normal(e); fatigué(e).

2. a) grande, petite, féminine, masculine; blonde, rousse, longue, courte, brune, grise, verte, belle, harmonieuse;
élégante; bourgeoise, ouvrière; indépendante, passionnante, régulière;
communicative, courageuse, discrète, gentille, ouverte; religieuse;
dégoûtante, inhumaine, surprenante; agressive, jalouse, malheureuse;
curieuse, étroite, compréhensive, naïve, nerveuse.

b) loyaux, moraux, sociaux, normaux.

2. Jadis et aujourd'hui

Lösung
1. vieilles maisons. très belles ... vieil appareil.
2. vieux bâtiment. vieil hôtel. vieux de ... très beau. nouveau bâtiment.
3. vieil appartement. beaux meubles. vieille armoire. plus belle.
4. beau couple. bien vieux. bel homme. très belle.
5. vieille Citroën. belle auto. nouveaux modèles.
6. nouveau quartier. bel appartement. nouvel appartement ... belle vue. très beau ... vieille maison.
7. nouvelle église ... nouvel Hôtel de Ville ... nouveau collège.
8. vieux arbres ... beaux jardins. est nouveau ... plus beau.

Zusatzaufgabe

Relevez dans le texte les adjectifs placés devant un nom commençant par une voyelle ou par un *h muet*, puis transformez les groupes nominaux en phrases.

Modèle: Un (très) vieil appareil: (c'est) un appareil qui est (très) vieux.

3. L'évolution urbaine en France

Lösung Z. 1: La révolution industrielle ... l'explosion urbaine ... les ... pays industrialisés
2: à grande vitesse – la Seconde Guerre mondiale
3: la population active
5: la ville voisine ... des pays étrangers
6: des agglomérations anciennes
7: de petits centres ... de conditions favorables – des dernières années – de grands immeubles

8: des vieilles villes ... des quartiers nouveaux et des banlieues impersonnelles
9: l'évolution urbaine ... l'opposition traditionnelle
10: de nombreuses mesures ... la vie publique ... la vie quotidienne
12: l'infrastructure communale
13: des ... groupes sociaux
14: la vie intellectuelle et culturelle
15: la production industrielle et la vie commerciale.

Wort-schatz-übung

Der Text enthält eine Reihe von Belegen und Anlässen zur Wiederholung einiger Typen der **Wortbildung**. Beispiele:

a) Donnez les adjectifs de la famille des noms suivants:

1. le centre (central,e)
2. la commune (communal,e)
3. la condition (conditio**nn**el,le)
4. la faveur (favorable)
5. l'industrie (industriel,le)
6. le monde (mondial,e)
7. le nombre (nombreux,se)
8. le paysan (paysan,ne)
9. la personne (personnel,le)
10. la sensation (sensatio**nn**el,le)
11. la tradition (traditio**nn**el,le)
12. le transport (transportable)
13. le voisin (voisin,e)

b) Quel adjectif correspond aux noms suivants?

1. la ville (urbain,e)
2. la vitesse (rapide)
3. le jour (quotidien,ne; journalier,ère)
4. le travailleur (actif,ve)

c) Relisez les adjectifs de l'exercice N° 1 et donnez les noms de la même famille.
Classez-les d'après leur formation.

Lösung

1. Noms en – *té*:	**la** beauté pauvreté facilité régularité tranquillité	honnêteté loyauté sensibilité société humanité	normalité (norme) curiosité naï**ve**té nervosité
2. Noms en *-esse*:	**la** petitesse richesse	gentillesse étroitesse	
3. Noms en *-eur*:	**la** grandeur	longueur	
4. Noms en *-ance*:	**la** connaissance	élégance indépendance	
5. Noms en *-ie*:	**la** bourgeoisie jalousie	écologie harmonie	
6. Noms en *-(t)ion*:	**la** communication discrétion	compréhension agression	passion religion
7. Noms en *-isme*:	**le** dynamisme	socialisme	
8. Autres:	**la** femme (féminin) personne fatigue nature surprise politique morale	**le** mâle (masculin) homme (inhumain) dégoût/goût cour**age** ouvri**er** agress**eur** ner**f** (nerveux) soin (soigné)	

Exercices de perfectionnement

4. L'évasion

Hinweis Dieser Text enthält Belege für

- die Stellung zweier Adjektive bei einem Nomen,
- Adjektive mit unterschiedlicher Bedeutung bei Voran- und Nachstellung,
- unveränderliche Adjektive, Farbadjektive und zusammengesetzte Adjektive,
- Adjektive mit präpositionaler Ergänzung.

Lösung **Commentaire grammatical et stylistique**

1. a) Deux adjectifs reliés par *et* se placent après le nom quand l'un d'eux suit le nom.
Deux adjectifs non reliés par *et* peuvent garder la place qu'ils ont quand on les emploie seuls.

b) les jeunes prisonniers français
une petite île anglaise
un sympathique officier anglais/un officier anglais (très) sympathique
un homme sérieux et responsable
une décision bien réfléchie et intelligente
cette grande et belle action humaine

2. a) des pauvres types = des types à plaindre/qui font pitié
des hommes pauvres = des hommes sans argent/qui manquent d'argent

b) un homme brave = un homme courageux
un brave homme = une homme bien

c) une histoire vraie = une histoire qui s'est vraiment passée
une vraie réussite = une véritable réussite/une réussite totale

d) une histoire étonnante = une histoire bizarre
une étonnante histoire = une histoire absolument étonnante/sensationnelle.

3. a) L'adjectif *kaki* est invariable.

b) marron — beiges
bleu marine — gris clair
blanches — rouge foncé

4. les pays sud-américain**s**
les autorités nord-américain**es**
une ville franco-canadien**ne**
les accords franco-britannique**s**
les nations anglaise **et** française

5. a) Un **officier** ..., **plein** de médailles ...

b) long de six mètres
plein de danger
prêts à tout risquer
âgé de 50 ans
les premiers ... à s'être évadés
responsable de ces hommes
certain de ne pas avoir ...
contraire à ses prescriptions
heureux de pouvoir ...

Zusatz-aufgabe Relisez les lignes 1 à 4 du texte. Pourquoi est-ce que l'auteur a employé tant d'adjectifs?

- L'emploi fréquent d'adjectifs souligne l'intention de l'auteur, qui est de raconter les événements de façon authentique, réaliste et objective.

▼ 5. Lu à la une

Hinweis Diese Übung behandelt

- Adjektive auf *-al* und zusammengesetzte Adjektive,
- die Stellung mehrerer Adjektive beim Nomen.

Lösung

- Le président de la République se rendra en visite/fera une visite, en avril, dans les pays francophones de l'Afrique centrale.
- (Protection de l') environnement: Violentes attaques des «Verts» («écolos»), contre le programme présenté par la coalition chrétienne-libérale – Réserve chez les députés sociaux-démocrates.
- La constitution de la RFA ne prévoit pas de référendum: les différences entre la constitution allemande et la constitution suisse/les constitutions allemande et suisse.
- Production industrielle: la République fédérale comptera-t-elle bientôt parmi les pays sous-développés?
- Sondage: 8 % des électeurs européens préfèrent actuellement les partis libéraux.
- Les spationautes américains et (les spationautes) soviétiques ont terminé leur(s) mission(s) avec succès.

6. Le «Talerschwingen»

Lösung

Z. 1: une vieille coutume
du petit canton montagneux
2: en Suisse orientale
3: le savoureux fromage d'Appenzell
4: des histoires drôles
5: du charmant pays d'Appenzell
6: la musique folklorique appenzelloise
7: des sons extraordinaires
9: un grand bol
10: votre paume droite
11: la main gauche
12: cinq francs suisses
13: les subtils mouvements/
mouvements subtils
14: la main droite
15: ce lourd écu
19: les célèbres sons du ...
22: avoir la main calme
23: un sens marqué
24: des qualités indispensables

▼ 7. La Guyane française

Hinweis Diese Übung behandelt

- den Accord zusammengesetzter Adjektive,
- die Stellung mehrerer Adjektive beim Nomen,
- Adjektive mit präpositionalen Ergänzungen.

Lösung

1. **la Guyane** britannique, **la Guyane** hollandaise, **la Guyane** française. ... la première **à** cesser d'être ...
2. un climat **équatorial chaud et humide** ... difficile **à** supporter: ... un **court** été ... une **longue** saison **sèche** ... deux saisons **chaudes** ... des saisons **pluvieuses**.
3. ... la zone **côtière** ... large **de** quelques kilomètres ... hautes **de** 800 mètres. ... couverte **d'immenses** forêts **impénétrables**.
4. les agglomérations **principales** ... célèbre **pour** sa base ...
5. ... de **grandes** richesses **naturelles** ... riche **en** bauxite qui, à l'heure **actuelle** ... une région **importante** du point de vue **économique et commercial**: ... de **grandes** quantités de bois ... .

8. Un vrai baratin

Lösung

Z. 1: Samedi dernier, les anciens élèves
3: la civilisation ancienne
leurs temples sacrés
un vrai scandale
4: un certain M. Lacoste
5: ses derniers voyages
des quartiers sales de différentes villes
des enfants maigres
6: au regard triste
des preuves certaines
7: des faubourgs pauvres
leur propre faute
ses propres mots
8: cette triste réalité
leurs propres moyens
9: les faubourgs sales
les appartements propres des quartiers neufs
10: des quartiers chers
11: le pauvre public
une sacrée patience
12: un «pauvre type»
un sale baratineur
au sens propre du terme

9. Concernant: candidature de Danielle Dupuis

Lösungsvorschlag

Danielle Dupuis est une jeune femme âgée de 28 ans.
Voici ses capacités professionnelles:
C'est une bonne sténo-dactylo/Elle est bonne en sténo-dactylo.
Elle parle très bien l'anglais et elle a des connaissances d'espagnol/En ce qui concerne les langues, elle est très bonne en anglais. En espagnol, elle est moins bonne, mais elle veut suivre des cours de perfectionnement.
Elle a l'habitude de travailler sur télex et elle sait (préparer et) organiser des voyages.
Son comportement est/Elle a un comportement sûr et énergique.
Elle fait/produit une impression dynamique, sérieuse et ouverte.
Mme Dupuis est prête à faire quelques heures supplémentaires, de temps en temps. Elle accepte le salaire proposé de 4.400F.

▼ 10. La France – une persécutée innoncente?

Zum Text

Z. 6: curieux = neugierig
6ff: Ellipse: ... je le vis dans un de mes très rares songes: **(il avait)** un pied ...
10: la mémoire pleine de Waterloos et de Sedans: ... pleine de batailles/défaites comme celles de Waterloo et de Sedan.
10: la douce France: expression figée qui figure dans la *Chanson de Roland* (la dulce France = das liebe Frankreich).
33: Wortspiel: In der Überschrift ist *persécutée* Nomen und *innocente* Adjektiv; hier ist es umgekehrt: *innocente* = Nomen, *persécutée* = Adjektiv.

Fragen zur Verständniskontrolle

Z. 1–16: Quelle opinion les Français ont-ils d'eux-mêmes?
Que pensent-ils des étrangers, selon ce texte?
Z. 17–24: Qu'est-ce qui incite les Français à croire que la France n'est jamais responsable des guerres qui éclatent?
Z. 25–40: Quels faits semblent justifier la façon dont les Français voient leur rôle dans l'Histoire?
Dans quelle mesure le siège de Saragosse remet-il en cause la «bonne foi» des Français?

Lösung

Commentaire grammatical et stylistique

1. **Adjectif + nom**	**Nom + adjectif**
	une persécutée innocente
à la moindre crise	
cette **étrange** espèce	d'étranger curieux
mes **très rares** songes	la tête britannique
	l'estomac russe
	le subconscient germanique
	le portefeuille américain
	la mémoire pleine de Waterloos et de Sedans
la douce France	son regard international, plutôt mauvais
les grandes époques heroïques	
	la France rayonnante
	la France humiliée
(une) **tendre** proie	
de **belliqueuses** nations	
de bonne foi	
les **plus sauvages** fureurs	la race teutonne
	le recul nécessaire
	un jugement impartial
les dernières années	les siècles précédents
	une innocente persécutée
	l'armée française

2. Les adjectifs en caractères gras se placent normalement derrière le nom.

- étrange + N: placé devant le nom pour des raisons rythmiques: le nom *espèce* est suivi d'un attribut qui se compose d'un nom + adjectif.
- très rares + N: il s'agit d'une mise en relief.
  De même pour: tendre + N; belliqueux + N; le plus sauvage + N.
- Il y a un jeu de mots dans «une persécutée (N) innocente»
  et «une innocente (N) persécutée».

Zusatz-aufgabe

Commentaire personnel

Lesquels des adjectifs suivants caractérisent le mieux ce texte et la façon dont l'auteur voit les choses?

fictif	humoristique	objectif
historique	ironique	subjectif

Lösung

Der Text ist einzustufen als *ironique* und *subjectif,* die Betrachtungsweise des Autors ebenfalls als *ironique*.
Erwartet werden semantische Belege, z. B. durch Vorurteile bedingte Etikettierungen, emphatische Ausdrücke, Übertreibungen.

C'est sans doute l'adjectif *ironique* qui caractérise le mieux le texte, car l'ironie consiste ici à dire le contraire de ce qu'on veut faire entendre en réalité.
Bien sûr, Daninos ne dit pas que la France ait/a été à l'origine de toutes les querelles européennes, mais elle ne devrait pas non plus se présenter comme une «innocente persécutée» (ligne 33) ni comme une «tendre proie» (ligne 23). Les pays voisins ne sont sans doute pas plus «belliqueux» que la France.
Cette ironie est également perceptible dans des constatations comme «leur pays qui ne veut de mal à personne» (ligne 12–13) ou «Le Français imagine mal ... un rameau d'olivier en main, tendre proie ... nations» (lignes 22–24) ou «... quand l'armée française entre ... elle ne le fait pas exprès» (ligne 34–36).

Chapitre 12: L'adverbe

Übersicht über die Lernziele und Übungen

Lernziel/ Sachaspekt	Que sais-je?	Révision	Perfectionnement	Grammatik GG	GhF
Morphologie und Gebrauch des Adverbs					
• abgeleitete Adverbien	**A**; **B** a)	**1**; **3**		106	209, 1–2
• Funktion von Adverb und Adjektiv	**B** b) + c)■	**1**; **2** b)■		105+32	
• Adjektive ohne ableitbares Adverb; adverbiale Ausdrücke			**6**°; ▼**8**■	106 A	210+211
• adverbial gebrauchte Adjektive; *adjectifs détachés*			**6**°; ▼**8**■	107	229; 231
• Verb + Adverb im Dt. – verbaler Ausdruck im Frz.			**7**	107	232
• Stilistische Verwendung des Adverbs auf *-ment*			▼**9**		
Stellung des Adverbs und der adverbialen Ausdrücke					
• Ursprüngliche und abgeleitete Adverbien im Satz	**B** a)	**3** a) + b)		113–117	221–228
• Adverbien und adverbiale Bestimmungen im Text			**4**; **6**°		263; 403
Vergleich und Vergleichssatz					
• Gradadverbien *très – beaucoup*	**B** b)	**2** a)		111	216
• Mengen- und Vergleichsadverbien			**5** a)	108–111	212–218
• Vergleichsformen und Vergleichssatz bei Adverb und Adjektiv	**B** c)■	**2** b)■	**5** b)	108–110; 46	85–87; 212–214; 220
• Frz. Entsprechungen des dt. *wie*		**2** c)			

° = Belegtext; ■Integrationsübung

Lösungen, Hinweise, Zusatzaufgaben

Que sais-je?

A. Les papas

Planche de dessins **Text:** ... tu vas me rentrer de ce pas et t'habiller décemment!
A votre avis, pourquoi est-ce que Charmoz a intitulé ces dessins «les papas»?
• La plupart des pères réagissent de cette façon.

Hinweis Die Übung ist als Kommentar zu der *Bande dessinée* auf S. 106 gedacht. Die Sätze sind so gewählt, daß die Schüler ihre Meinung äußern können.

Lösung a) 1. relativement ... sûrement ...
particulièrement ... patiemment ...
extrêmement ... énormément ...

2. légèrement/élégamment mal bâtie
bien faites absolument clair

3. ... curieusement*/bêtement/ longuement/attentivement.
... gentiment/stupidement/grossièrement/ discrètement/indécemment.

... vraiment charmant
... complètement
... franchement dégoûtant.

Quand sa propre fille arrive ...

... visiblement content
... profondément déçu
... brusquement ...

... aimablement
... sérieusement ... correctement
... immédiatement ... décemment.

***Unterscheide:** curieusement = komisch
avec curiosité = neugierig. (Vgl. GhF **210**)

b) Adverbes qui ont une formation régulière:

1. sûr,e	correct,e	immédiat,e
sûrement	correctement	immédiatement

2. Mais les adjectifs qui se terminent au masculin par une voyelle forment l'adverbe sur cette forme masculine, donc sans *e*:

absolu	vrai
absolument	vraiment

3. D'autres adverbes de formation régulière:

particulier	curieux	relatif	complet	franc
particulièrement	curieusement	relativement	complètement	franchement
De même:	*De même:*	*De même:*	*De même:*	*De même:*
légèrement	sérieusement	attentivement	discrètement	longuement
grossièrement				

4. Les adverbes en [-ã] forment l'adverbe en [amã]:

patient	*De même:*	(in)décent	élégant
patiemment		(in)décemment	élégamment

5. Les adjectifs qui ont une seule forme au singulier donnent un adverbe de formation régulière:

extrême	*De même:*	bêtement	visiblement	aimablement
extrêmement		stupidement	brusquement	

Exceptions:	énorme	profond	
	énormément	profondément	
Autres adverbes:	gentil	bon	mauvais
	gentille	bonne	mauvaise
	gentiment	bien	mal

Lösungs-vorschlag c) L'histoire se passe sur la côte d'Azur.
Un monsieur est installé à la terrasse d'un café.
C'est un homme .... Il ...
Les jeunes filles, elles, sont ...

Le monsieur les regarde .... Il ...
Les jeunes filles ...
Tout change quand sa propre fille arrive.
Alors, le monsieur ...

B. Le redoublant

Lösung a) 1. ... n'a d'abord rien dit.
... déjeuné très lentement.
Enfin, il a .../Il a, enfin, montré ...

Aussitôt, il .../Il s'est aussitôt mis ...
Il a beaucoup regretté ...

2. ... s'est défendu longuement.
... il était profondément déçu ... attaqués durement/durement attaqués.
... d'être extrêmement injustes ... qu'il ne méritait absolument pas.

3. ... se moquait complètement.
Il avait définitivement oublié ... il jouait gaiement ...

b) – J'ai beaucoup/énormément travaillé ... de meilleures notes.
– ... très/extrêmement paresseux.
– ... faire mieux, si tu avais toujours/régulièrement appris tes leçons.
– ... toujours bien apprises ... retiens mal. ... une mauvaise mémoire.
– ... étudier (beaucoup) plus et jouer (beaucoup) moins.
– Ce qui me fâche surtout/particulièrement ... c'est aussi très/extrêmement impoli.

c) 1. ... est plus intelligent que les autres et qu'il comprend plus rapidement et facilement qu'eux.
2. ... soit moins doué que ses copains et ils acceptent difficilement qu'il apprenne moins bien que ceux-ci.
3. ... la plus mauvaise note de toute la classe ... mieux faire leur travail.
4. ... travaillent plus que leurs copains et qui obtiennent les meilleurs résultats de toute la classe.
5. ... des parents moins ambitieux et plus compréhensifs que ceux que j'ai.

Exercices de révision

1. Un grand champion cycliste: Bernard Hinault

Lösung Z. 1: a brillamment gagné
de nombreuses courses
aurait sûrement remporté
2: été sérieusement blessé.
extrêmement rapide.
3: s'entraîne régulièrement
pour être en pleine forme.
Surveillant attentivement ...,
il sait bien attendre
4: le bon moment.
les longues montées ...
5: il attaque brusquement ...
une facilité surprenante.
6: Evidemment, un coureur exceptionnel
... supporte mal
7: un homme difficile ...
dit franchement
8: ne s'exprime pas ... très poliment
9: une étape particulièrement dure,
il n'est certainement pas facile
de répondre patiemment
10: un cycliste vraiment extraordinaire ...
parlent amicalement ...
11: admirent sincèrement
ne sait mieux qu'eux ...
12: ne se gagne pas facilement ...
des efforts énormes.

2. Napoléon Bonaparte

Lösung a) Z. 2: très tôt ... très demandées
3: très difficiles
4: manquait beaucoup ...
très fort.
5: très doué
6: très grand intérêt ...
très fort ...
gênait pas beaucoup.
7: très bon examen
8: aimait beaucoup
9: encore beaucoup plus
11: très ambitieux ...
s'engagea beaucoup

b) 1. plus intelligent que ... plus rapidement et plus facilement qu'eux.
2. plus doué que ... beaucoup mieux que ceux-ci.
3. vraiment mauvais. la plus mauvaise note.
4. beaucoup plus que ... écrire correctement. les meilleurs résultats ... mieux réussi.

c) 1. Napoléon a quitté la Corse à l'âge de neuf ans. On imagine combien il a souffert d'être loin de sa famille.
2. A son arrivée en France, il ne parlait qu'italien/parlait seulement italien.
On se demande comment il a fait pour pouvoir suivre les cours.
3. Tous les boursiers travaillaient autant que le jeune Corse, mais aucun d'eux n'apprenait aussi facilement que lui. Pourtant, Napoléon n'a pas appris à parler et à écrire le français comme/aussi bien qu'un vrai Français.
4. Le jeune Napoléon a passé cinq dures années en France, mais il n'aurait jamais avoué combien il était malheureux parmi ses camarades.

3. Libre-service!

Lösung

a) Roland Lonfat est caissier dans une station-service où les clients se servent eux-mêmes.

Z. 1/2: A midi, il va toujours manger un sandwich «Chez Dany», le petit café d'à côté, où il rencontre régulièrement ses copains.

3/5: Ce jour-là, Robert et Daniel étaient déjà là. Roland a vite commandé son déjeuner et ensuite il s'est installé à leur table pour leur raconter ce qui lui était arrivé le matin.

6/7: – Non, franchement, je n'y comprends rien, dit-il.
Voler cinquante litres d'essence et partir en souriant.
– Quand ça?
– Ce matin.

10: Au début, on n'a pratiquement rien vendu. Il y avait peut-être cinq ou six clients.

11/13: Ensuite, vers 10 heures, les clients sont arrivés en grand nombre. A un moment donné, il y en avait trois qui avaient déjà fait le plein et deux autres qui attendaient encore.

16/18: C'est alors qu'une BMW est arrivée, avec au volant, une jolie femme.
Elle est descendue et s'est aussitôt mise à prendre de l'essence. Elle a attendu tranquillement que son réservoir soit plein, puis elle est remontée dans sa voiture.

19: Tout à coup, elle a remis son moteur en marche et elle est partie en me faisant un petit signe de la main.

20: J'ai couru après elle, mais malheureusement je n'ai pas pu lire le numéro de la voiture.
Je suis donc retourné à la caisse et j'ai fait tout de suite le numéro de la police.

21/22: Mais aussitôt le patron m'a dit de raccrocher:
«Laisse-la partir. On n'en mourra pas.» a-t-il dit.

25/26: Cette femme avait pourtant pris au moins cinquante litres d'essence. Je n'y comprends vraiment rien!

27: – C'était une BMW rouge avec une fille très blonde? dit Daniel.
Eh bien, alors ça doit être la nouvelle copine de ton patron.
Hier, je les ai vus aller ensemble au cinéma.

b) 1. Roland et ses amis se sont rencontrés tôt/tard/à midi.
2. Roland leur a tout de suite/sûrement/certainement/déjà raconté ce qui s'est passé ce matin.
3. Il a souvent/toujours pensé que le libre-service facilitait beaucoup le(s) vol(s).
4. Il est sûr que bientôt/tôt ou tard on trouvera/qu'on trouvera bientôt/tôt ou tard un système plus sûr.

Zusatz-aufgabe

Rédigez un article pour la presse locale mentionnant les informations données aux lignes 7 à 21.

Exercices de perfectionnement

4. Le drame du col de Menté

Lösung

Wenn zwei Möglichkeiten angegeben sind, gehört die zweite vornehmlich der geschriebenen Sprache an, während die erste in der geschriebenen und in der gesprochenen Sprache verwendet wird.

Z. 1: ... partis de Revel le 11 juillet, vers 9 heures, sous un ciel ...
4: ... emparé à Orcières-Merlette, à l'arrivée ...
5: Avec presque neuf minutes ...
6: ... qu'il avait pratiquement gagné ...
7: Quelques jours avant, dans les Alpes, l'Espagnol avait déjà donné .../l'Espagnol avait, quelques jours avant, dans les Alpes, déjà donné ...
9: pourtant, à Grenoble, ce fut Bernard Thèvenet .../ce fut Bernard Thèvenet qui, pourtant, à Grenoble, remporta ...
10: Ce jour-là, les deux favoris du Tour .../Les feux favoris ... franchirent, ce jour-là, le col ...
12: Soudain, un violent .../Un ... orage éclata soudain
13: rendit la route extrêmement glissante
14: Dans un virage étroit, Merckx .../Merckx et ... Guimard dans un virage étroit.

15: ... prirent le virage très dangereusement
17: Guimard réussit de justesse ...
18: ... se remit debout difficilement.
19: ... lorsque tout à coup survint ... le renversa de nouveau.
20: Aussitôt des officiels .../Des officiels ... se précipitèrent aussitôt ...
22: Pourtant, d'autres .../D'autres ... perdirent, pourtant, le contrôle ...
23: et tombèrent en s'entremêlant.
24: ... était le plus sérieusement touché/... touché le plus sérieusement
25: ... fut transporté d'urgence
26: ... dans un état extrêmement grave et avec un maillot jaune complètement déchiré.
27: ... on croyait déjà Ocaña perdu définitivement/définitivement perdu.
28: Mais en fin de saison il ressurgit/Mais il ressurgit en fin de saison pour remporter brillamment .../ pour brillamment remporter le Grand Prix ...
30: Deux ans plus tard, en 1973, Ocaña devait gagner également/également gagner ...

5. La lettre et l'image

Lösung a) Z. 1: bien moins importante
3: lit ... autant qu'autrefois
lit moins.
5: remplace de plus en plus
6: se vendent de mieux en mieux.
7: encore plus
8: de moins en moins prêt
10: savent très bien
11: aussi importante
plus nécessaire
13: très amusante
14: désapprendre peu à peu
16/17: aussi ou ... plus instructive
18: le plus souvent
19: réfléchir le moins possible.
20: évidemment
21: compte d'autant plus
22: se rende de moins en moins compte
23: d'autant plus que
24: regardent trop.
25: connaissent le mieux
28: trop tard.

b) 1. ... à être autant/aussi bien informés que dans les années ... ils ne s'intéressent plus autant/ tellement à la lecture.
2. ... se vendent aussi bien qu'autrefois ... un rôle aussi important qu'au début du siècle.
3. ... ne lisent plus autant/tellement. ... des programmes aussi instructifs que les livres ... de réfléchir autant que lorsqu'on lit ...
4. ... est aussi nécessaire que les images. ... les empêche autant d'être en pleine forme que le manque ...
5. ... ne se livreraient pas autant à la simple consommation ...

Zusatzaufgabe

Rédigez une plaidoirie pour les livres et la lecture.

Wortschatzübung 1

1. Der Text enthält folgende Belege für das Sachfeld

Activités intellectuelles

● faire des efforts intellectuels	– céder la place à la passivité
● préférer les livres/spectacles qui font réfléchir	– consommer de la culture
● développer son intellect et son imagination	– désapprendre à réfléchir et à se servir du langage
● contrebalancer l'influence des images	– subir (neu) l'influence des images.

2. Die Lexik des Textes bietet sich an für die Erarbeitung der folgenden syntagmatischen Felder:

a) Les mass média

la télévision les émissions de télévision	s'adresser à atteindre amuser distraire intéresser ennuyer informer cultiver faire réfléchir influencer séduire	le téléspectateur la téléspectatrice
la radio les émissions de radio		l'auditeur l'auditrice
les publications/la lecture les journaux les magazines (illustrés) les revues les bandes dessinées		le lecteur la lectrice
		le public le consommateur

b) Le téléspectateur

le téléspectateur le consommateur le public	choisir s'intéresser à préférer regarder (régulièrement) suivre	une émission [politique / sportive] un film [documentaire / de science-fiction / policier] une interview
	aimer (beaucoup) se passionner pour préférer s'identifier à détester	un speaker/une speakerine un présentateur/une présentatrice un acteur/une actrice un chanteur/une chanteuse une vedette; une star

Das Feld kann erweitert werden durch den Wortschatz der **Übung 8**, PFM, Chapitre 15, Seite 145.

6. Le secret de J. P. G.

Hinweis Diese Übung vermittelt Vertiefungsstoff zu

- Adverbien auf *-ment* mit einer vom zugrundeliegenden Adjektiv abweichenden Bedeutung (Typ *malheureux – malheureusement*; vgl. GhF **210)**;
- Adjektive ohne ableitbares Adverb (Typ *monotone – d'une voix monotone*; vgl. GhF **211**);

Vorausgesetzt werden die grammatischen Kenntnisse zu

- adverbial gebrauchten Adjektiven (Typ *parler bas*; vgl. GhF **229**);
- *Adjectifs détachés* (Typ *assister, stupéfait, à qc*; vgl. GhF **231**).

Zum Text J. P. G. [ʒipeʒe] sind die Anfangsbuchstaben des Namens (Jean Paul Guillaume) des Lehrers.

Lösung **Zum Text**

Z. 2: restèrent seuls
3/4: se tint moins droite, puis ne fut plus droite du tout. ... parlèrent bas ... .
6: ... qui assistait stupéfait ...
7: ... s'arrêta brusquement ...
9: On s'engouffa littéralement ...
13: ... qui faisait tranquillement ...
15: Logiquement, il devait ...
17: ... s'arrêter net ...
20: ... J. P. G. avait généralement oublié ...
24: Mais il se passait sûrement quelque chose.

Commentaire grammatical

1. a) Logiquement, il devait ... = Normalement, théoriquement
agir logiquement = de manière logique

b) observer qn avec curiosité = l'observer parce qu'on est curieux
observer qn curieusement = l'observer d'un regard étrange

2. a) s'arrêter net = s'arrêter brusquement (expression figée/tournure)
   b) voir nettement = voir clairement

3. a) Z. 4: rire aux éclats: laut(hals) lachen
   5: marcher à grands pas: mit großen Schritten/großen Schritts gehen
   9: d'habitude: gewöhnlich
   11: d'un geste traditionnel: mit einer gewohnten Bewegung, wie immer, auf herkömmliche Art
   13/14: avec curiosité: neugierig
   14: sur un ton monotone: mit monotoner Stimme
   16/17: observer qn d'un air farouche: jdn wild/mit wildem Blick ansehen
   17: prononcer qc avec satisfaction: etw. zufrieden sagen/aussprechen
   19: de cette façon: auf diese Weise, so
   21: en vain: vergeblich
   22: d'un air absent: geistesabwesend
   23: d'un air inquiet: unruhig
   24: au juste: genau

   b) 9: d'habitude: généralement, habituellement
   16/17: d'un air farouche: farouchement
   19: de cette façon: ainsi
   24: au juste: exactement

4. a) Quelques élèves/Quelques-uns des élèves écoutent le professeur attentivement; d'autres le regardent d'un air absent.
   b) Les uns suivent le cours d'un air/d'un regard/d'une manière critique, les autres regardent distraitement/regardent, distraits, par la fenêtre.
   c) Normalement, chaque (heure de) cours se termine par «100 lignes».
   Naturellement, les élèves n'écrivent pas les 100 lignes, car/étant donné que le professeur est très distrait (oublieux).

7. Une rencontre inattendue

Lösung Z. 1: Le semaine dernière, j'ai failli mourir de peur.
2: Tu sais bien que j'aime faire du footing, le soir, après le travail.
3/4: Vendredi, je suis donc parti avec un copain, alors qu'il commençait à faire nuit.
5/6: Nous venions de parcourir la moitié du chemin, quand nous avons soudain vu devant nous une énorme laie.
7/8: «Espérons qu'elle n'a pas de petits!» a dit mon copain, car on sait que les laies peuvent alors être très dangereuses/méchantes.
9: En effet, elle semblait en avoir, car elle a pris une attitude extrêmement agressive.
9/10: Nous ne bougions pas, pour ne pas la provoquer.
Mais elle n'arrêtait pas de nous fixer.
11/12: Il semble qu'elle/Apparemment, elle n'aimait pas nos pulls rouges, car elle n'a pas tardé à pousser des grognements vers nous.
13: Nous nous attendions à être attaqués et nous avons failli crier de peur.
14/15: Cependant, nous avons continué à nous tenir tranquilles et nous avons fixé la bête à notre tour.
15/16: Mais au lieu de se jeter sur nous, elle a soudain fait demi-tour et elle est partie à toute vitesse.
17: A ce moment, nous avons entendu derrière nous un bruit de galop.
17/18: La laie avait vu le cavalier avant nous et s'était vite sauvée.
19: Depuis, je préfère/aime mieux faire du footing tant qu'il fait jour.

▼ 8. Samia de Paris

Lösung a) Z. 3: ... en disant très franchement
... pèse lourd
5: ... automatiquement considéré
6: ... payer bien plus cher qu'un Français.
8: ... qui reconnaît très rapidement ...
9: heureusement
10: ... pour expliquer patiemment
12: pleine d'orgueil
13/14: naturellement ... évidemment
15: ... s'intéresse vraiment
19: absolument certaine ...
elle refuse net ...

20: ... comprendre clairement ...
travaille dur
21: Et finalement, ...
23: ... elle va droit au but ...
... tellement dur ...
24: si je tiendrais bon ...
25: ... elle ne gagne pas gros ...
27: elle se rend parfaitement compte ...
28/29: aurait tourné court avant qu'elle n'ait vraiment commencé.
29: Ainsi, elle doute fort ...

b) 1. Samia m'a poliment prié(e)/m'a prié(e) poliment/me pria poliment d'entrer dans son étude.
2. Elle m'a raconté/me raconta, apparamment/manifestement/visiblement dégoûtée, ses premières années à Paris.
3. Je l'ai écoutée/l'écoutai(s), stupéfait(e), et j'avais honte de mes compatriotes.
4. Samia n'a parlé/ne parla qu'en passant de ses examens, qu'elle avait naturellement/évidemment tous passés brillamment.
5. Mais, fière, elle m'a parlé/me parla du courage de sa mère, à qui/à laquelle, au fond, elle doit sa carrière.
6. Il n'est pas étonnant que Samia ait parlé d'un ton agressif: elle oublie difficilement/peut difficilement oublier combien elle a dû se battre.
7. Elle sait aussi/également qu'elle a beaucoup de confrères/collègues qui, arrogants/d'un air arrogant, l'appellent «l'Arabe».

Wortschatzübung 2

In Zusammenhang mit dem Text lassen sich folgende Antonyme zusammenstellen:

1. Samia a eu de la chance: elle a rencontré – des circonstances **favorables**, – une institutrice **compréhensive** et **patiente**.	La plupart de ses jeunes compatriotes rencontrent des circonstances **dé**favorables, des instituteurs **in**compréhensifs et **im**patients.
2. Elle a une mère – qui l'a **encouragée** à faire des études, – qui était **capable** de parler aux professeurs.	Ils ont des parents qui les **dé**couragent, qui sont **in**capables de parler aux profs.
3. Samia a **tenu bon**.	Beaucoup d'étrangers abandonnent/ **se résignent/renoncent**.
Elle est **contente** du résultat obtenu.	Ils sont **mé**contents de leur vie.

▼ 9. Il ne faut pas ...

Lösungsvorschlag

Commentaire grammatical et stylistique

1. Les adverbes employés sont tous des adverbes dérivés/en *-ment* et des adverbes de manière. (L'adverbe *monumentalement* n'existe pas, c'est une formation de l'auteur!).
2. Les autres mots qui contiennent la syllabe [mã] sont *bâtiment, monument, mental, ment/mentir.*
3. Pour formuler son attaque contre les intellectuels, Prévert joue sur le suffixe *-ment* des adverbes, qui est homonyme du radical *ment-* de l'adjectif *mental* et du verbe *mentir (il ment)*.
Il fonde son accusation sur les adverbes *arbitrairement, généreusement* et *monumentalement*, qui caractérisent la façon dont les intellectuels érigent leur «monde mental». Un peu comme eux, Prévert construit son poème à l'aide de jeux de mots et de doubles sens et, en faisant éclater les mots, nous révèle l'hypocrisie du «monde mental».
Aussi, à travers la répétition du suffixe *-ment* et du radical *ment-*, il démonte le monument que les intellectuels s'érigent et il défait ce qu'ils considèrent comme leur grandeur. C'est surtout dans les derniers vers du poème que cela se manifeste:

Le monde mental ment
monumentalement.

Chapitre 13: La proposition relative

Übersicht über die Lernziele und Übungen

Lernziel/ Sachaspekt	Que sais-je?	Révision	Perfectionnement	Grammatik GG	GhF
Formen und Gebrauch der Relativpronomen					
• *qui, que, dont, où, (lequel)*	**A** a); **B**	**1**; **2**		158–161	131–135; 138
• *ce qui, ce que ...*	**A** b)	**3**■		162	
ce dont, ce à quoi			**5**■		139
• *qui, quoi*			**6** b)		132; 137
• Opposition *qui/que – lequel; dont – duquel*			**4** a); **6** a); **10**■	159+160	132; 134–136
• Frz. Entsprechungen für dt. *was*		**3**			139; 284
Satzgefüge mit Relativsatz					
• Explikative und restriktive Relativsätze			**4**°; **7**°; **7** a)		325+326
• Umwandlung nebengeordneter Sätze in ein Relativgefüge			**7** b)		325–327; 329
• Alternative Konstruktionen zum Relativsatz			**4** c); **7** c)	174	371,2; 376
• Inversion des Subjekts im Relativsatz			▾**8**		328
• Der Relativsatz als stilistisches Mittel; textuelle Funktionen			**Z** 2+3		
Der Modus im Relativsatz			**9**; **10**■; **Z** 1	168	331

° = Belegtext; ■ = Integrationsübung; Z = Zusatzübung

Lösungen, Hinweise, Zusatzübungen, Zusatzaufgaben

Que sais-je?

A. La moto: une vraie passion

Lösung a) Z. 2: qui a ...
5: où on parle
6: qui n'arrête pas
dont rêvent
qui fait trembler
7: qui s'intéressent
8: dont le salaire
9: qui possèdent ... qu'ils aiment
11: qu'il a achetée
qu'il répare
13: où je suis monté
14: où il y avait
qui m'ont salué
15: qu'on saluait
16: ce dont j'ai besoin.

b) 1. Ce que
2. Ce qui
3. Ce qui
4. Ce que
5. ... ce qui
6. ... ce qui

B. L'ABC du mois d'août

Lösung Z. 1: pendant lequel
2: qui permet
3: qui cache
4: grâce à laquelle
5: dans lequel – dont on se sert
7: avec lequel
8: dont l'automobiliste se sert – qui le double
9: à qui – qui roulent
11: magie à laquelle
12: qui existent – dont on rencontre
14: à l'extérieur duquel – ce qui se passe
15: où on ne trouve personne

Exercices de révision

1. Etre metteur en scène

Hinweis Mit Bezug auf Namen, die Personen bezeichnen, ist nach Präposition *qui* die gebräuchlichere und stilistisch elegantere Form. *Lequel* findet sich nur in gehobener geschriebener Sprache.

Lösung a) 1. la ville dans laquelle (L'antécédent désigne une chose).
2. des décors dont on aura besoin.
3. les acteurs avec qui (avec lesquels) (L'antécédent désigne une personne).
4. des spectateurs à qui (auxquels)
5. laquelle doit avoir
6. parmi lesquels ... les figurants dont on aura besoin.
7. un producteur sur qui (sur lequel)
8. le budget dont on devra se contenter.

b) Phrase 5: *Qui* peut renvoyer à *la partenaire* et à *du héros.*
Phrase 6: Après *parmi* l'emploi de *lequel* est obligatoire.

2. L'art de charmer le client

Hinweis In Verbindung mit *qui* und *lequel* sind auch die kontextbedingten Präpositionen einzusetzen.

Lösung Vous aimez conduire une voiture ...

Z. 2: qui
3: où/dans laquelle
4: où/dans laquelle
5: pour laquelle
6: dont la puissance
7: dont la consommation

Vous êtes un **conducteur** ...

9: qui – sur laquelle
10: pour qui – à laquelle
12/13: qui – dont il peut – auquel

Nous l'avons **la voiture** que ...

14: que
15: à laquelle – qui – où vous voulez – que
16: dont vous
17: qui offre – que vous cherchez – qui coûte ...

3. Caméléon grammatical

Lösung a) 1. Qu' est-ce qu'il y a?/Qu'est-ce qui se passe?
Tu ne veux pas/ne veux-tu pas me dire ce qui est arrivé/ce qu'il est arrivé/ce qui s'est passé?

2. Ce qu'en pensent les autres ne m'intéresse pas.
Ce qui m'intéresse (,moi), c'est de savoir ce que tu comptes faire.

3. Alors, qu'est-ce que tu as décidé?
Probablement rien!/Rien, probablement!
Puisque tu ne sais que rarement ce que tu veux.

4. Ce que je voudrais empêcher, c'est que tu aies des difficultés.
Voyons: qu'est-ce qui te préoccupe?
Dis-moi ce que je peux faire pour toi.

b)
- *was* = pronom interrogatif sujet: 1: Qu'est-ce qui se passe?
  4: Qu'est-ce qui te préoccupe?
- *was* = pronom interrogatif complément d'objet: 1: Qu'est-ce qu'il y a?
  3: Qu'est-ce que tu as décidé?
- *was* = pronom relatif sujet: 1: ... dire ce qui est arrivé/ce qui s'est passé.
  2: Ce qui m'intéresse ...

- *was* = pronom relatif complément d'objet: 2: Ce qu'en pensent les autres ...
  ... c'est de savoir ce que tu comptes faire.
  3: Puisque tu ne sais que rarement ce que tu veux.
  4: Ce que je voudrais empêcher ...
  Dis-moi ce que je peux faire ...

Hinweis Weitere Beispiele s. PFM Übung C, S. 172.

Exercices de perfectionnement

4. Petit lexique des vacances

Lösung a) Z. 1: auquel le voyageur fait voir
3: qui permet – que
5: dont
6/7: devant lesquels – loin desquels
8: dont on note – à qui (auxquels)
10: que – auxquels ils demandent – qu'il va faire
12: que – dont se plaignent
13: ce que l'on fera
15: dont on rêve – dont
17: dont on profite

b) Ce sont toutes des (propositions) relatives restrictives, car elles servent à définir un mot.

c) DOUANE: Formalité ... **permettant** à un (monsieur) **inconnu** de plonger ...
RESERVATIONS: Mot barbare **créé** par les agences de tourisme et dont se plaignent ...

Zur Inversion des Subjekts vgl. GhF **328.**

5. Manifestations

Hinweis Die Aufgabe kann durch Nichtvorgabe der Objektstruktur der Verben erschwert werden.

Lösung

1. ce qui ne leur convient pas
   ce qui leur déplaît
   ce dont ils sont déçus
   ce dont ils sont mécontents
   ce qu'ils trouvent insupportable
   ce qui doit être amélioré.
2. ce qu'ils craignent
   ce dont ils doutent
   ce dont ils se méfient
   ce dont ils ont peur
   ce qui leur paraît dangereux
   ce dont ils souffrent.
3. ce qu'ils n'acceptent pas
   ce à quoi ils s'opposent
   ce qu'ils exigent
   ce dont ils ont besoin
   ce qu'ils jugent indispensable
   ce qui doit être fait.

Dessin **Text:** De l'argent de poche ou la mort!

Exploitation (Nach L. Borgomano, LE FRANÇAIS DANS LE MONDE, N° 178, Juillet 1983).

1. Regardez le dessin. Le trouvez-vous amusant? Pourquoi?
   - Le vieux monsieur fait une manifestation pour obtenir de l'argent de poche.
     Sur la pancarte, il y a un slogan qui fait penser à un hold-up.
     Le fait que le monsieur a besoin de manifester pour attirer l'attention de sa femme rend la situation drôle.
     On constate, en plus, qu'il y a une disproportion entre les moyens employés (manifestation, slogan) et le but envisagé (argent de poche: une petite somme d'argent).
2. Quels sont les clichés courants au sujet des personnes âgées?
   - Elles doivent être sages, résignées, sans grande vitalité.
     Elles doivent mener une vie plutôt harmonieuse.
3. Et ce couple-là? Comment se comporte-t-il?
   - Il est plein de vie, pas sage du tout. Le monsieur semble même très agressif.
4. Comment les rôles masculin et féminin sont-ils répartis? Comparez les clichés avec le comportement de ce couple.
   - Les clichés veulent que l'homme domine. C'est lui qui s'occupe des finances et qui prend les décisions importantes.
     Ici, c'est la femme qui joue le rôle traditionnellement masculin. Elle domine son mari à un tel point qu'il ne dispose même pas d'argent (à lui): il reçoit de l'argent de poche (comme un enfant).

5. Comment est-ce que le dessinateur exprime la situation infantile du monsieur?
   - Il le fait manifester pour obtenir son argent de poche.
   - Ce dessin est donc humoristique parce que le dessinateur a renversé une situation qu'on considère comme normale. – Résumez les renversements.

Lösungsvorschlag
- Le vieux couple ne manque pas de vitalité: il est, au contraire, plein de vie.
  Il ne mène pas une vie harmonieuse: il semble plutôt agressif.
- Ce n'est pas l'homme qui joue le rôle masculin: c'est la femme qui domine.
- Pour elle, l'homme n'est pas un partenaire: elle le traite comme un enfant.
- Les réactions du monsieur ne sont pas celles d'un adulte: les moyens qu'il emploie ne correspondent pas au but qu'il veut atteindre.
- Par ce dessin, Jacques Faizant montre à quel point nous acceptons sans critique les clichés et les rôles sociaux définis il y a longtemps: il suffit de renverser certaines données – et nous trouvons cela amusant.

6. Problèmes d'aujourd'hui

Lösung a) Z. 2: l'environnement pour la protection duquel on ne fait pas assez;
3: les forêts dont l'existence est sérieusement menacée;
4: les ressources naturelles dont le gaspillage est irresponsable;
5: l'armement pour le perfectionnement duquel les pays concernés dépensent des sommes énormes;
7: le chômage dont les jeunes surtout sont frappés et pour la réduction duquel on n'a pas encore trouvé de mesures efficaces;
9: la production industrielle dont l'orientation ne correspond peut-être plus aux besoins du marché;
10: les universités où on ne forme peut-être pas les savants et les techniciens dont on aura besoin;
11: le domaine privé dont la protection pourrait être menacée par l'utilisation non contrôlée de l'ordinateur.

b) Z. 3: qui ont à peine de quoi vivre;
4: qui vivent –
qui n'ont personne à qui/avec qui
5: qui ne savent plus à quoi
6: dont l'engagement
7: qui ne savent pas à quoi passer
8: dont certains –
ce qu'ils pensent et ce qui les préoccupe
9: à la misère desquels – dont la vie

7. La chasse au lion

Hinweis a) Die für das Textverständnis notwendigen (restriktiven) Relativsätze werden beim Lesen ermittelt.
b) Die schriftliche Lösung dieser Aufgabe kann in Gruppenarbeit erfolgen.
c) Dazu vgl. auch GhF **371,2** und **376,1.**

Lösung a) Les phrases qui n'ont pas de sens sont:
1: Le pays (où cette histoire se passe) se trouve en Afrique Noire.
27: Issaka sait que le chasseur (qui tue un petit lion) risque de perdre un fils au cours de l'année.

b) 1. Le pays où l'histoire se passe, se trouve en Afrique Noire. C'est une région de sable et de poussière, avec quelques forêts sans chemin et des montagnes dont les noms ont été oubliés. Cependant, quelques nomades, comme les Peuls, qui sont des éleveurs de bétail, parviennent à y vivre, autour des points d'eau. Dans la brousse, tout près des troupeaux, il y a aussi des lions qui vivent en contact avec les bergers. Les Peuls les connaissent bien, ils leur donnent même des noms. De temps en temps, les lions attaquent une vache qui est malade. Ainsi ils garantissent la santé du troupeau. Mais, quelquefois, ils tuent pour le plaisir de tuer. Alors les Peuls, qui n'ont pas le droit de tuer les lions, vont chercher les Gao, les derniers grands chasseurs de lions, qui vivent loin, dans le sud, au bord de la rivière Gouroual.

2. Un matin, les chasseurs Gao se mettent de nouveau en route pour secourir les Peuls, qui ont déjà perdu plusieurs vaches. Ils emportent plusieurs pièges qu'ils vont placer autour du campement. En plus, chacun d'eux a un arc et plusieurs flèches dont la pointe est empoisonnée.
Arrivés chez les Peuls, qui se défendent contre les lions à coups de pierres et à coups de bâton, les chasseurs partent aussitôt en reconnaissance et, bientôt, ils trouvent la trace d'un lion qu'ils connaissent bien.

C'est le lion tueur qu'ils ont surnommé «l'Américain».
«L'Américain» est un lion fort et malin auquel il faut prendre garde, parce qu'il connaît tous les secrets de la chasse. Il est accompagné de deux femelles et d'un petit lion.

3. Le lendemain, le petit lion est pris dans un piège. Issaka, qui est le plus jeune des chasseurs, doit le tuer.
Issaka sait que le chasseur qui tue un petit lion risque de perdre un fils au cours de l'année.
Mais la chasse est une chose grave dont les Gao connaissent les risques.
Les chasseurs se remettent à la poursuite de «l'Américain». Au bout de quelques heures, un drapeau qui flotte au vent annonce qu'une des trois bêtes a été prise. C'est l'une des lionnes, qui s'est pris une patte dans un piège. Elle meurt, touchée par trois flèches.

4. Là-dessus, «l'Américain» et sa dernière lionne attaquent sans arrêt. Malgré les avertissements des chasseurs, quelques bergers qui veulent assister à la mort d'un lion se risquent trop loin.
Et soudain, c'est la catastrophe:
La deuxième femelle de «l'Américain», qui, entre-temps, a été prise dans un piège tout près du campement, attrape un Peul imprudent à la jambe et le tient entre ses pattes.
Alors, c'est le miracle: La lionne tombe en arrière, morte.
On dégage le berger blessé: c'est Diogona, dont la vache favorite avait été tuée par les lions quelques jours avant.
La chasse est arrêtée parce qu'un homme a eu un accident. Tout le monde se rend au campement et se réunit sous un grand arbre à l'ombre duquel les chasseurs commencent le rituel du lion.

▼ c) • Relatives qu'on peut remplacer par un adjectif:
9: une vache (qui est) malade.
25: Issaka, (qui est) le plus jeune des chasseurs, ...

• Relatives qu'on peut remplacer par un participe présent:

6: ... il y a aussi des lions (qui vivent) vivant en contact avec les bergers.
12: Alors les Peuls, (qui n'ont pas) n'ayant pas le droit de tuer les lions ...
27: Issaka sait que le chasseur (qui a tué) ayant tué un petit lion ...
30: ... un drapeau (qui flotte) flottant au vent annonce ...
35: ... quelques bergers (qui veulent) voulant assister ...

• Relatives qu'on peut remplacer par un participe passé:

22: C'est le lion tueur, (qu'ils ont) surnommé «l'Américain».
37: La deuxième femelle de «l'Américain», (qui) entre-temps (a été) prise dans un piège .../ayant été prise entre-temps dans ...

• Relatives qu'on peut remplacer par un groupe nominal ou par un groupe prépositionnel:

3: ... des montagnes aux noms oubliés.
4: ... quelques nomades, comme les Peuls, (des) éleveurs de bétail, ...
18: ... et plusieurs flèches avec des/aux pointes empoisonnées.

▼ 8. Lois de la brousse

Lösung

1. La région où vivent les Peuls et les Gao fait partie du Mali.
2. Pour les indigènes, les bêtes sauvages dont la brousse est peuplée ont des forces magiques.
3. Aussi les contacts que les hommes ont avec les bêtes sont-ils soumis à certaines règles.
4. Ces règles, que reconnaissent toutes les tribus, interdisent, par exemple, aux Peuls de tuer des lions.
5. Ils se défendent contre eux à coups de pierres ou à coups de bâton, croyant qu'un lion qu'on a chassé de cette façon n'attaque jamais un homme à son tour.
6. La chasse au lion que pratiquent les Gao est soumise à un rituel qui doit être respecté.
7. Ainsi, un lion qu'ils ont pris dans un piège doit être calmé avant qu'il ne soit tué pour qu'il ne meure pas en colère.
8. Le cœur d'un lion tué, dans lequel se trouvent son courage et sa force, est découpé et offert au chef de la tribu.
9. La flèche avec laquelle a été tuée une hyène/avec laquelle une hyène a été tuée, ne doit plus jamais être utilisée.

10. La hyène est, en effet, la bête la plus terrible de la brousse: elle a une âme méchante dont tous les chasseurs ont peur.
11. Les grands chasseurs Gao sont des hommes dont chacun a tué plus de cinquante lions avec un arc et une flèche.
12. Parmi eux, il y en a plusieurs que les femmes admirent particulièrement.

Dans la relative, l'inversion du sujet

- **n'est pas possible** dans les phrases 5, 7 et 11 (dont le sujet est un pronom).
- **prête à confusion** dans la phrase 3: *qu'ont – qu'on.*
- **est préférable**
  - dans les phrases 1 et 6 à cause du rythme de la phrase;
  - dans la phrase 4 pour éviter que les verbes *reconnaissent* et *interdisent* se suivent;
  - dans la phrase 8 parce que le groupe *son courage et sa force* est un élément rhématique/une information importante.
- **est à écarter**
  - dans la phrase 10: celle-ci se terminerait par *tous les chasseurs,* ce qui serait gauche vu que la phrase 11, commence par *Les grands chasseurs;*
  - dans la phrase 12, où l'inversion ne correspondrait pas à l'intention énonciative; en plus, la phrase perdrait son rythme.

9. Les Gao et les Peuls

Lösung

1. **le premier** ... qui **ait** été tourné – qui a pour but – qui y vit.
2. **Il n'y a que** ... qui **soient** restés.
3. **Il n'y a que** ... qui **puissent** vivre – très peu ... où ... **sont/soient** aussi dures (vgl. GhF **347**).
4. qui sont ... qui vont
5. qui **soit** (serait) ... qui chassent (Indicatif)
6. qui **soit** ... qui ont déjà
7. qui garantit ... qui est ... et qui ne pousse que
8. **les plus courageux** qu'on **connaisse** et **les seuls** qui **aient**
9. **La meilleure** viande que les Gao **puissent** imaginer ...
10. dont les ancêtres sont venus ...
11. C'est **une des rares** ... qui **puissent** vivre
12. qui font partie ... **les seuls** qui **aient** ... conservé ...

10. Voitures d'aujourd'hui

Lösung

Il y a **beaucoup** de voitures
- dans le coffre desquelles on **peut** mettre cinq ou six grosses valises,
- dont les portes **ont** des lève-vitres électriques,
- dont les sièges **sont** chauffants,
- du confort et de la technique desquelles les constructeurs **sont** fiers,
- dont le prix **garantit** aux propriétaires qu'ils resteront un petit groupe/un groupe limité.

Il y a **très peu** de voitures
- dans le fond desquelles on **puisse/pourrait** faire installer un téléviseur/appareil de télé(vision),
- sous la boîte à gants desquelles il y **ait/aurait** de la place (prévue) – on **ait** prévu de la place – pour un petit bar,
- dont l'accoudoir **puisse/pourrait** être muni d'un jeu d'échecs.

Il n'y a qu'**une seule** voiture
- sur le capot de laquelle se trouve (Subj./Ind.) une figurine qui représente une jeune fille.

Zusatz-übung 1

Terminus: Internat. Text s. **Zusatzübungen** Nr. 18, Seite 170.

Lernziel: Modus im Relativsatz.

Lösung

1. que je connaisse.
   qui n'est pas
2. qui le comprenne.
3. qu'il voie
   qu'il connaît
4. qui soit ... passionnant
5. qu'il a gagnée qu'il connaisse
6. il se sente à l'aise
   qui lui vont très bien.
7. qu'il obtient.
8. qui leur donne
   qui travaille ... qui est
9. qui lui fasse changer
10. qui ont
    qui leur convienne et
    qu'ils puissent payer.

Zusatz-übung 2

Leçon de choses. Text s. **Zusatzübungen** Nr. 19, Seite 170.

Lernziel: Relativsatz als stilistisches Mittel.

Notes biographiques

Eugène Guillevic est né en 1907, à Carnac. Il passe son enfance en Bretagne et dans le Nord, son adolescence en Alsace.
Depuis 1935, il vit à Paris où il a mené une carrière de fonctionnaire des Finances.
Dans son œuvre littéraire, Guillevic s'applique à être concis et à ne dire que l'essentiel des choses.
Guillevic parle bien l'allemand et connaît bien la littérature allemande. En ce qui concerne ce poème, il est possible qu'il se soit inspiré de Faust I: «Blut ist ein ganz besonderer Saft» (Studierzimmer).

Interpretationsvorschlag

Structure	**Lignes**	**Plan syntaxique**	**Plan sémantique et stylistique**
1ère partie: strophes irrégulières	1–6	**Dominance** de relatives	**Description** apparemment objective, scientifique d'une chose: le sang, mais mêlée d'éléments mystérieux (3–4)
	7–9	**Relatives** employées dans le cadre de la **mise en relief**	**Implication** du lecteur: notre sang (7). Mise en relief du rôle vital que joue le sang (trois fois *qui* ...)
2ème partie: strophes régulières (couplets)	10–15	**Absence** de relatives phrases simples: 10–11 phrase comparative: 12–15	**Changement** de perspective: perte de sang = perte de vie; deux façons de perdre la vie: **par** accident – **pour** la liberté
	16+17	phrase simple	**Conclusion** soulignant la leçon de cette chose: derrière les apparences, il se cache une vérité plus profonde, la valeur humaine.

Le poème **Leçon de choses** (Sachkundeunterricht) se divise en deux parties, dont la première se caractérise, sur le plan syntaxique, par l'abondance de relatives et la seconde, par leur absence.

Dans les vers 1 et 2, l'auteur met en évidence les trois grandes caractéristiques du sang: *un liquide compliqué qui circule* et qui est *rouge*. Une description sobre, claire; une définition qui pourrait figurer dans un manuel scolaire ou dans un dictionnaire.

Puis, selon une démarche logique et rigoureuse, Guillevic développe ces trois qualités du sang: la couleur, la complexité et la circulation du sang sont précisées à l'aide de relatives. Une démarche scientifique dans laquelle, cependant, le poète est toujours présent. En effet, la relative des vers 3 et 4 nous emmène sur une autre voie que la voie scientifique: si la couleur du sang est unique, elle est aussi difficile à définir – l'auteur recourt à une comparaison – et surtout elle revêt un caractère mystérieux.

Nous remarquons donc dans la première partie du poème que l'auteur aura du mal à continuer sa *leçon de choses* sur un ton neutre, dans une optique objective. Néanmoins, il ressort de cette 1ère partie que le sang est d'une grande importance pour notre vie.

La 3ème strophe en est la preuve. Le phénomène circulatoire ininterrompu est merveilleusement bien rendu par la mise en relief *c'est ... qui* et la coordination, à quoi s'ajoute, par simple juxtaposition, *qui alimente,* rôle primordial de la circulation sanguine. Enfin, nous sommes tous concernés par cette *leçon de choses: c'est* **notre** *sang.*

Le sang est aussi le sujet de la seconde partie du poème. Mais, dans cette partie, il y a un changement de perspective.
Le point de départ, c'est la perte du sang, la mort. Et voilà que le liquide décrit dans la première partie du poème prend une autre valeur: il symbolise la vie humaine, qui peut s'écouler sans engagement spécial, jusqu'à la mort survenant par accident ou bien s'employer pour un but – la liberté, par exemple.

La leçon des choses, c'est de découvrir que derrière la matière qu'on peut définir et décrire objectivement, il se cache une autre dimension: celle des valeurs morales.
Voici ce qui explique le titre du poème.

Zusatzübung 3

La Marseillaise. Text s. **Zusatzübungen** Nr. 27, Seite 175.

Lernziel: Textuelle Funktionen des Relativsatzes (GhF **326** + **376**).

Lösung

a) ... que le jeune capitaine Rouget de Lisle a chanté un hymne patriotique/ «Le Chant de guerre». Il a composé cet hymne pendant la nuit du 25 avril 1792 et l'a dédié à l'armée du Rhin sous le nom de «Chant de guerre». Le capitaine Rouget de Lisle fait partie de l'armée du Rhin. Deux jours avant la composition du chant il avait appris la déclaration de guerre votée par l'Assemblée Nationale.

b) L'emploi de la phrase relative permet de donner au bon moment des informations nécessaires ou supplémentaires.
C'est un moyen économique avec l'aide duquel on réussit à rédiger un texte dense et riche en informations.

c) il s'agit de constructions participiales (participes passés):
2: (qui avait été) votée
6: (Ce chant qui a été) transmis ...a été ...
7: (qui avaient été) récrutés à Marseille.

En employant une construction participiale dans ces phrases, on évite des relatives dont le verbe serait au passif.
Dans ces phrases, la construction participiale est donc plus élégante.

Chapitre 14: Les propositions circonstancielles

Übersicht über die Lernziele und Übungen

Lernziel/ Sachaspekt	Que sais-je?	Révision	Perfectionnement	Grammatik GG	GhF
Konjunktionen und Modus					
● geläufige Konjunktionen der Standardsprache	**A** a)	**1** a)		159	350; 353; 356; 358
● Dt. ‹wenn›: *si* vs. *quand*	**B**			170 U	
● *si* ‹wenn› vs. *si* ‹ob›		**2** a)		170 U	362 U
● *de sorte que*			**3**, 4	169, 1	356, 3
● weitere Konjunktionen der gesprochenen und der geschriebenen Sprache			**3**, 2; **6** a); **7**; **8**; **9** a); **10**		350; 353; 356; 360; 363–365
● Präposition vs. Konjunktion ...		**Z** 1			
après – après que; avant de – avant que; sans – sans que		**1** c)		127	349; 350+351; 364
Adverbialsätze und alternative Konstruktionen					
● Typen der Adverbialsätze: Erkennen und Benennen			**3**°; **3**, 1		349
● Konditionale Beziehungen	**B**	**1** b); **2** a)	**Z** 2; **4**; **5**; **Z** 3	170	360+362
● Temporale Beziehungen			**6**		350–352
● Finale und konsekutive Beziehungen			**7**		356+357
● Kausale Beziehungen			**8**		353–355
● Konzessive und adversative Beziehungen			**9**		358+359
● Modale Beziehungen			**10**		363+364
● Umformung von Präpositionalgruppen, Gérondif- und Partizipialkonstruktionen in Adverbialsätze ...		**2** b)	**8** a) **3**, 3; **6**▾b);		
... und umgekehrt			**8**▾b); **9**▾b) + ▾c)		

° = Belegtext; Z = Zusatzübung

Lösungen, Hinweise, Zusatzübungen, Zusatzaufgaben

Que sais-je?

A. Chiens et chats

Lösung a) Z. 1: Bien que ... soient
2: sans qu'ils en aient
4/5: pour qu'elle ne puisse
6/7: dès qu'ils sont
7: jusqu'à ce qu'ils aient
9: parce que c'est
10: parce que ... l'interdit
11: afin qu'ils puissent
12: comme ... n'a pas
13: de sorte qu'il soit
15: Quand ... approchent
16: pendant que vous serez
avant que vous ne partiez
17: Si vous emmenez
17/18: si vous le perdiez
19: Si vous découvrez ou perdez
20: jusqu'à ce que . . vienne.

b) 1. Depuis que la S. P. A. existe
parce que ... agissent
2. quoiqu'/bien qu'ils sachent
dès que/aussitôt que ceux-ci sont nés.
3. pendant qu'ils sont
quand ... sont parties

4. jusqu'à ce qu'elles soient capturées.
Comme la loi prescrit
5. «Si vous voulez
si vous pouvez/pourrez
s'il sera à l'aise
avant d'acheter ...» (gleiches Subjekt)

Wortschatzübung 1

Lernziel: Komposita mit *sur* = «über»;
Verneinungspräfix *ir-*.

1. Ausgehend von
la **sur**population des chats = population trop nombreuse des chats
zu
la surproduction de vin ⟶ sous-production
und
un travail surhumain — une voiture surchargée
des forces surnaturelles — une pièce surchauffée
sowie
un bébé suralimenté ⟶ sous-alimenté
un emploi surpayé ⟶ sous-payé
2. agir de façon réfléchie ⟶ irréfléchie
De même:
des personnes responsables ⟶ irresponsables
une nourriture régulière ⟶ irrégulière.

B. Dagobert

Lösung

1. Si vous voulez prendre l'air régulièrement, achetez-vous un chien. (Reales Bedingungsgefüge)
2. Si nous n'avions pas Dagobert, il nous manquerait quelque chose. (Irreales Bedingungsgefüge)
3. Quand il veut sortir, il nous apporte sa laisse. (Temporalsatz)
4. Quand c'est mon père qui le sort/promène, il peut courir librement. (Temporalsatz)
5. Si vous croyez qu'il s'éloigne (Ind./Subj.), vous vous trompez. (Reales Bedingungsgefüge)
6. Quand il arrive à un feu (de signalisation), il s'arrête et attend. (Temporalsatz)
7. Seulement, quand il voit un chat, on ne sait pas comment il va réagir/réagira. (Temporalsatz)
8. Si tante Marianne ne nous avait pas offert Dagobert/ne nous avait pas fait cadeau de Dagobert, nous nous serions acheté un chien. (Irreales Bedingungsgefüge)

Exercices de révision

1. L'accident de Janine

Lösung a)

1. ... parce qu'elle a eu ...
2. ..., comme Janine allait au lycée.
3. Au moment où elle traversait ...
Elle traversait ... quand/lorsqu'une camionnette lui est rentrée dedans.
4. ..., quoique/bien que les feux ... aient été au rouge.
5. ..., de (telle) sorte/manière/façon que/si bien que celle-ci a été projetée ...
6. ..., jusqu'à ce que/en attendant que l'ambulance arrive.
7. Comme Janine saignait du nez, ...
8. Quoique/Bien que sa chute ait été très violente, ...
9. pour qu'elle/afin qu'elle puisse se remettre/se remette de son choc.
10. ..., puisqu'il/car il n'a pas respecté la priorité.
Comme il sentait le vin, ...

b) 1. Si le conducteur ... avait fait attention, il aurait vu que les feux étaient au rouge.
2. S'il avait freiné en voyant ..., le choc aurait été moins violent.
3. S'il avait accroché ..., il aurait écrasé ...
4. Si les voitures suivantes n'avaient pas pu s'arrêter ..., la jeune fille aurait risqué de ...
5. Si tout va bien, la jeune fille pourra quitter ...

c) 1. Janine... a) après avoir attendu que le passage soit libre.
b) après que le feu a/ait passé au vert.
2. La camionnette ... a) sans que le passage soit libre.
b) sans avoir la priorité.
3. Les passants ... a) avant d'appeler l'ambulance.
b) avant que la police (ne) soit arrivée.
4. Les gendarmes ... a) après que Janine a/ait été transportée à l'hôpital.
b) après l'/lui avoir fait souffler dans le ballon.
5. Les témoins ... a) que Janine avait traversé après que le passage était libre.
b) que la camionnette s'était approchée sans faire attention aux feux.

Zusatz-übung 1

Opinions. Text s. **Zusatzübungen** Nr. 20, Seite 171.

Lernziel: Unterscheiden von Präpositionen und Konjunktionen (GG **127**).

Lösung

1. Le conducteur de la camionnette déclare: «Je suis parti/me suis mis en route à 7 heures 45, pour porter deux colis à la poste/au bureau de poste. Je devais les poster à 8 heures précises pour qu'ils soient à destination demain matin.
J'ai mon permis (de conduire) depuis cinq ans et jusqu'à présent/maintenant, je n'ai pas eu un seul accident/je n'ai provoqué aucun accident.
Depuis que je travaille comme chauffeur, je conduis encore plus prudemment. Je ne bois jamais avant de prendre le volant. Je ne bois pas non plus pendant le travail.
Ce n'est pas moi qui ai provoqué cet accident/qui suis responsable de cet accident. J'ai roulé lentement jusqu'à ce que les feux soient au vert, et puis j'ai accéléré.»
2. Les témoins de l'accident ne sont pas de/ne partagent pas cet avis. Ils disent que la camionnette a traversé le carrefour pendant que les feux étaient au rouge et qu'elle s'est approchée sans freiner.
3. Le conducteur/chauffeur de la camionnette ne dit plus rien. Il demande seulement aux agents de police/policiers/gendarmes de régler l'affaire sans que son patron soit mis au courant.

2. A propos de randonnées

Lösung a) 1. S'il fait beau ..., nous ferons/allons faire ...
2. ..., on se demande s'il ne va pas pleuvoir/ne pleuvra pas.
3. Si on pouvait compter ..., il serait plus facile ...
4. Si nous l'avions su, nous serions restés ...
5. ... si ma mère peut prendre ..., on partira ...
6. Si nous pouvons louer ..., tu pourras venir avec nous. Si seulement je le savais!
7. Cela ne posera aucun problème, si nous réservons ... .
8. ... si tu auras le temps ou si tu as déjà fait ... .
..., si tu nous accompagnais, cela me ferait plaisir.

b) 1. Quand nous sommes arrivés, François a proposé ...
2. ... trempés parce qu'il y a eu un orage ... .
C'est ... depuis que nous sommes partis/en route.
Et dire que si nous étions partis ..., nous serions arrivés
3. Pendant que nous descendions ...
Ils ... avant qu'il (ne) fasse nuit.
Comme ils savaient qu'ils avaient ... S'ils forcent le pas, ils pourront ...
4. Si nous partons de bonne heure, nous pourrons ...
Mais ... parce que nos sacs à dos sont très lourds/pèsent (très) lourd.
5. Espérons ... jusqu'à ce que notre randonnée soit terminée.

Exercices de perfectionnement

3. La Terre: planète verte ou désert stérile?

Hinweis Dieser Text belegt die Typen von Adverbialsätzen, die im *Commentaire grammatical* abgerufen werden. Dort werden auch die Beziehungen angesprochen, die zwischen Adverbialsätzen und alternativen Konstruktionen bestehen.
Die Übungen 4–10 sind nach den inhaltlichen Beziehungen, die die Konjunktionen ausdrücken, gegliedert. Die Adverbialsätze werden jeweils mit den entsprechenden alternativen Konstruktionen (Infinitivgruppe/Präpositionalgruppe) behandelt.
Eine Übersicht über die Konjunktionen, die den Subjonctif auslösen, befindet sich in GhF **365**.

Wortschatzübung 2

Im Anschluß an die Lexik des Texts läßt sich folgendes syntagmatische Feld erarbeiten:

Environnement: engagements

empêcher que s'opposer à ce que ne pas accepter que	les forêts tropicales les ressources naturelles des espèces de plantes et d'animaux	être menacé être détruit disparaître
	l'érosion du sol l'ignorance l'étroitesse d'esprit la demande croissante des consommateurs	finir par transformer la Terre en un désert rendre la Terre inhabitable
lutter pour que manifester pour que	l'équilibre entre les plantes et les animaux la survie des espèces une nourriture suffisante pour tous	être assuré être garanti

Lösung **Commentaire grammatical**

1.
- Circonstancielle de **but**: 15/16: … **pour que** notre planète ne **devienne** …
- Circonstancielles de **cause**: 5: **parce que** …, elles assurent (Indicatif) … 11: **Comme** les grandes forêts poussent (Indicatif) …
- Circonstancielle de **condition**: 14: **si** nous sommes assez nombreux …
- Circonstancielle de **conséquence**: 3: … **de sorte que**, …, il ne **restera** plus que …
- Circonstancielle de **temps**: 7: **Dès que** les arbres **sont** abattus, …

2. 3: … **si bien que** (de sorte que), …
5: Etant donné que dans les régions où elles poussent, elles assurent …, ces forêts sont irremplaçables.
7: **Aussitôt que** (Dès que) les arbres sont abattus …
11: **Etant donné que** (comme) les grandes forêts poussent …
14: … **à condition que** nous **soyons** (si nous sommes) assez nombreux …
15: … **afin que** (pour que) notre planète ne devienne pas …

3. a) Depuis leur existence, …
b) … à cause de l'équilibre qu'elles assurent …
c) Après la destruction des forêts …
d) Malgré leurs fonctions vitales importantes …
e) … à cause de l'ignorance et de l'étroitesse d'esprit de quelques-uns.

4. a) … de sorte que, …, nous perdrons … (conséquence)
b) … de sorte que, …, se transformera … (conséquence)
c) … de sorte que … soit assuré … et … soit garantie (but)
d) … de telle sorte qu'il se rende compte … et qu'il soit prêt … (but).

Zusatz-übung 2

Campagne en faveur des forêts. Text s. **Zusatzübungen** Nr. 21, Seite 171.

Lernziel: Konditionalgefüge mit *si* und mit anderen Konjunktionen (GhF **360+362**).

Lösung

1/2: S'il n'y avait pas ..., ... l'auraient transformée ...
Supposé qu'il n'y **ait** pas de forêts, ...
4: S'il n'y avait pas ces laboratoires, ..., nous n'aurions pas ...
A supposer qu'ils n'**existent** pas (Subjonctif) ...
5/7: Si l'on abat ..., les animaux ne pourront/peuvent plus vivre et si l'on supprime les animaux, les plantes ne pourront/peuvent plus pousser.
Au cas où l'on supprimerait ...
8/9: ... seront menacées de famine, si nous n'arrivons pas ...
..., à moins que nous n'**arrivions** (Subjonctif) à arrêter le plus rapidement possible cette évolution ...
12/13: Celles-ci ne peuvent/pourront être arrêtées que si tous ... se mettent ensemble ...
... qu'à condition que tous ... se mettent ensemble (Subjonctif).
14: Si seulement, ils pouvaient y arriver.
Pourvu qu'ils puissent y arriver/ils y arrivent.

4. Bonne route avec «Bison futé»

Lösung

a) 1. Vous trouverez ... à condition que vous rentriez jeudi.
2. Automobilistes, supposé que vous quittiez le bord de la mer ..., vous serez ...
3. Votre retour ..., pourvu que vous suiviez ...
4. Vacanciers ..., le soleil ..., à condition que vous respectiez ...
5. La route ... restera ..., si vous consultez ...

b) 1. Si vous quittez/En quittant La Rochelle vers 6 heures du matin, vous serez à Paris avant midi. A cette heure-là, la circulation sur le périphérique est encore fluide.
2. Au cas où vous auriez l'intention de partir plus tard, vous tomberez à coup sûr dans les grands embouteillages avant Paris.
3. Supposé/A supposer que vous voyagiez jeudi ou vendredi, vous n'auriez/aurez pas de problèmes, tandis que/alors que le week-end les routes seront toutes bouchées.
4. Que vous preniez/rouliez sur l'autoroute ou que vous choisissiez les nationales, le week-end, vous tomberez dans les embouteillages/encombrements/vous tomberez, le week-end, ...
5. Les encombrements durent/dureront 4 à 5 jours. Vous ne pouvez les éviter qu'en repartant/rentrant dès .../Vous ne pouvez pas les éviter, sauf si vous repartez dès jeudi ou vendredi.
6. Encore un conseil: Ne couchez pas à Paris, sauf si vous avez réservé/à moins que vous n'ayez réservé/à moins d'avoir réservé (des chambres).

5. La révolution et l'honneur

Lösung

2: S'ils m'avaient regardé
j'aurais lancé
3: Si vous décidez
4: j'attendrai – je lancerai
7: Je le pourrais si ... commandait
10: perdrait ses pouvoirs ...
si elle tolérait
12/13: nous serons ... triomphera.
14/15: si ... rejette ...?
si ... refuse que ... soient tués?
16: s'il le faut
jusqu'à ce qu'il comprenne
17: Si vous y croyiez
18: si vous étiez sûrs
20: que pèserait la mort
22: devait se séparer
je m'en détournerais
Si vous le décidez, j'irai
23: je me jetterai
26: si ... sont encore là?
27: Nous attendrons
28: Et si ... accompagne
29: Je ne l'épargnerai pas.

Zusatz-aufgabe

Dites en quoi consiste le conflit qui oppose Kaliayev à Stepan.

Zusatz-übung 3

«Les Justes» Text s. **Zusatzübungen** Nr. 22, Seite 171.

Lernziel: Irreales Bedingungsgefüge mit zusammengesetzten Zeiten.

Lösung

1. Si les neveux n'avaient pas accompagné ..., Kaliayev aurait lancé ...
2. Si Stepan avait été ..., il aurait exécuté ...
3. Stepan serait moins dur, s'il n'avait pas souffert ...
4. S'il n'avait pas été traité ..., il ferait peut-être ...
5. Quelques-uns ... auraient recommencé ..., si Annenkov, ..., n'en avait pas décidé autrement.
6. ...: elle aurait pris ..., si elle avait été ... .

6. Sauvetage en mer

Abbildung Die Zeichnungen erklären *amener la grand-voile, le gouvernail, faire contrepoids, chavirer* und *rester accroché.*

Lösung a) 1. Dans l'après-midi, le vent s'est levé quand ils se trouvaient ...
2. Aussitôt que/Dès que la vitesse du vent a dépassé ..., ils ont amené ...
3. Pendant que Pascal tenait le gouvernail, Francine essayait ...
4. Au moment où Pascal a voulu ..., le bateau a chaviré.
5. Les deux ... sont restés ..., jusqu'à ce que le bateau/en attendant que le bateau ... vienne ...
6. «Depuis (des années) que nous pratiquons ..., nous n'avons jamais vu ...», ont-ils déclaré ...

▼ b) 4. Pendant un virement, un coup ...
5. ... jusqu'à l'arrivée du bateau de sauvetage.
6. A leur arrivée au port, ils ont ...

7. Un véritable triomphe

Lösung a) 1. La salle était si pleine qu'il fallait ...
2. Il y avait tant/tellement de monde que plusieurs ...
3. Les jeunes étaient si/tellement excités qu'on ...
4. Le public a tant/tellement apprécié ... que Johnny a dû ...
5. Johnny était tellement en forme, ..., qu'il a ...
6. Ce show ... a tant/tellement plu que le public ...
7. Ce spectacle a été un tel triomphe que la vente des disques ...

▼ b) 1/3: **De peur que** la salle ne **soit** complètement **saccagée** pendant ... Des hommes forts, mais habillés comme les spectateurs, ..., **afin que** toute provocation **soit évitée** ...
4/5: Le roi du rock français fascine toujours son public, **à un tel point que** la salle, ce soir-là, **était** comme hypnotisée.
5/7: La force avec laquelle Johnny s'impose à la foule est **telle que** c'est le délire dès la seconde chanson. Les fans sont toujours aussi fous de l'idole, mais ils se sont assagis, **si bien qu'**on **n'a** pas compté une seule chaise cassée.
8/9: Aujourd'hui, le roi Johnny est **trop bien** assis sur son trône **pour qu'**on **puisse** le détrôner. Son succès a été **si** grand **qu'il n'a** aucune envie de laisser sa place à un autre.
9/10: Il a su mener sa carrière **de sorte qu'**il ne **connaîtra** jamais la disgrâce.

8. Problèmes du Tiers-Monde

Lösung **a) Afrique: une évolution dangereuse**

1. ... parce qu'on a/du fait qu'on a pris des mesures pour ...
2. ... du fait que/parce que la mortalité baisse/a baissé.
3. Comme/Vu que/Etant donné que la population a augmenté, ...
4. ... du fait qu'/parce qu'on a introduit des cultures ...
5. ... parce que/du fait que les soins ... sont devenus ... Résultat: ..., puisque le cheptel a augmenté.
6. Enfin, comme/vu que/étant donné que les rapports ... ont été bouleversés, ...
7. Ainsi, comme/vu que/étant donné que les gouvernements ... ont pratiqué/pratiquent une politique ..., certaines régions ...

▼ **b) La situation nutritionnelle et médicale dans le Tiers-Monde**

1. ... se dégrade à cause de/en raison de la progression du désert et de l'augmentation des populations.
2. Selon l'UNICEF, ... meurent chaque jour faute de nourriture suffisante/par manque de nourriture.
3. La malnutrition ... sahélienne en raison du/à cause du/du fait du grand déficit nutritionnel.
4. Des ... meurent non seulement par manque de proteïnes, mais encore à cause/en raison de leur incapacité **à** résister ...
5. De nombreux ... survivre faute de soins médicaux.
6. ... améliorée grâce à l'aide financière et ... des Etats riches.

9. Regards sur la condition de la femme française

Zum Text a) 1. Unterscheide: 58 femmes pharmacie**ns**
58 pharmacie**nnes**; vgl. GhF **16+19**.
4. Mlle M. Campana est nommée ambassad**eur**; also: Mme l'Ambassad**eur**.

b) Ebenso: 40 femmes député**s**: Mme **le** député.

c) Distinguez: la cause fémini**ste**
être pro-féministe

les tâches fémin**ines**	→ masculines
les **réussites** féminines	→ masculines
les collègues masculins	→ féminines

Lösung **a) La promotion de la femme française**

1. ... en France, alors qu'/tandis qu'aujourd'hui, elles sont ...
2. Alors qu'en 1918, il y avait ..., en 1940, il ... .
3. En 1962, ..., extra ..., alors que Marie Curie n'y avait jamais été admise, bien que/quoique l'importance ... lui ait permis de l'espérer.
4. ... Bien que/Quoique ces réussites féminines soient ..., elles sont restées .../si spectaculaires que soient ces réussites ..., elles sont restées des exceptions.
5. ... Bien que/Quoique ces femmes soient ..., dans la plupart des entreprises ...

▼ **b) Les Françaises et la vie publique**

1. En France, ... électoral. Mais au lieu qu'elles fassent ... usage de ..., elles restent .... .
   Mais au lieu de faire ... usage de ..., elles ...
2. Au lieu que le nombre des Françaises augmente, il tend ...
   Au lieu d'augmenter, le nombre des Françaises ... tend à baisser.
   Un exemple: alors qu'en 1946, il y avait ..., en 1977, on n'en comptait que 9.
3. Quoiqu'/Bien qu'elles soient en majorité ..., elles n'influencent pas ...
   Malgré la majorité qu'elles ont dans diverses associations, elles n'influencent pas ...

▼ **c) Un cas typique?**

1/2: ... Bien que/Quoique les examens y soient extrêmement difficiles, une femme, . ., en est sortie ...
Si difficile qu'y soient les examens, une femme ...
Malgré l'extrême difficulté des examens/Malgré les examens extrêmement difficiles, une femme ...

6: Au lieu qu'elle ait fait/Au lieu de faire une carrière ..., elle est ...

7: Bien qu'elle ait des diplômes ... et qu'elle ait débuté . . ., elle n'a pas réussi .... .
Malgré/En dépit de ses diplômes ... et de ses débuts à un ..., elle n'a pas réussi .... .

9/10: Au lieu qu'elle ait eu/Au lieu d'avoir des heures ..., comme ..., elle devait ...

12: Bien que son mari soit ..., il est incapable .../Tout pro-féministe convaincu qu'il soit, son mari est incapable ...

14/15: Malgré les/En dépit des nombreux ... efforts qu'elle a faits pour le changer, elle n'a jamais noté ... Bien qu'elle ait fait de ... efforts, elle n'a jamais .... .

Zusatz-aufgabe Dans quelles conditions Françoise aurait-elle pu faire une carrière brillante?

Wort-schatz-übung 3

Im Anschluß an die Texte können Namen zusammengestellt werden, die nur ein Genus für beide Geschlechter haben (GhF **19** + **20**).

1. Professions

Que peut devenir une femme qui a fait des études universitaires?
Quelles fonctions peut-elle prendre dans la vie économique et politique?

In der Besprechung lassen sich die Namen nach der Genusmarkierung gruppieren:

Une femme peut	être **un** excellent être nommée être élue	diplomate ambassadeur ministre maire député
	être **une** excellente	présidente conseillère adjointe

Elle peut être	**un** excellent	juge médecin ingénieur architecte professeur	auteur peintre sculpteur chef d'entreprise supérieur
	une excellente	avocate pharmacienne musicienne physicienne	dentiste chimiste mathématicienne biologiste

La situation d'une femme [ambassadeur / député / ...] n'est pas toujours facile.

2. Alain Delon

Article défini ou indéfini, masculin ou féminin? – Complétez.

1. Alain Delon est ... vedette de cinéma qui joue souvent ... canaille dans des films policiers.
2. Il n'a fait que quinze jours de service militaire et ... (nouveau) recrue qu'il était, a beaucoup souffert de la discipline.
3. Il se considérait comme ... victime de ses camarades et de ses supérieurs et, après une crise de nerfs, on l'a renvoyé chez lui.
4. On dit qu'en quittant la caserne, il n'a même pas salué ... sentinelle (placé) à la sortie.

10. Témoignage

Lösung

1: Au fur et à mesure que les enfants grandissent
2: Outre que j'étais morte de fatigue
3: sans que les enfants fassent des bêtises.
4: dans la mesure où son emploi du temps
6: Selon que le temps le permet ou pas
7/8: telle que je me la représente et telle que la vivent d'autres femmes.

Chapitre 15: Le gérondif et les constructions participiales

Übersicht über die Lernziele und Übungen

Lernziel/ Sachaspekt	Que sais-je?	Révision	Perfectionnement	Grammatik GG	GhF
Gérondif					
● Form, Funktion, Gebrauch	A; B	1; 4	5; ▼6, 1	171–173	366–369
● Gérondif mit konzessiver Bedeutung (*tout en* ...)			5°. 5, 2+3	172,1	368, 1
● Gérondif ohne Bezug zum Subjekt			▼6		367 A
Participe présent					
● Form, Funktion, Gebrauch	A; C a)	4		171+174	366; 370; 371, 1+2
● Participe présent vs. Gérondif	A	4; 5°, 1	5, 4		368; 371, 1+2
● Participe présent vs. Adjectif	C b)	2	5; 8 a) + b)	175	370–373
● Textsortenspezifische Verwendung der Partizipialkonstruktion			7■		370–372; 375+376
● Stilistische Verwendung des Participe présent			Z		
● Dt. Partizip Präsens und frz. Entsprechungen			8 c)	175	374
Participe passé					
● Satzverkürzende Partizipialkonstruktion			5°; 5, 6; 7■		375+376, 1+2
● Absolute Partizipialkonstruktion			▼6, 2		371, 4; 376, 3
Accord des Participe passé s. **Chapitre 6**		2–4	5; ▼7; Z 1+2		

° = Belegtext; ■ = Integrationsübung

Lösungen, Hinweise, Zusatzübungen, Zusatzaufgaben

Que sais-je?

A. La Fontaine vu par Chaval

Hinweis Die Fabel *Le corbeau et le renard* ist im Anhang **Zusatzübungen,** S. 173, abgedruckt. Sollte sie den Schülern unbekannt sein, empfiehlt es sich, vor Beginn der Übung **A** eine kurze Inhaltsangabe zu geben.

Vorschlag:
Le corbeau a volé un fromage et s'est installé dans un arbre pour le manger. Le renard l'a vu et aimerait bien avoir ce bon camembert.
Mais malheureusement, il ne peut pas monter dans l'arbre. Il faut donc trouver un moyen pour décider le corbeau à laisser tomber son fromage.

Or, le renard sait que le corbeau aime beaucoup qu'on lui fasse des compliments. Il approche donc de l'arbre et dit: «Bonjour, monsieur du Corbeau. Ah! Que vous êtes beau aujourd'hui!
Si votre voix est aussi belle que vos plumes, vous êtes le plus bel oiseau de cette forêt.»
Là-dessus, le corbeau est si heureux qu'il ouvre son grand bec pour chanter une chanson et laisse tomber son fromage. Le renard le prend vite et dit: «Voilà ce qui arrive quand on écoute ceux qui vous racontent ce que vous voulez entendre.» Et il s'en va.

Lösung

1. a) La Fontaine cherchant un scénario.
   b) Le corbeau et le renard lui faisant des suggestions.
   c) Un fromage servant de sujet de conversation.
2. a) La Fontaine s'étonnant ...
   b) Le corbeau se plaignant au poète en lui reprochant ...
   c) Le renard consolant le corbeau en lui rendant ...
3. a) La Fontaine remerciant le corbeau et le renard en leur offrant ...
   b) Le corbeau faisant entendre sa belle voix en chantant une chanson.
   c) Le renard réfléchissant à ...
4. La Fontaine, le corbeau et le renard n'ayant plus envie ...

B. Une belle perspective

Lösung

a) Z. 2: Quand j'ai ouvert la boîte aux lettres ...
5: ... nous t'attendons ... et nous souhaitons que ...
8: Si tu prends le train de nuit ...
10: Quand tu arriveras à Bordeaux et que (statt quand) tu descendras ...
(Auch: A ton arrivée à Bordeaux, quand ...)

b) 3: En la lisant ...
9: En prenant le métro ...
13: Je te quitte en espérant que ...

Der Text des Briefes zeigt, daß Gérondif und Adverbialsatz in ausgewogenem Verhältnis nebeneinander benutzt werden. Enthielte er zusätzlich die nach b) möglichen Gérondif-Konstruktionen oder den in Z. 10 (a) möglichen Adverbialsatz, wäre er stilistisch unbeholfen abgefaßt.

c) 1. Si elle prend le train de 23 h 47, ... Si elle partait à 7 h 02, ...
2. Si elle couchait ... Mais quand elle téléphone ...
3. ... si elle s'était occupée de son voyage ... Si elle suit le conseil ...

C. Dans une M. J. C.

Lösung

a) 1. Quelqu'un a **trouvé** un porte-monnaie qui contient 200 F.
2. Quelqu'un veut **vendre** une chaîne stéréo qui a à peine servi.
3. Quelqu'un **cherche** un jeune homme ou une jeune fille qui veuille bien tenir compagnie ...
4. Un étudiant qui connaît bien le russe cherche **d'urgence** un job ...
5. Quelqu'un qui vient seulement d'arriver et qui ne connaît encore personne ici cherche un(e) ou des partenaires pour de(s) petites et de(s) grandes **randonnées.**
6. Des **musiciens** qui veulent créer ... cherchent un bon joueur ... Leur musique préférée, c'est le rock et le folk.

b) 1. ... intéressant les jeunes ... (qui intéressent)
2. ... d'une qualité surprenante (inattendue)
3. ... des activités plutôt amusantes (agréables)
... ayant déjà certaines connaissances (qui ont)
4. ... des résultats étonnant les organisateurs (qui étonnent)
5. ... trouvent ... encourageante (bonne)
... des activités passionnant les jeunes ... (qui passionnent)

Exercices de révision

1. Instructions

Lösung Hier ist zu unterscheiden
- ob Haupt- und Nebensatz gleiches Subjekt haben oder nicht
- ob der mit *et* koordinierte Satz die Art und Weise – also einen gleichzeitig ablaufenden – oder ob er einen nachfolgenden Vorgang bezeichnet.

Gérondif ist demnach möglich in folgenden Zeilen:

Z. 1: en appuyant
3: en partant
5: en sortant
7: en rentrant
14: en revenant
15: en arrivant

Aber: Z. 9: kein Gérondif: *s'occuper* und *arroser* bezeichnen denselben Vorgang.
11: Kein Gérondif: *vider* und *mettre* sind aufeinanderfolgende Vorgänge.
13: *fermer* und *mettre* ebenso.

Zu 7: möglich sind *quand tu rentres le soir* (= *en rentrant*) oder *si tu rentres* **tard** *le soir* (kein Gérondif, da die Bedingung durch *tard* eingeschränkt ist).

Zu 16: nur *pour plaisanter* möglich nach Verb in der 1. Pers. Sg. Präsens; eindeutig final.

2. Ne parlez pas franglais

Lösung: Un(e) …, c'est …/Des …, ce sont …
1. un grande maison … se trouvant surtout … (un immeuble.)
2. une série de dessins racontant une histoire amusante (une bande dessinée).
3. un mot … indiquant … (le palmarès).
4. un terrain … les voitures stationnant en ville (un parc de stationnement).
5. un système de tuyaux servant … (un gazoduc/un oléoduc).
6. une grande affiche représentant … (une maxi-photo).
7. un monsieur présentant ou commentant … (un présentateur/commentateur).
8. un mot désignant … (1° le rang; 2° la classe).
9. une expression désignant … (un(e) adolescent(e)).
10. un manteau ayant … et protégeant … (un imperméable).
11. un bateau … pouvant prendre … (un bateau de plaisance).
12. une abréviation se passant … (les toilettes).

3. Petites annonces

Lösungsvorschlag
1. **Perdu** portefeuille contenant papiers d'identité au nom de … . 200 F de récompense.
2. **Cherche** correspondant(e) français(e) aimant la danse, s'intéressant à la photo, faisant de l'équitation (si possible).
3. **Etudiant(e) allemand(e)** parlant bien l'anglais, (ayant) connaissances de français, sachant taper à la machine (oder: ayant connaissances de français et de dactylographie) cherche job pour été.
4. **Jeune Allemande** comprenant bien le français, sachant occuper les enfants, permis de conduire depuis 2 ans, aimerait accompagner famille francophone en vacances.
5. **Montpellier.** Cherche étudiant(e) voulant bien me laisser sa chambre pour août.
6. **Orange, accident sur N 7.** Voudrais prendre contact avec témoin ayant vu l'accident (305 rouge, reparti vers Avignon).

4. Bonne nouvelle pour les amateurs d'art

Lösung Z. 2: aux jeunes aimant les activités
3: Ayant reçu un don …
5: une jeune femme ayant fait des études
6: En annonçant la création
9/10: en faisant travailler
11/12: Ayant trouvé des enseignants
15: En augmentant le nombre
18: sachant que

Exercices de perfectionnement

5. André-Marie Ampère: un savant distrait

Hinweis: Dieser Text enthält Belege für
- Gérondif und Participe présent
- Gérondif mit konzessiver Bedeutung: *tout en faisant qc*
- Participe présent und Adjectif verbal
- Satzverkürzendes Participe passé

die im *Commentaire grammatical* analysiert werden.

Lösung **Commentaire grammatical**

1. Z. 3: Ne possédant aucune fortune
5: et, connaissant toute la littérature
7: ayant toujours l'esprit préoccupé
8: Ainsi, en sortant de chez lui
10/11: sur un fiacre, le prenant
12: le chiffon servant
13: (En) voyant ... les étudiants éclatèrent
16: (en) laissant une œuvre
18: un terme scientifique désignant

2. a) Mais pendant qu'il exerçait ..., il continua (quand même) ...
Mais bien qu'il ait exercé (exerçât) ..., il continua ...
Mais en même temps qu'il, exerçait ..., il continua ...
b) Il exerça ces fonctions ..., mais il continua en même temps/ quand même ...
c) Mais à côté de/malgré/en plus de ces fonctions ..., il continua ....

3. a) en donnant
b) en acceptant
c) Tout en exerçant
d) Tout en consacrant
e) Tout en jouissant

4. a) *Embarrassant* est un adjectif verbal, employé comme attribut du pronom relatif *que* (COD) qui se réfère à *ces fonctions*.
b) 8: ... problèmes intéressants – 15: ... des découvertes étonnantes = adjectifs verbaux épithètes

5. a) Dans la rue, comme il était **souvent/toujours** plongé ...
b) Ce grand physicien ..., qui naquit/est né en 1775, ...

6. 1. André-Marie Ampère, né en 1775 dans un village près de Lyon, se fit remarquer dès son jeune âge.
2. Ayant perdu son père très tôt, il ne possédait pas de/aucune fortune. En effet, son père mourut/en 1783/En 1783, en effet, son père mourut sur l'échafaud, (après avoir été) accusé de sympathiser avec l'aristocratie.
3. Le jeune Ampère gagna donc d'abord sa vie en donnant des leçons particulières. (Etant) doué d'une intelligence exceptionnelle/extraordinaire et ayant lu tous les livres de son époque, il était déjà à (l'âge de) 18 ans un vrai savant/un vrai savant à l'âge de 18 ans.

▼ 6. Proverbes (3)

Lösung Paraphrasen:

1. a) Si on forge beaucoup, on devient .../Pour devenir forgeron, il faut s'entraîner à forger.
(= A force de s'exercer à faire qc, on devient habile à le faire.)
b) L'appétit vient pendant qu'on mange.
La fortune vient pendant qu'on dort.
(= Le plus sûr moyen de s'enrichir, c'est d'attendre passivement un coup de chance.)

2. a) Une chose promise est une chose due. (= On est obligé de faire ce qu'on a promis.)
b) Quand la bête (la vipère) est morte, elle n'a plus de venin. (= Quand un ennemi est mort, il ne peut plus nuire.)
Quand le chat est parti, les souris dansent.

Dans les phrases du groupe a) il n'y a qu'un seul sujet: 1a) = *on;* 2a) = *chose.*
Dans les phrases du groupe b) il y a deux sujets: 1. b) l'appetit/la fortune – on;
2. b) la bête – le venin; le chat – les souris.

7. Pierre Larousse

Hinweis Die Übung integriert Partizipialkonstruktionen (P. présent und P. passé) in textspezifischer Verwendung (Kurzbiographie, Lexikonartikel).

Zum Text 11/12: un système ... qui **tienne** ...
14: un dictionnaire ... qui **contiendrait**] vgl. GhF **331,** 1+**331, A**

Lösungsvorschlag Z.
1/2: Pierre Larousse, né à ... grandit ... l'auberge tenue par sa mère.
3/4: A six ans, Pierre commence ..., les complétant ...
5: A seize ans, il entre ..., ayant obtenu .../ayant obtenu ..., il entre ...
6: A vingt ans, il retourne ...
6/8: Déçu par les méthodes ..., il abandonne .../faisant plus appel ..., il abandonne ...
9/10: Larousse retourne ... et suit ..., accumulant ... et rêvant ...
11/13: Décidé ... l'enseignement pratiqué ... par un système ..., il publie ..., suivi de ...
14/15: Mais ... «... dictionnaire ...» contenant ...
16/17: S'entourant ..., Larousse rédige ...
17/18: Il y consacre ... travaillant ... jusqu'à sa mort, survenue ...
19/21: Le nom ..., devenu synonyme ..., témoigne ....

8. Les fonctions de la télévision: informer, distraire, cultiver

Wortschatzübung Relevez dans le texte les différentes sortes d'émissions et indiquez la catégorie allemande correspondante.

Lösung:

le journal télévisé	Tagesschau/Heute Journal/Tagesthemen
un magazine politique	politische Sendung (Bonner Perspektiven/Intern. Frühschoppen/ Bericht aus Bonn)
un feuilleton	Serie (Dallas)
des variétés	Unterhaltungssendung
des jeux télévisés	Ratespiele (Einer wird gewinnen/Auf los geht's los)
une émission publicitaire	Werbefernsehen
une émission «facile»	anspruchslose Sendung
une émission «qui provoque»	geistig anspruchsvolle/zum Mitdenken auffordernde Sendung

Complétez le centre d'intérêt «télévision». Vgl. LM S. 103–104.

Lösung a) Z.
2: intéressant le public
3/4: les 75 % restants
une émission divertissante, distrayante, amusante
convenant au ...
5: amusant la masse
7/8: des émissions intéressantes
invitant les téléspectateurs
provoquant ... des réactions?

b) Z.
1: des émissions «provocantes».
2: fatiguant les spectateurs cultivés.
3: assez de choses décourageantes ...
4: précédant le journal télévisé ...
7: négligeant trop leur langage.
9: cette discussion fatigante?
précédant celui-ci ...
11: un résultat encourageant?
12: Les émissions «provocantes»
«fatiguant» la masse
13: des émissions «provocantes» ..

c)
- Les forêts qui meurent – un problème européen
- (Les) soucoupes volantes et autres O.V.N.I.
- (La) spéculation foncière et (les) maisons inhabitées/abandonnées
- (Des) robes montantes et (des) couleurs voyantes: le dernier cri de la mode
- (Des) médecins allemands en Afrique – une expérience encourageante
- (Des) mesures contre la surpopulation menaçant le monde/Mesures contre la menace de surpopulation mondiale.

Zusatz-aufgabe

Relisez le texte N° 5, PFM page 112, puis rédigez une lettre à la Maison de la Radio.

Zusatz-übung

Le Rhinocéros. Text s. **Zusatzübungen** Nr. 23, Seite 172.

Lernziel: Stilistische Verwendung des Participe présent; Einfluß der Mitteilungsperspektive.

Lösung: Commentaire grammatical et stylistique

Man lasse die Schüler zunächst nur den linken Text a) lesen.

1. Principale: Nous discutions ... mon ami Jean et moi.
   Subordonnée: lorsque ... un rhinocéros.

   - Le sujet de la principale est exprimé deux fois. Ce n'est qu'à la fin de la phrase qu'on apprend qui est ce *nous*.
   - La subordonnée est très longue.
     Quoique le complément direct *un rhinocéros* soit accompagné de plusieurs adjectifs et constructions participiales, il se trouve à la fin de la phrase.
   - Les groupes soulignés suggèrent qu'il s'agit des antagonistes de la nouvelle. L'auteur les a opposés dès le début de son histoire pour développer par la suite le conflit qui résultera de leur rencontre/confrontation.

   An dieser Stelle kann auch auf die (weitere) Kontrastierung durch die Adverbien *(discuter) tranquillement* (1) und *(souffler) bruyamment* (5) hingewiesen werden:

   Voyez-vous un rapport entre les adverbes employés dans cette phrase?

   - Les adverbes *tranquillement* et *bruyamment* sont des antonymes.
     Ils renforcent les contraste entre les antagonistes de la nouvelle.

2. «... lorsque nous aperçumes, sur le trottoir d'en face, un énorme, puissant rhinocéros/un énorme rhinocéros puissant qui soufflait bruyamment, fonçait droit devant lui, frôlait les étalages.»

   - Sur le plan syntaxique, l'emploi du participe présent permet de mettre/rejeter le complément nominal (un rhinocéros) à la fin de la phrase.
     La place du complément ainsi obtenue correspond exactement à la perspective fonctionnelle de la phrase qui veut que l'information nouvelle et importante soit placée en fin de phrase.
   - Sur le plan stylistique, la mise du complément d'objet (nominal) en fin de phrase augmente la tension: le lecteur, loin de s'attendre à rencontrer un rhinocéros dans la rue, a, dans une phrase bien rythmée, une description détaillée d'un «être» avant d'apprendre de qui ou de quoi il s'agit. (On appelle *adjectif détaché* l'adjectif mis en apposition et séparé du nom qu'il détermine.)

3. Dans cette phrase, la place des participes est justifiée: le lecteur sait déjà qu'il y a un rhinocéros dans la ville.
   On pourrait remplacer les constructions participiales par des relatives, mais comme il s'agit d'un texte littéraire (écrit au passé simple), le participe présent convient mieux au niveau de langue.

Chapitre 16: Les temps du verbe

Übersicht über die Lernziele und Übungen

Lernziel/ Sachaspekt	Que sais-je?	Révision	Perfectionnement	Grammatik GG	GhF
Tempora zum Ausdruck der Vergangenheit					
Die Tempora des «discours»					
• Kriterien des perfektiven und des imperfektiven Aspekts	**A**°; **A** a)	**6**°; **6** a)		182	381; 386+387
• Passé composé vs. Imparfait/ Plus-que-parfait	**A** b); **B** a)	**1**; **2** b); **3** a); **5** a); **Z** 2	**6**▼ b); **6**■; **7**■	184	386+387; 389
• Gleichzeitigkeit und Vorzeitigkeit: Imparfait vs. Plus-que-parfait	**A** a) + b)	**3** a);		184+185	380; 389
Die Tempora des «récit»					
• Passé simple vs. Imparfait/ Plus-que-parfait	**B** b)	**3** b); **5** b)	**6**°; **6** a); **6**▼ b); **8** c)	183+184	388
• Plus-que-parfait vs. Passé antérieur			**8**▼ b)	186	389+390
• Situationsabhängige und situationsunabhängige Zeitangaben			**8** c)		383, 3
Tempora zum Ausdruck der Zukunft					
• Futur simple und futur antérieur	**C**; **Z** 1	**2** a); **3** c)	**7**■	178+179	391+392
• Futur simple und Futur composé; Présent mit futuristischer Bedeutung		**4**		178 177	385; 391+392
Modale Verwendung von Imparfait, Futur simple und Conditionnel			**9** a)°; **9** b)	178,3 180,2	397
Stilistische Verwendung einiger Tempora					
• Présent historique			**6** a)°; **Z** 3		394
• Futur prospectif			**6** a)°; **6**▼ b); **8** a)°		396
• Gebrauch der Tempora aus der Perspektive des Autors/Sprechers			**6**°; **6** a); **8**°; **8** a)		381–384; 387; 394–396
• Imparfait und Passé simple			**Z** 4		

° = Belegtext; ■ = Integrationsübung; Z = Zusatzübung

Hinweis Zur Wiederholung der Verbformen vgl.

- GG **Kapitel 6,** besonders **79, 84, 86** und **87.**
- GhF **Kapitel 7,** besonders **153+154; 163–165** sowie die ausführliche Darstellung der Ableitung der Verbformen in **159**.

Lösungen, Hinweise, Zusatzübungen, Zusatzaufgaben

Que sais-je?

A. Le retour des vacances

Hinweis Dieser Text beschreibt Ereignisse, bei deren Analyse Gleichzeitigkeit und Vorzeitigkeit sowie die Kriterien des perfektiven und des imperfektiven Aspekts herausgearbeitet werden.

Lösung a) 1. Verbes désignant le déroulement des actions:

Z. 1: ils arrivent
5: et puis, Nicolas voit ...
6: Il saute ... et ils s'embrassent
7: Nicolas commence à ... raconter ...
8: Ils partent – il oublie

2. Verbes désignant des circonstances simultanées:

Z. 1: (Au moment où ils arrivent ...) il y a ... qui ... attendent.
2/5: C'est terrible: ... crie, il y en a qui pleurent, d'autres qui rient; les chefs ... qui les accompagnent sifflent ..., les employés sifflent ... – ils ont peur
6/7: (Pendant qu'ils s'embrassent ...) sa maman a les yeux mouillés ... son papa rigole.

3. Verbes désignant des circonstances et explications antérieures:

Z. 2: ils n'ont pas encore retrouvé leurs ...
3: ils les ont retrouvés

b) Quand nous sommes arrivés à la gare avec le train, il y avait tous les papas et toutes les mamans qui nous attendaient. C'était terrible: tout le monde criait, il y en avait qui pleuraient parce qu'ils n'avaient pas encore retrouvé leurs mamans et leurs papas, d'autres qui riaient parce qu'ils les avaient retrouvés; les chefs d'équipe qui nous accompagnaient sifflaient pour que nous restions en rang, les employés de la gare sifflaient pour que les chefs d'équipe ne sifflent plus – ils avaient peur qu'ils fassent partir les trains; et puis, j'ai vu (mon) papa et (ma) maman. J'ai sauté dans les bras de (ma) maman, et puis dans ceux de (mon) papa, et nous nous sommes embrassés.(Ma) maman avait les yeux mouillés et (mon) papa, il rigolait doucement en faisant «hé hé». Moi, j'ai commencé à leur raconter mes vacances. Nous sommes partis de la gare, et (mon) papa a oublié ma valise.

B. Jules Verne: science-fiction d'hier – réalité d'aujourd'hui

Zum Text Z. 15: **livre** écrit en 1870: *livre* muß eingefügt werden, weil sich sonst *écrit* auf *Nautilus, le célèbre sous-marin* ... bezöge.

Lösung Z. 1/3: Jules Verne est né/naquit ... A l'âge de onze ans, il s'est embarqué/s'embarqua ..., mais son père l'a rattrapé/le rattrapa avant que le bateau ne quitte ... (quittât in Verbindung mit dem P. S. ist nicht unbedingt erforderlich). Jules a promis/promit ...

5/9: ... il a écrit/écrivit ..., mais il n'est devenu/ne devint célèbre que ..., qui ont surpris et passionné ... Au total, Jules Verne a écrit/écrivit ...

10/15: A l'époque ..., il a imaginé/imagina ...: les héros ... allaient ..., voyageaient ..., volaient ..., vivaient ...
Une preuve ...: lorsque ... les Etats-Unis ont construit/construisirent . .., ils l'ont appelé/l'appelèrent ...

C. Faire carrière

Lösung D'abord, je continuerai mes études au lycée.
Quand j'aurai passé mon bac, je ferai un stage sur un chantier.

1. Quand j'aurai terminé ..., je commencerai ...
2. Quand j'aurai obtenu ..., je travaillerai ...
3. Quand j'aurai exécuté ..., je participerai ...
4. Quand j'aurai obtenu ..., j'ouvrirai mon ...
5. Quand je serai devenue indépendante, j'embaucherai ... et nous serons ...

Futur antér.

Zusatzübung 1

In der Eisenbahn sagt sich Nicolas:
1. Wenn der Zug eingelaufen ist, steige ich schnell aus.
2. Wenn ich Fabrice auf Wiedersehen gesagt habe, suche ich meine Eltern.
3. Wenn ich sie entdeckt habe, erzähle ich ihnen alles.
4. Wenn wir zu Hause angekommen sind, gebe ich ihnen mein Geschenk.
5. Wenn wir zu Abend gegessen haben, rufe ich meine Oma (mémé) an.

Lösung:

1. Quand le train sera entré en gare, je descendrai vite.
2. Quand j'aurai dit au revoir à Fabrice, je chercherai mes parents (mon papa et ma maman).
3. Quand je les aurai découverts, je leur raconterai tout.
4. Quand nous serons rentrés chez nous, je leur donnerai mon cadeau.
5. Quand nous aurons dîné, je téléphonerai à mémé.

Exercices de révision

1. Déclaration d'accident

Lösung Z.

1: Je venais ... et je me dirigeais ...
1/2: Je roulais ... et je portais ...
3: Il faisait ... et il pleuvait. J'avais allumé ...
3/4: Quand je suis arrivé(e) ..., le feu était .... J'ai donc tourné ... et je me suis engagé(e) ...
5: A ce moment, ... est arrivée, derrière moi, ...
M. Renaud a freiné, mais n'a pas réussi ...
7/8: La voiture a heurté ..., je suis tombé(e) et j'ai roulé ... Je me suis blessé(e) ...; ma moto n'était plus utilisable.
9: Mme Boulanger, qui se trouvait ..., a assisté ... et a déclaré/dit qu'elle était prête à témoigner.

2. Excursion dans l'Ouest

Lösungsvorschlag

a) **6 juillet**
- On partira en car le 6 juillet, à 6 heures précises, (de la) place Kléber, à Strasbourg.
- Vers midi et demi, on déjeunera à Troyes/on sera à Troyes, où on déjeunera.
- On arrivera à Poitiers vers 7 heures du soir et on dînera à l'hôtel.

7 juillet
- Le lendemain matin/Dans la matinée, on visitera ...
- A partir de 2 heures et demie, on fera une promenade ... au cours de laquelle on nous donnera/on pourra avoir un aperçu ...
- A partir de 6 heures et demie du soir, on prendra le dîner/on pourra dîner ...

8 juillet
- Le lendemain matin, à 7 heures et demie, on partira pour La Rochelle.
- A 11 heures (environ), on fera ... où on pique-niquera vers 1 heure/il y aura une promenade ... avec un pique-nique prévu pour 1 heure.
- On arrivera ... en début ... et on visitera ...
- Le soir, on dégustera ... «Chez André». Les tables seront réservées pour ...

9 juillet: Le lendemain, on rentrera/retournera à Strasbourg. On partira ...

b) Mon cher .../Ma chère ...,
Me voilà de retour d'une belle excursion dans l'Ouest de la France. Cela t'étonne? Eh bien, moi aussi. Tout ça s'est décidé en une demi-heure: j'ai vu, dans le journal, l'annonce d'un office de tourisme de Strasbourg, j'ai téléphoné et je me suis inscrit(e).
Voici comment le voyage s'est passé.
Le 6 juillet, quand nous sommes montés dans le car, il faisait très beau (temps).
Je ne connaissais personne, mais le groupe était/avait l'air d'être sympathique.

A midi, nous nous sommes arrêtés à Troyes et nous avons déjeuné. Après un repas très moyen, nous nous sommes remis en route pour Poitiers, première étape de notre voyage. En route, nous avons dû faire plusieurs arrêts/nous avons dû nous arrêter plusieurs fois à cause de/parce que nous avions deux malades. A l'arrivée à Poitiers, j'étais très fatigué(e). Comme je n'avais pas faim, je me suis couché(e) à 20.30.
Le lendemain matin, nous avons visité l'église ... Elle date du XIIe siècle et c'est un chef-d'œuvre ... L'après-midi, nous avons visité .... Le guide nous a donné un aperçu historique de la ville/Nous avons appris un tas de choses sur l'histoire de la ville: c'est là qu'en 732 Charles Martel a arrêté ... De 1360 à 1372, la ville a été occupée ... Au XVIe siècle, c'était ..., mais pendant les guerres ..., la ville a été détruite. Après le diner, je suis sorti(e) avec Patrick et Marc, dont j'avais fait connaissance entre-temps/qui faisaient également partie du groupe. Nous sommes allés dans un café où vont ... et nous avons discuté avec ....
Le lendemain, 8 juillet, à 7.30, nous nous sommes remis en route pour aller à La Rochelle. J'avoue que j'ai eu quelques ...
Vers 11 heures, nous avons fait halte dans le Marais poitevin et nous avons fait une promenade en barque dans la «Venise Verte». C'était très amusant, car partout il y avait des canaux et tout y était transporté en bateau.
Après un bon petit pique-nique, nous sommes remontés dans le car, qui nous a amenés à La Rochelle. C'est une ville ... où il y a .... Cette ville ..., dont l'histoire est ..., est le 6e port .... C'est là que j'ai perdu ...
Le soir, on a dégusté des fruits de mer: on pouvait manger des huîtres ... à gogo.
Ce n'était pas tout à fait ..., mais j'ai passé ...
Le lendemain, il a fallu repartir. Nous avons quitté La Rochelle à 7.30 du matin et nous sommes arrivés à Strasbourg à .... Cette fois-ci, le voyage a été moins agréable: Après Auxerre, il y a eu un terrible orage, la route était inondée, de sorte qu'il y a eu un long arrêt imprévu.
A Strasbourg, nous avons encore bu un coup ensemble, puis je suis retourné(e) à l'hôtel. Je tombais de fatigue ....

3. Présence d'esprit

Hinweis: b) Bei der Übertragung in die Textsorte der Anekdote entfallen natürlich die persönlichen Erklärungen, Kommentare, etc. des in a) erzählenden Bürgermeisters.

Lösungen a) Z. 1/4: ... j'avais alors ..., je rentrais ..., les voitures étaient ....
J'étais allé ..., où j'avais touché .... J'avais, en effet, ... je voulais payer ...
5/9: Il faisait .... La lune était cachée ... on n'y voyait rien. Comme j'étais seul, j'avais .... A la mairie, cela m'arrivait rarement: il y avait ... qui me dérangeait. Je pensais donc ... que je voulais acheter, quand, tout à coup, un homme a surgi devant moi et m'a crié: ....
10/14: J'ai vu qu'il avait ... et j'ai eu peur.
J'ai donc sorti ... et je le lui ai tendu ... que je l'ai détourné.
– Eh alors! a fait ...
– ..., j'ai dit. ... que j'ai été agressé.
15/20: ... j'ai enlevé ... et je l'ai tendu ..., qui a tiré ...
– ..., j'ai demandé.
– C'est ce que je voulais savoir, j'ai dit, et ... je lui ai envoyé ....
Le bandit s'est écroulé et n'a plus bougé. Alors, j'ai repris ... et j'ai continué ....

b) Un jour, le maire d'un petit village de Normandie rentrait de la ville. Il était allé ..., puis ..., où il avait touché .... Il avait, en effet ... et, avec cet argent, il voulait payer ....
Il faisait .... La lune était cachée ... et on n'y voyait rien. Comme il était seul, il avait .... cela lui arrivait ...: il y avait toujours quelqu'un qui le dérangeait. Il pensait donc ... qu'il voulait acheter, quand ... un homme surgit ... et lui cria: ...
Le maire vit que l'homme avait ... et eut peur. Il sortit ... et le lui tendit en disant: «... que je l'ai détourné.»
– Et alors! fit le bandit.
– ..., dit le maire. Ainsi ... que j'ai été agréssé. Et, ..., il enleva ... et le tendit ... qui tira ...
– ..., demanda-t-il.
– ...
– ... que je voulais savoir, dit-il et ... il lui envoya .... Le bandit s'écroula et ne bougea plus. Alors le maire reprit ... et continua ....

c) 1. Quand je serai arrivé ..., j'irai ...
Quand j'aurai reçu ..., je ferai ...
Quand j'aurai déjeuné, j'irai voir ...
Quand j'aurai appris ..., j'irai ... et j'encaisserai ...

2. Quand j'aurai ..., je m'occuperai ...
Aussitôt que celles-ci seront réparées, j'achèterai ..
Dès qu'il sera payé, je demanderai ...
Au moment où tout sera modernisé, il y aura ...
Si j'arrive à réaliser ..., je pourrai être sûr ...

Zusatz-übung 2

Vive les vacances! Text s. **Zusatzübungen** Nr. 24, Seite 172.

Lernziel: Passé composé – Imparfait/Plus-que-parfait.

Lösung

1. L'hôtel était une catastrophe

Z. 1: nous sommes arrivés ... n'étaient pas encore nettoyées.
2: on a ouvert ... on a senti ... qui montaient/on ouvrait ... sentait ...
3: pendant que nous faisions ... écoutaient.
4: Cela a duré
5/6: on a payé ... s'est aperçu ... avait augmenté
7: ils nous ont/avaient facturé ... que nous n'avions pas commandées.

2. La plage était sale et pleine de gros cailloux

1: qu'on nous avait ... recommandée, était ...
2: Il fallait payer ... qui n'était même pas surveillée.
3: ils vendaient ... coûtaient ... n'étaient même pas fraîches.
4: on nous a volé ... pendant que nous nous baignions.
5/7: nous avons voulu ... s'est presque moqué ...;
pendant qu'il prenait ... il nous a dit ... n'avaient qu'à faire attention.

4. Le trac

Lösung Z. 1: – **J'espère** qu'ils ne **vérifieront** pas si j'ai lu tous les livres que j'ai indiqués.
3: – Ne te fais pas de souci (s)/Ne t'en fais pas. Ça marchera.
4/5: – S'ils m'interrogent sur Flaubert et sur Zola, j'échouerai.
Je suis sûr que je confondrai tout/que je vais tout confondre/de tout confondre.
Je suis beaucoup/bien trop nerveux/nerveuse.
6: – Tiens. Prends ce comprimé. **Attends, je vais** te chercher un verre d'eau ...
7: **Voilà.** Ça va **te calmer** ... Dans trois quarts d'heure, tout sera fini.
8: Il est onze heures moins cinq. **Dans quelques minutes,** ils **vont** te faire entrer ...
9: **Dès qu'**ils t'**auront communiqué** le résultat, nous irons déjeuner ensemble.
10: Je m'en **vais maintenant.** Je serai de retour/reviendrai/vais revenir dans une demi-heure. Bonne chance!

5. La visite médicale

Lösung Z. 1/3: ... nous étions cinq .... Une grande pancarte disait ... et c'était imprimé ...
L'attente a duré/dura ... l'un des hommes ... a allumé/alluma ...
4/6: Le docteur est arrivé/arriva, ... qui tenait .... La visite a été/fut rapide. Le docteur interrogeait, la secrétaire notait ... (Imparfait de répétition). Il m'a posé/me posa ..., n'a pas insisté/n'insista pas quand il a vu/vit ... et m'a dit/me dit de ..., car j'allais travailler debout.
7/11: La radio, a annoncé/annonça ... L'Algérien qui me précédait s'est fait/se fit rappeler .... Il bougeait ... (exprime la cause pour laquelle il s'est fait rappeler à l'ordre).
... et il s'est mis/se mit à rire. Pour lui, ... s'appelaient Mohammed.
12/16: ... il m'a prise/me prit à part.
Le gardien nous attendait. Il a lu/lut nos fiches. La mienne portait: atelier 76.

Exercices de perfectionnement

6. La fin du mythe d'Icare

Hinweis In Verbindung mit der Textvorbereitung kann eine Textgliederung als Aufgabe gestellt werden:
Expliquez comment l'auteur a composé son article.
Analysez la structure du texte et dites ce que l'auteur décrit dans les différentes parties.

Lösung a) 1. Lignes 1 à 10

a) Dans ces lignes, l'auteur donne une rétrospective sur l'idée qu'on se faisait à l'époque du vol humain et sur l'état des connaissances scientifiques à la fin du XVIIIe siècle.

b) Le passé simple indique qu'il s'agit d'un fait historique.

c) La phrase en question fait partie de la description de l'époque où vivaient les frères Montgolfier.

d) Le passé composé indique que l'auteur interrompt son récit par une affirmation qui est valable pour tout le monde et surtout qui est en rapport avec le présent: Nous, contemporains, nous constatons que cet événement a passionné les foules.

2. Lignes 11 à 18

a) Le fait décisif de l'année 1782, c'est que Joseph Montgolfier **imagina** d'utiliser le mouvement de la fumée vers le haut pour faire voler un objet.
Cette idée lui est venue dans les circonstances suivantes: il **était** assis devant sa cheminée et **rêvait** à ce problème.

b) Dans cette phrase, l'auteur rapporte la fin de l'expérience qui s'est faite en plusieurs phases: il **prit** un morceau de taffetas, **entreprit** de coudre une sorte de poche cubique, la **maintint** ... au-dessus du feu et, gonflée de fumée, la poche s'**envola**.

c) Nouvelle initiative/action de Joseph Montgolfier: il **écrivit** à son frère.
Information sur ce frère: il s'**occupait** de la papeterie familiale ..., en Ardèche.
(*écrivit* est bien déterminé dans le temps, *s'occupait* ne l'est pas: on ne sait pas depuis quand il s'occupe de la papeterie et combien de temps il le fera encore).

3. Lignes 19 à 27

a) L'auteur emploie le présent pour signaler que dans ce passage il va rapporter quelque chose d'important. En effet, jusque-là, il n'avait parlé que des événements qui avaient décidé les frères Montgolfier à construire leur ballon. Maintenant, il va parler de la réalisation de leur projet et de sa présentation au public (= la fin du mythe d'Icare). Le présent historique permet de rapporter ces événements de façon particulièrement vivante et plus cadencée.

b) 19/23: Dès lors, tout alla très vite. Les deux frères réalisèrent ... En décembre, ils lachèrent .... En avril, il mirent .... Ils n'utilisaient plus ... sur laquelle ils cousaient .... Lors d'un essai ... – dont personne n'avait noté les noms – furent même arrachés ...
Ab *Les deux frères* kann auch das Imparfait narratif gebraucht werden.
24/27: Arriva le moment ... les frères Montgolfier organisèrent ... Le ballon ... fut rempli d'air chaud .... Puis il s'envola ...

4. a) Dans cette phrase, le futur *tu verras* désigne un événement qui va avoir lieu dans l'avenir.
b) Dans cette phrase, le futur *marquera/offrira* désigne des faits qui ont eu lieu il y a 200 ans.
Le futur exprime ici un changement de perspective: l'auteur se place au moment où le vol du ballon a lieu. Ce qui se passe après le 4 juin 1783, ce sont, ce jour-là, encore des événements futurs. (On appelle cet emploi du futur *futur prospectif* (qui prévoit les événements)). Au passé:
La nouvelle se répandit très vite .... Le roi lui-même marqua son intérêt ... et offrit ....

b)
- Le premier vol humain a eu/eut lieu ... un an après J. Montgolfier a eu/eut l'idée ...
- Jean-François ..., qui voulait absolument avoir ... a piloté/pilota la machine.
- Il était exactement ..., nous disent ..., lorsque l'énorme ballon s'est envolé/s'envola ....
- Il régnait ...; mais l'angoisse a bientôt fait/fit bientôt place ..., quand l'engin a/a eu/eut atteint ..., est passé/passa ... et a disparu/disparut ...
- Tout s'est passé/se passa .... Pilâtre ... et ..., qui ne cessaient ..., ont fini/finirent par ...
- L'enthousiasme ... n'a plus connu/ne connut plus de bornes, quand ... a renouvelé/renouvela ... et s'est offert/s'offrit ....

Zusatz-übung 3

Le corbeau et le renard. Text s. **Zusatzübungen** Nr. 25, Seite 173.

Lernziel: Passé simple/Imparfait – Présent historique (GhF **394**).

Lösung: Commentaire grammatical et stylistique

Einleitungs-frage

A quoi reconnaît-on qu'il s'agit d'une fable? Trouvez trois caractéristiques de ce genre littéraire.

- Ce sont des animaux qui parlent et agissent.
- L'épisode relaté est accompagné d'une morale.
- C'est un poème qui se compose de vers (libres, irréguliers).

1. a) présente la situation/les circonstances que le renard rencontre en arrivant.
   b) marque la réaction du renard face à la situation décrite aux vers précédents.
2. a)–c) qui était ... (états, circonstances).
3. a) Lignes 5–16.
   b) Ces vers encadrent la partie dramatique. Dans les lignes 1 à 4, l'auteur présente les antagonistes du drame; dans les lignes 17 et 18, il relate la réaction du corbeau.
4. a) Le présent (historique).
   b) 10: ne se sentit pas ...; 12: ouvrit ... laissa tomber ...; 13: s'en saisait (et dit:) ...
   L'alternance du passé simple et du présent permet de distinguer la partie dramatique du cadre de l'action (voir 3.).
   En même temps, l'emploi du présent marque un changement d'aspect: le présent dégage les événements du passé et les présente comme faits actuels. Il donne au lecteur l'impression d'assister à la scène et le fait participer à la tension qui y règne.
   La version au passé simple, cependant, présente les événements sous forme de récit, c'est-à-dire de manière objective, sans impliquer ni l'auteur ni le lecteur.
5. a) Le renard représente l'homme rusé qui flatte les autres pour profiter d'eux.
   Il ennoblit le corbeau: *M. du Corbeau* et lui fait des compliments: *Que vous êtes joli!*
   Il exagère: *Sans mentir* ... et emploie un vocabulaire très soutenu: *votre ramage* (= votre voix/chant), *votre plumage* (= vos plumes), *le phénix* (= le plus beau), *les hôtes de ces bois* (= les habitants/animaux de la forêt).
   Après avoir obtenu le fromage, il se moque du corbeau et le traite en inférieur: *Mon bon monsieur, apprenez ...*
   b) Elles sont écrites dans un style concis et réaliste et construites sur le même modèle:
   Sujet – construction participiale (relative) – verbe + compléments/complétive.
   Le renard, par opposition, s'exprime d'une façon beaucoup plus riche et raffinée quant aux types de phrases et au vocabulaire.

7. La technologie: évolution et révolution

Hinweis

Der Text enthält Passagen, die in Bezug auf den Sprech-/Lesezeitpunkt parallel verlaufen, zurückschauend oder vorwärtsschauend gesehen werden.
Die vorgeschlagene Einteilung in 4 Abschnitte erleichtert das Erkennen der zeitlichen Bezüge.

Lösung

1: qui résistent	12: elle a changé	19: permettront
2: qui tournent	Elle n'a pas ... enrichi	21: nous n'avons même pas idée
qui comprennent	elle les a transformées	ils oublient
3: qui produisent	Elle a imposé	ce ne seront pas
4: Il ne s'agit pas	13: elle a obligé	22: ils ne seront pas tenus
5: est déjà devenu	15: A quoi ressemblera	23: seront jetés
7: décida (a décidé)	seront dominées	24: Il ne s'agit pas
8: en rêvait	16: remplaceront	il est temps
C'était	17: sera moins dur	n'est pas un rêve
11: n'a rien perdu	il demandera	25: exigent
	il sera plus abstrait.	26: dont nous aurons besoin.

Zusatz-aufgabe

Relevez dans le texte les informations données au sujet de l'ordinateur et classez-les selon les catégories pour ou contre.

8. Le désastre de Waterloo

Hinweis Die drei Abschnitte dieser Übung behandeln:
a) Funktionen von Passé composé, Passé simple und Présent historique in einem Zeitungsbericht;
b) Passé antérieur und Plus-que-parfait;
c) situationsabhängige und situationsunabhängige Zeitangaben.

Lösung **a) Commentaire grammatical et stylistique**

1. a) Il a paru le lendemain de la bataille.
   b) Les troupes alliées ont écrasé l'armée de Napoléon.
   On dit que les Français ont perdu 25.000 hommes, les alliés 22.000.
   Malgré l'héroïsme de la Garde, il ne reste plus d'espoir pour Napoléon de garder le pouvoir.
   c) Le passé composé et le présent. (Pour *les Français auraient perdu* ... v. GhF **397**,4.)

2. a) Non. Le passage «Une véritable marche triomphale» rappelle aux lecteurs des événements que tout le monde connaissait: Napoléon avait débarqué au golfe Juan au mois de février de la même année.
   Le passage «Blücher sauve Wellington» contient des informations sur les événements des derniers jours, qui ont fini par le désastre de Waterloo.
   Comme il n'y avait pas encore de radio à cette époque-là, ce passage contient des informations vraiment nouvelles pour les Français.
   b) Les événements déjà devenus «historiques» sont rapportés au passé simple.
   Les événements dramatiques qui ont mené à la défaite de Napoléon sont rapportés au présent historique.
   c) 18: Rien n'arrêtera plus ... (Futur prospectif)
   42: ..., l'Empereur devra abdiquer.

3. 2: Les troupes alliées qui étaient commandées ...
   11: ... Napoléon profita de l'absence ..., quitta ...
   15: Il remonta ... et prit ...
   16: Le maréchal Ney, qui avait été envoyé à sa rencontre, lui offrit ...
   30: ... avec 280.000 hommes qu'il avait rassemblés ...
   36: ... 70.000 Anglais qui étaient retranchés ...
   39: ... par Blücher, qui avait échappé ...

4. 2: Le 19 juin 1815, les troupes alliées commandées par ... écrasèrent l'armée ... .
   3: A neuf heures ... l'un de l'autre.
   11: Le 26 janvier 1815, Napoléon, profitant ... avait quitté ... et débarqué ...
   15: Remontant ..., il avait pris ... Envoyé ..., le maréchal Ney lui avait offert ... .
   18: Rien n'arrêtait plus ...
   20: La marche ... s'était terminée ...
   22: Malgré ..., les alliés avaient refusé ...
   23: Wellington avait fixé ... Namur. Ils disposaient ... hommes.
   29: Le 14 juin, Napoléon arriva ...
   31: Le 16 ..., il battit ... et le sépara ...
   33: Le 17 ..., il chargea ..., pendant que lui-même débouchait ...
   36: Le 18 ..., ... faisaient face ...
   39: Le soir, ... fut sauvé ...
   41: Pour la deuxième fois, ... fut vaincu.
   42: ..., l'Empereur dut abdiquer.

b) Les Cents-Jours

Aufgabe 1 Lösung

1. a) ... eut obligé
   b) ..., qui avait suivi attentivement ...
2. a) Dès qu'il fut arrivé ...
   b) ..., qui avait débarqué ...
3. a) ..., qui avait été envoyé ...
   b) ... avait reçu ...
4. a) ...eut appris
   b) ... avait fui ...
5. a) ... eut fui ...
   b) ..., qui avaient fixé ...
6. a) ... eut été écrasée ...
   b) ... qui avait repris ...

Hinweis Bei der Lösung dieser Aufgabe kann es nützlich sein, jeweils geschichtliches Ereignis und Hintergrund-/Zusatzinformation zu unterscheiden, um so den Unterschied zwischen Passé antérieur (vgl. Passé simple) und Plus-que-parfait (vgl. Imparfait) deutlicher zu machen.

1. a) En 1814, le Sénat obligea ...; celui-ci ...
   b) Napoléon quitta ...
2. a) L'Empereur débarqua ... et marcha ...
   b) Napoléon remonta ... et prit ...
3. a) Le maréchal Ney lui offrit ...
4. a) La marche ... se termina ... aux Tuileries.
   b) Le roi apprit ... et quitta .../fuit.
5. a) Les alliés refusèrent ...
   b) Wellington et Blücher se préparèrent ...
6. a) Ils écrasèrent l'armée ...; l'Empereur abdiqua ...
   b) Napoléon demanda asile ... . Ceux-ci l'exilèrent ... Il mourut ...

Anschließend können die Verben der entsprechenden Satzgefüge mit untergeordnetem Temporalsatz in das kontextbedingte Tempus gesetzt werden. Übrig bleiben noch die Satzgefüge mit Relativsätzen:

1 b) Napoléon, qui avait suivi ... (Hintergrundinformation)
2 b) Napoléon, qui avait débarqué ... (ebenso)
3 a) Ney, qui avait été envoyé ... (ebenso)
   b) Lorsque Ney avait reçu ..., il avait décidé ... (ebenso erklärende Information)
4 b) ... d'où Louis XVIII avait fui ... (zusätzliche Information)
5 b) Wellington et Blücher, qui avaient fixé ... (zusätzliche Information)
6 b) Napoléon, qui avait repris ... (nicht nötiger Hinweis).

Es handelt sich in allen Fällen um explikative Relativsätze.

Hinweis zu Aufgabe 2 Bevor die Schüler ihren Artikel schreiben, empfiehlt es sich, auf alternative Konstruktionen zu verweisen und die Schüler auf die Verwendung solcher Konstruktionen hinzuweisen.

Lesquelles des circonstancielles de temps peut-on remplacer par une autre construction (groupe prépositionnel, construction participiale, Gérondif, construction infinitive)? – Faites l'opération.

Lösung

2. a) Arrivé en France, l'Empereur marcha ...
   b) Après avoir débarqué ..., Napoléon remonta ...
3. a) ... Ney, envoyé pour ..., lui offrit ...
   b) En recevant cet ordre, il avait décidé ...
4. a) Après avoir appris/En apprenant que ..., le roi quitta ...
5. a) Après la fuite de Louis XVIII, ...
   b) Wellington et Blücher, ayant fixé ..., se préparèrent ...
6. a) Après l'écrasement/la défaite de l'armée ..., l'Empereur abdiqua ...

c) La fin de l'Empire

Le 22 juin ... décida ... L'acte ... fut signé le lendemain ...
Napoléon, rentré la veille à Paris, n'avait trouvé ...
Ses hésitations avaient encouragé ... qui leur paraissait ...
Pourtant la veille et le matin même, le peuple ... avait acclamé ...
En vain: ... il renonça ... qu'il avait repris 100 jours auparavant.
Comme l'année d'avant/précédente, Napoléon abdiqua ... Mais ... n'était ...
Ainsi, le souverain suivant ... fut ...

9. Qui a tué Véronica?

Lösung

a) 1: ... (aurait basculé); en réalité, il n'a pas basculé; suite sous-entendue
   3: ... viendrais: possibilité dont il ne profite que rarement.
   5: ... (permettez-vous que ...); demande polie
   7: (Elle a probablement été victime): hypothèse
   9: ... (s'appelait): information non vérifiée
   12: ... (Je voulais justement).

b) 1: Vous prendrez bien (voulez prendre/désirez prendre/aimeriez prendre) un petit rhum?
   2: Mais je prendrais (j'aimerais bien prendre):
   3: Mais si vous voulez ..., cet homme ... l'aura (a) emmenée ..., lui aura (a) fait ... et l'aura (a) poussée ...
   8: ... je vous l'aurais dit.
   9: ... je me retiendrais ...
   11: A votre place, je chercherais ...
   14: Oh, pardon, j'allais oublier ...
   17: Y aurait-il du vrai ...?
   18: Vous me vérifierez/allez me vérifier ... vous appellerez ...

Zusatz-aufgabe

Dites ce que le pêcheur pense de cette affaire.

Zusatz-übung 4

La fête du ministre. Text s. **Zusatzübungen** Nr. 26, Seite 174.

Lernziel: Stilistische Verwendung von Passé simple und Imparfait.

Die Interpretation folgt dem Aufsatz von H. Eisermann, „Zur Integration von Spracherwerb und Textarbeit im Französischunterricht der Aufbaustufe" MITTEILUNGSBLATT DES FMF LANDESVERBANDES WESTFALEN-LIPPE, 1/1984, S. 24.

Lösungsvorschlag: Commentaire grammatical et stylistique

Die Sichtweisen des Geschehens lassen sich wie folgt in 3 Schritten bewußtmachen. Da mit Unterstreichungen gearbeitet wird, sollte für jeden Schritt eine Farbe festgelegt werden.

1. a) Farbe 1. Dient der Vorbereitung, um im folgenden eine bessere Orientierungshilfe zu haben.
   b) Les relatives *dont la pauvreté jurait* ... et *qui s'enveloppaient* ... décrivent les circonstances: *dont* ... un état, *qui* ... une action inachevée.
   c) Farbe 2.
      1: Elle était plus jolie ... (information/explication)
      9: Son mari ... dormait ... dont les femmes s'amusaient ... (actions inachevées au moment où elle décide de partir)
      18: qu'ils voyaient passer ... (action inachevée: *qui passaient*)
      23: C'était fini pour elle (conclusion/commentaire).

2. a) Voir 1 a).
   Cette partie du texte se lit comme un récit. L'auteur se place en dehors de la fête et relate les événements de la soirée de façon neutre et objective, en faisant des phrases qui ne donnent que les informations indispensables à la compréhension du texte.
   Après avoir lu ces passages, le lecteur sait **ce qui** s'est passé ce soir-là.
   b) Farbe 3.
      2+3: Dans ces phrases, l'auteur rapporte aussi des événements de la soirée, mais il le fait d'une autre manière. Cette fois-ci, il se place au milieu de la fête et présente les événements comme vus de l'intérieur, dans la perspective des invités. Pour ce faire, il retire les événements de la chaîne des actions et les présente sur le plan psychologique, ce qui lui permet de relater les faits subjectivement: par opposition aux courtes phrases au passé simple, il développe maintenant, dans des phrases longues et complexes, le succès, la joie et l'emportement de Mme Loisel.
      En lisant ces passages, le lecteur apprend **comment,** dans quelle atmosphère la fête s'est déroulée.
      13–16: Ces phrases font partie du passage où Maupassant relate la sortie du couple. Après avoir informé le lecteur que Mme Loisel «voulut s'enfuir», il décrit son départ dramatique. Ainsi se termine la partie où Maupassant expose les souffrances de Mme Loisel: ses vêtements, dont la pauvreté jurait ..., les autres femmes qui s'enveloppaient ..., son mari insignifiant et gauche qui ne comprenait rien.
      19: Information complémentaire.
      23: Action inachevée: Et lui, il songeait déjà ...
   c) S'il avait voulu rédiger un compte-rendu, il aurait relaté les événements dans un ordre chronologique, sans changer d'aspect:
      Le jour ... arriva. Mme Loisel eut un succès.
      Tous les hommes la regardèrent ...
      Tous les attachés ... voulurent ...
      Le ministre la remarqua.
      Elle dansa/dansait ...
      Elle partit ... Son mari lui jeta ...
      Elle le sentit et voulut s'enfuir ...
      Loisel la retint, mais elle ne l'écouta point et descendit ... Lorsqu'ils furent ...
      Ils descendirent vers la Seine .... Enfin ils trouvèrent ...
      Il les ramena ...
      C'était fini ... Et il songea/songeait ...

3. a) Le passé simple présente une action passée comme achevée, donc vue de l'extérieur. Il présente les faits objectivement sans que celui qui parle laisse voir son attitude. C'est donc un temps qui convient aux récits historiques et aux événements rapportés dans les journaux.
L'imparfait présente une action passée en cours de déroulement, comme si elle était en train de s'accomplir. Il présente donc l'action comme vue de l'intérieur.
Comme l'imparfait présente les faits en dehors de la chaîne des actions, il s'emploie pour décrire les circonstances d'un événement (explications, commentaires, descriptions, habitudes, etc.).
L'imparfait permet en plus de retirer un événement de la chaîne des actions pour le présenter de façon plutôt subjective, c'est-à-dire pour lui attribuer une autre valeur dans l'ensemble d'un récit. Dans cette fonçtion, l'imparfait sert à évoquer l'ambiance dans laquelle une action se déroule et les émotions des personnages concernés.
L'aspect de durée est transmis sur le plan psychologique, de sorte que l'imparfait convient bien pour développer dans le temps un fait principal rapporté au passé simple.

b) Maupassant présente les événements sur deux plans: tantôt il prend le rôle d'un chroniqueur/journaliste, tantôt il se met à la place d'un invité.
Ce changement de perspective s'exprime dans l'emploi des temps verbaux:
- comme chroniqueur objectif, il rapporte les faits au passé simple,
- comme participant subjectif, il relate les événements à l'imparfait.

De cette façon, il réussit à structurer son récit et à rendre ses intentions transparentes.
1–8: Entre trois faits présentés comme objectifs, Maupassant décrit longuement le succès et la joie de Mme Loisel.
9–16: Ensuite, entre deux autres événements «extérieurs», il développe sa déception et son orgueil.
17–23: Après avoir tracé le portrait psychique de l'héroïne, Maupassant reprend son rôle de chroniqueur. Mais cette fois-ci, il emploie les temps verbaux dans le sens inverse: en juxtaposant les détails fâcheux de leur sortie précipitée, il souligne le bouleversement de Mme Loisel.

Das Ergebnis kann in einem **Tafelanschrieb** festgehalten werden:

Passé simple	**Imparfait**	**Imparfait (Plus-que-parfait)**
Le jour de la fête **arriva.** Mme Loisel **eut** un succès.		Elle **était** plus jolie que toutes, élégante ...
	Tous les hommes la **regardaient, demandaient** son nom, **cherchaient** à être présentés.	
Le ministre la **remarqua.**	Elle **dansait** avec ivresse, avec emportement, ...	
Elle **partit** vers 4 heures du matin.		Son mari ... **dormait** ... dont les femmes **s'amusaient** beaucoup.
Il (M. Loisel) lui **jeta** sur les épaules les vêtements ...		qu'il **avait apportés** .. , dont la pauvreté **jurait** avec l'élégance des toilettes de bal.
Elle le **sentit** et **voulut** s'enfuir ...	Loisel la **retenait:** ... Mais elle ne **l'écoutait** point et **descendait** rapidement l'escalier.	
Evénements vus de l'extérieur: Ils désignent les différentes étapes de la soirée qui établissent la chaîne des actions. (Premier plan)	**Evénements vus de l'intérieur:** Ils reflètent l'état d'âme de Mme Loisel et développent les faits relatés au passé simple. (Gros plan)	**Circonstances:** descriptions, explications, commentaires. (Arrière-plan)

Chapitre 17: L'emploi du subjonctif dans la complétive

Übersicht über die Lernziele und Übungen

Lernziel/ Sachaspekt	Que sais-je?	Révision	Perfectionnement	Grammatik GG	GhF
Automatisierter Gebrauch des Subjonctif					
Morphologie	**A**; **B** b)			77–81; 82,3	159, 2
Gebrauch					
• nach Verben und Ausdrücken der Willensäußerung	**A**;	**1**■; **3** a) + b); **Z** 1	**4**; **Z** 2 a) + d)■	165	334–336
• nach Verben und Ausdrücken des subjektiven Empfindens und der wertenden Stellungnahme	**B** a)	**1**■; **2**; **3** a) + b); **Z** 1	**4**; **Z** 2 a) + d)■; **Z** 3; **6** a) + c); **8**	166+167	337–339
• nach einleitendem *à ce que*			4°; **4**, 1; **6** a) + b)		334 B
Modusauslösung in Abhängigkeit von Satzform und Satzart ...					
• nach Verben und Ausdrücken des Denkens und Meinens			4°; **5**; **Z** 2 b) + c)■	166	341+342
• nach Verben des Sagens und Erklärens			4°; **4**, 2; **5**; **Z** 2 b) + c)■; **Z** 3; **8**■		343
• nach Verben und Ausdrücken des Bezweifelns			**5**; **Z** 2 b) + c)■; **Z** 3; **8**■	166	344
• nach *il est* + Adjektiv, *il (me) semble, il (me) paraît*			4°; **5** b); **8**■	167	345
• im vorangestellten *que*-Satz			4°; **4**, 3; **6** c)		346
• *Que*-Satz vs. Infinitivkonstruktion			**5** a)	165+167	
• Subjonctif vs. Indikativ			**7**■; **8**■; **Z** 4	164	346; 341–345
Zeitenfolge im *que*-Satz mit dem Subjonctif					
• Subjonctif présent – Subjonctif passé		**3** c)			
• Subjonctif imparfait: stilistische Wirkung			▾**9**		348; 159, 2
• **Der Modus im Relativsatz** s. **Chapitre 13**			**9**; **10**■; **Z** 1 + 2		
• Den Subjonctif auslösende **Konjunktionen** s. **Chapitre 14**			**3**; **7** b); **9** a); **9**▾ b) + ▾c)		

° = Belegtext; ■= Integrationsübung; Z = Zusatzübung

Lösungen, Hinweise, Zusatzübungen, Zusatzaufgaben

Que sais-je?

A. Il faut que ça change!

Lösung Z. 1: qu'on rende – qu'on puisse
2: qu'on boive
3: que toute le monde sache
que nous buvions
5: que le gouvernement prenne
6: qu'on réduise
7: que nous ayons
que les robots fassent
9: que les femmes aient
10: que la femme ... reçoive
que le monde ... reconnaisse
11: que chaque jeune puisse
que vous cessiez
13: que l'école soit supprimée
14: que l'enfant grandisse ...

B. Remarques de spectateurs

Lösung a) 1. – ... je désirerais que les rues soient ...
J'avoue que j'ai peur .... a été agressée ...
– ... tant de place soit réservée .... qu'on y apprenne ...
2. – ... qu'on boit trop .... que la moitié des accidents soit provoquée ...
– ... que nous ne buvions plus ...
3. – ... que les responsables fassent quelque chose ...
... que tant de jeunes soient ...
... que le gouvernement allait/va établir ... et qu'on discuterait/discutera ...
– ... qu'on réduise .... qu'il faut/faudra .... que le gouvernement prenne
... et ... qu'il agisse vite.
4. – ... que, ..., une femme soit moins bien payée ...
... qu'on doit/devrait ...
– ... que la femme doit/devrait ...
Mais ... très peu de postes ... sont occupés ...
– ... que la femme obtienne .... que mon chef soit une femme.

b) 1. Il faut qu'on construise .../que vous construisiez ...
2. Il faut qu'on prenne .../et que vous preniez ...
3. Il est nécessaire qu'on aille ...
Il est temps que nous allions ...

Classement

1. Formation régulière; verbes à un seul radical;
modèle *construire:*
a) rendre, réduire, reconnaître, cesser, grandir
b) discuter, agir

2. Formation régulière; verbes à deux radicaux;
modèle *prendre:*
a) boire, recevoir
b) apprendre, devoir, obtenir

3. Verbes qui ont des formes irrégulières:
a) pouvoir, savoir, avoir, faire, pouvoir, être
b) aller, falloir

Exercices de révision

1. Voyage en Amérique

Lösung Z. 1: c'est impossible que ... soient
3: expliqué que c'est/c'était
4: attendent que tu partes
6: ne veulent pas que j'aille
7: a peur qu'il puisse
9: C'est clair qu'elle se fait
10: il est temps qu'elle se rende compte que tu n'as plus
12: il imagine que ... c'est
13: dit que tu vivras/vivrais
15: pense que .. n'est pas
16: craint ... que je conduise ...
17: ou que je fasse ... et que je devienne
19: admettre que c'est bien que tu puisses
21: trouve que j'apprends
22: Veux-tu que nous lui parlions?
24: il n'est pas juste que tu te taises
Il serait ... utile que vous discutiez
25: Il faudrait que vous ... parliez
26: certain qu'il t'écoutera
Il suffirait que tu fasses
29: Il vaut ... mieux qu'on l'accepte et qu'on ne dise ...
30: bien que tu réagisses
31: Il faut qu'elle se mette
32: sûre qu'elle lui fera

Zusatzaufgabe Maintenant que vous connaissez les arguments des parents de Gérard, dites de quelle façon vous discuteriez avec eux.

2. Regards sur le monde d'aujourd'hui et sur celui de demain

Lösung
1. Il est vrai que ... nous a permis ...
Il n'est pas surprenant que ... soient ...
2. Il est certain que ... est fascinant. Mais ...
Il est curieux qu'on n'en tienne pas ...
3. Il est évident que ... tiendra ...
Il est logique que ... soient supprimés.
Mais il est clair que ... seront créées.
4. Il est sûr, ..., ... augmentera encore.
Il est urgent qu'on prenne ...
Il est très important qu'on fasse le nécessaire ...

3. Chez le médecin

Lösung a) Z. 1: que vous dormiez
5: que vous travaillez ... et que vous êtes assis
7: que vous fassiez
8: que vous fassiez
9: que vous ne faites pas
11: que vous vous achetiez
12: que vous feriez bien
14: qu'il y a
15: que vous fassiez
16: que je vous prescrive
18: que ça ira mieux

Lösungsvorschlag b)
1. Je lui ai raconté que je dors/dormais mal la nuit. Là-dessus, il m'a examiné.
2. Il a dit que je ne suis/que je n'étais pas malade, mais que je devrais changer de mode de vie.
3. Il a constaté que je pèse/pesais trop. D'après lui, il est important que je maigrisse (d'au moins 10 kilos).
Et puis, il m'a reproché de trop fumer.
4. Il m'a conseillé de faire une promenade (d'une demi-heure) tous les soirs. En plus, il trouve nécessaire que je fasse de l'exercice.
C'est/Il est évident que je manque d'air (Ind.), puisque je suis enfermé dans mon bureau toute la journée.
5. Il trouve dommage que je ne fasse pas de sport.
Il voudrait que je fasse de la marche à pied, que je m'achète un vélo, que j'aille à la piscine de temps en temps, et que je joue au tennis.
6. D'après lui, il n'est pas nécessaire que je prenne des médicaments; il suffit que je suive ses conseils.
7. Il pense qu'il est urgent que je fasse quelque chose, mais il est sûr que ça ira mieux dans quelques semaines. Espérons qu'il a raison.

c)
1. ... que le docteur lui ait défendu de fumer: elle déteste ...
2. ... que son mari doive faire une promenade tous les soirs: elle l'accompagnera ...
3. ... qu'il doive faire de la/s'acheter une bicyclette: lui, qui n'est jamais/en effet, il n'est jamais ...
4. ... que le docteur lui ait conseillé de jouer au tennis; il est ...
5. ... que son mari ne soit pas (sérieusement/vraiment) malade: elle s'était ...
6. ... que le docteur ne lui ait pas prescrit de médicament: en effet, elle se méfie ...
7. ... que son mari ira mieux dans quelques semaines: elle fait entièrement confiance au docteur.

Zusatz-übung 1

Lettres. Text s. **Zusatzübungen** Nr. 28, Seite 176.

Lernziel: Integrationsübung aller bekannten Kategorien.

Lösungsvorschläge

a) Die angegebenen Verben und Ausdrücke sind als Hilfen gedacht: Sie sollen nicht alle verwendet werden.
Zur Vorbereitung des Briefes können aus den Elementen des Dialoges Beispiele zu den 4 Punkten erstellt werden.

Beispiele:

- Papa est mécontent que tu n'aies pas écrit.
  Il est furieux que tu aies de nouveau besoin d'argent.
  Il n'accepte pas que le 15 du mois tu aies déjà tout dépensé.
  Il doute que tu prennes tes études au sérieux.
  Il craint que tu coures après les filles.
  Il a peur que tu ne sois pas reçu à l'examen.
- Il pense que tu ne sais pas gérer tes finances.
  Il dit que tu jettes l'argent par les fenêtres.
  Il est sûr/certain que tu n'as pas acheté de livres.
  Il est convaincu que tu dépenses ton argent dans les discothèques.
- Il te reproche de ne pas tenir tes promesses.
  Il veut t'écrire une lettre salée.
  Je te conseille de suivre régulièrement tes cours.
  Il suffit de faire un effort.
  Je te recommande d'écrire plus souvent.
- Ne te laisse pas entraîner par tes copains.
  Ne fais plus de dettes.
  Essaie d'être (plus) raisonnable.
  Réfléchis bien avant de dépenser ton argent.
  Ne perds pas ton temps dans les discothèques.

La lettre d'Odette.

... Il est très mécontent que tu n'aies pas écrit. Il te reproche de ne pas tenir tes promesses.
En plus, il est furieux que tu aies de nouveau besoin d'argent. Il n'accepte pas que le 15 du mois tu aies déjà tout dépensé. Il pense que tu ne sais pas gérer tes finances et que tu jettes l'argent par les fenêtres. Il est certain que tu n'as pas acheté de livres. Il doute que tu suives régulièrement tes cours et il a peur que tu ne sois pas reçu à l'examen.

Tu le connais bien, papa. Il travaille comme un fou et n'aime pas que toi, tu t'amuses à Paris. Il est toujours convaincu que tu cours après les filles et que tu vas tous les soirs dans les discothèques.
Je te raconte tout cela parce que papa veut t'écrire une lettre salée.
A part ça, moi aussi je ne trouve pas bien ce que tu fais. D'abord, je te recommande d'écrire plus souvent. Ensuite, je te conseille de prendre tes études au sérieux.
Habitue-toi à mener une vie régulière et sors moins souvent/ne perds pas ton temps dans les discothèques.
Ne te laisse pas entraîner par tes copains et, surtout, ne fais plus de dettes. Réfléchis un peu avant de dépenser ton argent. Ce n'est pas difficile. Il suffit/Essaie de faire un effort.
Bon courage et à bientôt. Je t'embrasse Odette

b) La lettre de M. Petit

Ta mère ma raconté que tu avais téléphoné. Il paraît que tu as encore besoin d'argent. Je trouve franchement scandaleux que tu ne sois pas capable de vivre avec l'argent que je te donne tous les mois. Il est grand temps que tu réfléchisses à la situation. Je te préviens que tu n'auras pas un centime de plus par mois. Tu n'as pas l'air de te rendre compte que je suis loin d'être millionnaire. Je gagne durement ma vie et je ne supporterai pas plus longtemps que tu n'aies pas plus de respect pour l'argent.
Je suis aussi très déçu que tu ne nous aies pas écrit. Je constate encore une fois que tu ne tiens jamais tes promesses. Bien sûr, tu répliqueras que le temps te manque, que tu es très occupé. Mais à quoi? Je suis sûr que tu préfères passer tes soirées dans les discothèques et les cafés avec les copains que d'écrire à tes parents ou de préparer sérieusement tes examens. Si tu n'as plus d'argent, c'est que tu sors trop, et bien entendu tes études en souffrent! Je suis convaincu que tu ne suis pas tes cours régulièrement. Le matin, il faut bien que tu te reposes de tes longues nuits de fête! Tu mènes une vie épouvantable, mon fils. Je crains fort que cela ne puisse durer plus longtemps. Je dois t'avouer que j'ai perdu toute confiance en toi et on devra s'expliquer sérieusement la prochaine fois que tu rentreras à la maison.
Réagis un peu, je t'en prie! J'aimerais ne plus avoir à t'écrire de telles lettres. Ton père

Exercices de perfectionnement

4. Le médecin de Cucugnan

Hinweis Dieser Text enthält Belege für

- den Ausschluß des Gliedsatzes mit *à ce que;*
- den Subjonctif nach Verben des Sagens und Erklärens in verneinender Form;
- den Subjonctif im vorangestellten *que*-Satz.

Diese Verwendungsarten werden im *Commentaire grammatical* bewußt gemacht.

Lösung **Text:**

Z. 4: qu'il a besoin
7: que cela finisse – que je fasse
9: qu'il était capable
10: qu'il ferait
17: qu'il était capable – que je n'y crois pas
20: qu'il soit normal
21/22: à ce qu'il ne devienne pas
23: qu'il fasse
24: que vous êtes
26: qu'on le laisse faire et qu'on aille voir
31: que je rende
33: que Simon était
34: qu'il soit mort
35: que vous le laissiez
41: qu'il revienne
43: que sa volonté soit faite
45: à ce que je fasse
48: que son salon d'attente soit vide.

Commentaire grammatical

1. a) tenir à qn (à + groupe nominal)
tenir à faire qc (à + infinitif)
tenir à ce que qn fasse qc (à ce que + complétive)

b) 1. à ce que ... se fassent ...
2. qu'il était ... qu'il (ne) soit devenu fou.
3. que le docteur se moque ... qu'il fasse ...
4. que le docteur tienne parole ...
à ce qu'il rende la vie ...
5. à ce que le docteur vienne ...
6. à ce que le docteur ne rende pas la vie ...

2. a)

Subjonctif	**Indicatif**
Z. 14: je **ne** crois **pas**	15: il me semble
	16: je crois
	17: il a dit – j'avoue
20: je commence à **douter**	
21: il **me** semble – **prenons garde**	
23: je **ne** pense **pas** – empêcher	24: je suppose
25: **Supposons**	26: il vaut mieux

b) Z. 1/2: qu'il était – qu'on vienne
3/4: qu'un homme puisse/peut – que ce soit possible.
5/6: est malade – aient rendu fou.
7/9: qu'il dit – qu'il soit fou – qu'il veut/voulait
10/13: qu'il veuille – qu'il s'agisse – qu'il y a – que le docteur soit l'un d'eux.
14/15: ne ressuscitera pas.

3. a) Dans la complétive placée en tête de phrase, le verbe est toujours au subjonctif.

b) 1. que les gens viendront – qu'ils ne veuillent pas que leurs morts reviennent ...
2. sont tristes – que leur vie ... reprenne
3. personne ne me demandera – que je sois obligé ...

Zusatzaufgabe Résumez l'histoire.

5. La rupture

Hinweis In dieser Übung wird der Gebrauch des Modus nach Verben und Ausdrücken des Denkens und Meinens, des Sagens und Erklärens, des Bezweifelns und nach unpersönlichen Ausdrücken behandelt. Bei den Verben des Sagens und Erklärens ist zwischen *que*-Satz und Infinitivkonstruktion zu unterscheiden.

Lösung a) Z. 1: Jocelyne constate que (qu'au cours des dernières semaines,) Jean-Claude a complètement changé.
2: Elle trouve (que, depuis qu'il fréquente ses ...,) qu'il n'est plus le même.
3: Elle lui reproche de sortir ... et de rentrer tard. Elle ne lui pardonne pas qu'il réponde à peine à ses questions ou bien qu'il lui mente ...
6: Elle ne comprend pas qu'il perde son temps ...
7: Elle ajoute qu'en tout cas, il mène une vie ...
8: Elle conteste qu'il prenne son travail au sérieux et n'admet pas qu'il ne fasse que ...
10: Elle lui reproche de ne pas s'engager à fond dans ce qu'il fait et elle doute qu'il réussisse ...
12: Elle désapprouve qu'il ne lise plus et qu'il ne fasse plus de volley, le samedi.
13: Elle regrette qu'ils n'aillent ni au cinéma, ni au théâtre, ni à des expositions; bref, qu'ils ne prennent plus part ...
15: Elle n'accepte pas que tout ça soit fini, qu'ils n'aillent même plus danser.
16: Elle déclare qu'elle en a marre ...
17: Elle pense que la vie est belle et qu'il faut ...
18: Elle annonce qu'elle va prendre sa vie en main – sans lui.

b) 1. Jocelyne ne sait pas que je connais ...... et que nous avons passé ...
2. Je sais que Jean-Claude est ...
Elle devrait comprendre qu'il veuille aussi ...
3. Jocelyne ... en prétendant que nous nous voyons ... et que nous passons nos soirées ...
Elle ne comprend pas que nous avons ...
4. ... que Jocelyne est très jalouse.
... qu'elle fasse/fait souvent
... qu'elle veut le dominer
... qu'elle soit/est méchante
5. ... que Jean-Claude soit ... Mais il est ...
... que, dans quelques années, il aura ...
6. ... que Jocelyne soit la femme ...
...qu'il vaudrait peut-être mieux ...

Zusatz-übung 2

Le procès de Patrick Bonneau. Text s. **Zusatzübungen** Nr. 29, Seite 177.

Lernziele: a) Subjonctif nach automatischen Auslösern (GhF **334–337**)
b) Satzform- und satzartbedingter Modusgebrauch (GhF **341+342; 344**)
c) Modus nach *admettre, supposer, comprendre.* (GhF **342**).

Lösung

a) Les débats

1. qu'il a pris part
qu'il a commis
qu'il ne recommencera plus.
2. n'ait pas eu la force
soit un criminel
sera acquitté.
3. comparaisse
ne fasse pas assez
soient condamnés
4. s'est toujours beaucoup engagé
qu'il a toujours travaillé
ne lui permette pas
5. ne serve pas
qu'il vaudrait mieux
soit acquitté.
6. regrette (Subj.)
soit condamné.

b) Le jugement

1. que Patrick soit
que ce soit un criminel
2. que Patrick tiendra parole.
que sa mère soit
qu'elle ne sera pas
3. qu'il a critiqué
que ... comprend(ra)
que ... ne fasse
4. que ... soit venu
que ... lui raconte (Subj.)/
lui ait raconté
5. que Patrick doive
qu'il faut
que ... mérite (Ind.)
que Patrick acceptera.

c) Entendu en sortant du tribunal

1. que l'avocat ait demandé
   que celui-ci soit
   ce que je ferais/j'aurais fait
   qu'il ne s'est pas facilité
2. que le juge a été sévère.
   que l'accusé soit
3. parce que ... soit puni
   lui ait accordé
4. qu'il redevienne
   que le juge lui ait donné.

d) Plaidoirie en faveur de Patrick

1. Il est incontestable que mon client a commis une faute, mais je n'accepte pas/refuse qu'il soit considéré comme un criminel.
2. Je crois connaître Patrick et je suis sûr/certain qu'il ne recommencera pas.
3. Je trouve/estime très important que le jeune homme puisse refaire sa vie et qu'il apprenne un métier.
4. Pour ces raisons et pour empêcher/parce que je veux empêcher qu'il soit en contact avec des vrais criminels, je m'oppose à ce qu'il soit condamné à la prison.
5. Je recommande donc vivement que Patrick Lebon soit acquitté/d'acquitter Patrick Lebon.
6. J'attends que le Tribunal donne suite à ma demande.

6. L'ivresse au volant

Lösung

a) Z. 1: puissent être contrôlés
2: qu'il se soumette
3: soit impliqué
qu'il ait commis
5: soient prises
6: soient données
7: aient lieu
qu'il fasse connaître
9: aient avant tout
10: ne soient pas automatiques
12: lui soit ... retiré
14: puisse récupérer

b) 1. La majorité ... consent à ce que ... soient prises.
2. Le parlement veille à ce que certaines garanties soient données.
3. Les automobilistes s'attendent à ce que les gendarmes les soumettent à ...
4. Le gouvernement attache de l'importance à ce que les contrôles ... soient ...
5. Le parlement s'est opposé à ce que le permis ... lui soit ... retiré.
6. Le gouvernement tient à ce que toutes ... aient ... une valeur ...
7. On espère que la loi ... contribuera à ce que le nombre ... soit réduit/se réduise.

c) 1. On sait parfaitement que l'alcoolisme est ...
Que l'alcoolisme soit ...
2. Il/C'est prouvé ... que l'alcool est ...
Que l'alcool soit responsable ...
3. Il est regrettable que ... soient ...
Que ... soient ...
4. C'est un malheur que les boissons ... soient ...
Que les boissons ... soient ...
5. Il est/C'est incompréhensible qu'il y ait pourtant ...
Qu'il y ait ...

Zusatz-aufgabe

Résumez l'essentiel de la loi du 30 juin 1978.

Zusatz-übung 3

Comment réduire le nombre des accidents. Text s. **Zusatzübungen** Nr. 30, Seite 178.

Lernziel: Integrationsübung zum automatisierten und nicht automatisierten Gebrauch des Subjonctif.

Lösungsvorschlag

Voici ce que je pense des propositions faites dans le texte précédent:

1. Il me semble très important/urgent qu'on rende le réseau routier plus sûr en supprimant les points particulièrement dangereux sur les routes.
2. Je trouve bon que le gouvernement combatte plus efficacement l'ivresse au volant.
   Je suis d'accord pour que la police fasse des contrôles et soumette les automobilistes à l'alcootest.
   Mais je trouve important que ces contrôles ne soient pas annoncés.
3. Je consens également à ce que des sanctions pénales soient prises contre ceux qui ont trop bu.
   Mais je m'oppose à ce que la police leur enlève le permis: c'est au tribunal de le retirer. Je n'accepte pas non plus qu'en cas de récidive, on retire définitivement le permis de conduire.
   Ce que je trouve absolument stupide/impossible, c'est l'idée de saisir la voiture de celui qui a provoqué un accident mortel.
   Je me demande ce que le tribunal ferait de toutes ces voitures.

4. En ce qui concerne l'âge des conducteurs, je refuse qu'on interdise aux moins de 21 ans de passer leur permis. A mon avis, ce serait stupide et injuste, car, pendant leur service militaire, les garçons de 18 ans sont obligés de conduire toutes sortes de véhicules.
Je consentirais éventuellement à ce qu'on prescrive aux débutants de ne pas dépasser une certaine vitesse. Mais il faudrait que cette prescription concerne tous les débutants, et pas seulement les jeunes, et que la vitesse soit limitée à 100 km/h.
Je désapprouve également et je trouve injuste de soumettre quelqu'un à un examen médical chaque année parce qu'il a plus de 60 ans.
Je doute qu'une telle mesure soit efficace et je proposerais/conseillerais/recommanderais de faire plusieurs campagnes d'information.
5. Ces campagnes devraient s'adresser à tous ceux dont la santé n'est pas bonne, ainsi qu'aux médecins. Ce n'est qu'en rendant les personnes concernées sensibles au problème qu'on obtiendra les résultats voulus.
6. Je conteste enfin qu'il soit utile de réduire à 30 km/h la vitesse dans les agglomérations; cela provoquerait des embouteillages supplémentaires et une pollution de l'air encore plus grande.

▼ 7. Simon Lecœur

Hinweis In dieser Integrationsübung wird der Gebrauch des Modus im *que*-Satz, Adverbialsatz und im indirekten Fragesatz vorausgesetzt.

Lösung **a) Rencontre**

Z. 5: Bien que ... existent (Subj.)
6: je m'étonne qu'il traîne (Subj.)
7/8: j'ai peur que ... ne ... paraisse
8: qu'il ne s'en alarme (Subj.)
qu'elle ne le fasse fuir
10: qu'il y a
11: je ne pense pas qu'il y en ait
12: impossible que ... soit
12/13: à moins que ... n'existent (Subj.)
17: Il faut donc que je confonde
fréquent que nous croyions
18: il suffit que ... s'introduise
20/21: de peur que ... ne finisse
21: je doute qu'il veuille
23: pour que j'en prenne
24: je crains ... qu'il ne soit
qu'il ne faille désormais que je poursuive
26: Il ne me semble pas que vous ayez
Voulez-vous que nous restions
28: éviter que ... ne s'en aperçoive
29: Pour qu'il ne sache pas que
je ne sais pas moi-même
31: il ne fallait pas que nous traversions
32: la seule ... qui me vienne
33: était moins encombré
39/40: improbable que ... connaisse
43: si nous prenons.

b) Informations complémentaires sur Simon Lecœur.

Z. 1: fait des cours
3: soit son vrai nom
5: soit/est Russe
6: est fausse
7: qu'il s'agit
8: qu'il a besoin
qu'il ait répondu
9: il ait fait la connaissance
10: que ce soit une femme
11: qu'elle se fait appeler ...
et qu'elle porte (Ind.)
13: soit d'un très grand intérêt
15: soit Djinn
16: sont exactement tels
18: qu'il s'agit
20: rien qui permette à qui que ce soit
22: recoupent (Ind.)
24: que l'on ne peut s'empêcher.

8. Les skieurs allemands sur les pistes françaises

Zum Text **Commentaire personnel**

1. Donnez votre première impression sur ce texte.
2. Que pensez-vous du comportement des touristes allemands: dans quelle mesure dérangent-ils les touristes français et les habitants des stations?
3. Comment vous expliquez-vous le mécontentement des touristes, des marchands d'articles de sport et des restaurateurs français?

Hinweis Die Schüler sollten ihre Aussagen mit Verben und Ausdrücken der persönlichen Stellungnahme einleiten.

Lösung **Le courrier des lecteurs**

a) 1. puisse – perde patience
et se mette en colère
qu'il en soit ainsi
qu'il y ait alors
2. se soit passé – se produise
3. soit sportif et qu'il prenne
vous vous mettiez d'accord
qu'il est illogique que vous fassiez
que vous leur reprochiez
n'est pas très normal
4. est ... grotesque
qu'ils ne fassent plus usage.

b) 1. Je ne pense/crois pas que cet article corresponde à la réalité. Je ne conteste pas qu'il puisse y avoir des problèmes entre Français et Allemands, mais il est peu probable/improbable que tous les Français soient contre les touristes allemands ... D. S., Aix-la-Chapelle

2. Je doute que l'auteur de cet article se soit suffisamment informé. Depuis quatre ans, je passe mes vacances de neige/fais mes sports d'hiver dans les Alpes françaises et je n'ai jamais eu l'impression que les touristes allemands y soient mal vus. F. B., Mayence

3. Monsieur Georges! Imaginez/Supposez que vous soyez un skieur passionné, que vous ayez quatre enfants et que vous passiez trois semaines avec votre famille dans le Valais/que vous passiez, avec ..., trois semaines dans le Valais/que vous passiez trois semaines dans le Valais avec .... Etes-vous sûr que vous achèteriez votre équipement de ski en Suisse? E. O., Bâle

▼ 9. Complainte amoureuse

Lösung 1.+2.

je vous vis	voir	Passé simple	j'ai vu
vous me plûtes	plaire		vous m'avez plu
je pris	prendre		j'ai pris
vous vous aperçûtes	s'apercevoir		vous vous êtes aperçu
je vous visse	voir	Imparf. du Subj.	je vous voie
vous me plussiez	plaire		vous me plaisiez
je vous le disse	dire		je vous le dise
vous vous tussiez	se taire		vous vous taisiez
je vous aimasse	aimer	Imparf. du Subj.	je vous aime
vous me désespérassiez	désespérer		vous me désespériez
je m'opiniâtrasse	s'opiniâtrer		j'opiniâtre
je vous idolâtrasse	idolâtrer		je vous idolâtre
vous m'assassinassiez	assassiner		vous m'assassiniez

3. Les formes du subjonctif imparfait provoquent le rire, car elles ne s'emploient plus à la 1ère et à la 2e personne.
Le subjonctif imparfait allonge démesurément le verbe. La répétition de la consonne sifflante (Zischlaut) [s] est interprétée comme la marque de la pédanterie qui tourne tout de suite au ridicule.
L'auteur s'amuse certes, mais il se moque surtout: il n'applaudit pas cette «beauté féroce», mais il la siffle (pfeift aus).

Chapitre 18: Le style indirect

Übersicht über die Lernziele und Übungen

Lernziel/ Sachaspekt	Que sais-je?	Révision	Perfectionnement	Grammatik GG	GhF
Indirekte Rede und Frage					
• Zeitenfolge	**A**; **B**; **C** b); **Z** 1	**1**; **2**; **3**; **Z** 2	**4**; **5**; **9** a)	187+188	398+399; 400; 400 B
• Fragepronomen	**B**; **C** a); **Z** 1		**9** a)	74; 139	282–284
• Personen-, Orts- und Zeitangaben	**C** b)	**2**	**6**		399
• Umformen von Satzgefügen, inbes. Konditionalgefügen in die indirekte Rede		**3**	**5**	188	399, 1; 400
• Besonderheiten beim Gebrauch der indirekten Frage			**Z** 3		285
Erlebte Rede					
• Unterscheiden der erlebten Rede von der indirekten Rede			**7**°; **8**		401
• Unformen erlebter Rede in direkte und indirekte Rede			**7**; **8** a) + b); **Z** 4		401
Redeerwähnung und Textzusammenhang					
• stilistische Wirkung der unterschiedlichen Arten der Redewiedergabe			**4**°; **8** c); **Z** 4		398; 401, 2
• neutrale und interpretierende Redewiedergabe			**5** b); **9** a); **9**▼ b) + ▼c)		402

° = Belegtext; Z = Zusatzübung

Lösungen, Hinweise, Zusatzübungen, Zusatzaufgaben

Que sais-je?

A. Tout se complique

Lösungsvorschlag

Hier, mon maître ... d'habitude. Il m'a demandé si je voulais qu'il me caresse et si j'étais content et il a ajouté que tout le monde avait/a besoin d'affection, pas seulement les chiens.
Puis, il m'a invité à m'asseoir près de lui. Il a annoncé qu'il allait me raconter quelque chose et il m'a demandé de bien faire attention.
Ensuite, il m'a dit que j'avais de la chance, moi, d'être un chien. Il m'a expliqué que l'homme, lui, devait/doit toujours penser aux autres, qu'il était/est plus fort et qu'il était/est intelligent.
Il a admis que lui aussi il avait eu des peines, mais que je ne le savais pas. Et il m'a raconté que l'homme ne devait/doit pas se plaindre, qu'il ne devait/doit pas faiblir.
Il a précisé qu'il me l'avait déjà dit, d'ailleurs.
Enfin, il m'a demandé de ne pas oublier que l'homme avait/a reçu ... pour être fort.
J'étais ... lui. Alors je l'ai caressé à mon tour.

Zum Présent oder Passé composé in der indirekten Rede vgl. GhF **400 B**.

B. Incident à la frontière

Lösung a) Après ... officier de police.
Il nous a demandé

où nous avions pris ...,
quel âge il avait,
de quelle nationalité il était,
ce qu'il avait comme bagage,
où il était descendu,
quelle impression il nous avait faite,
de quoi nous avions parlé ...
si nous le reconnaîtrions

Puis, il a dit qu'il regrettait, mais qu'il était obligé de nous arrêter.

b) Mais tu le sais. On t'a déjà dit

qu'on l'avait pris après Liège,
qu'il avait entre ... ans,
que c'était un Hollandais ...
qu'il avait seulement ...
qu'il était descendu,
qu'il était bien ...
qu'il parlait mal ...
qu'on n'était pas sûr de le reconnaître.

C. Rendez-vous à trois heures du matin

Lösung a)
- Pourquoi est-ce que tu rentres/rentres-tu si tard? Qui est-ce que tu as recontré/Tu as rencontré qui? Qu'est-ce qui s'est passé? Tu as trop bu? Qu'est-ce que tu as encore fait?
- Réponds. Dis-moi enfin d'où tu viens et ce qui ne va pas.
- Alors: Qu'est-ce que tu as fait ce soir? Qui est ce Bruno/Ce Bruno, qui est-ce?
- Parle. Qu'est-ce que tu attends?
- Qu'est-ce que tu t'imagines? Sais-tu/Tu sais ce que mon père aurait fait si, à l'âge de 16 ans, j'étais rentré à 3 heures du matin?
- Ce qui te manque, c'est une raclée de temps en temps.

b) Hier soir, ... un interrogatoire.
Il a voulu savoir pourquoi je rentrais si tard, qui j'avais rencontré, ce qui s'était passé, (et puis) si j'avais trop bu, ce que j'avais encore fait.
Comme je n'ai rien répondu, il ... en disant de répondre et de lui dire enfin d'où je venais et ce qui n'allait pas.
Puis, ça a recommencé; il m'a demandé ce que j'avais fait hier soir et qui était/est Bruno.
Et il m'a encore disputé en me disant de parler et il m'a demandé ce que j'attendais, ce que je m'imaginais et si je savais ce que son père aurait fait si, ..., il était rentré ...
Pour terminer, il a dit que ce qui me manquait, c'était une raclée.

Zusatzübung 1 PFM, Übung 2, Seite 119.

Exercices de révision

1. C'est moi, Sandra

Lösung Elle m'a demandé si j'avais le temps ... et d'écouter.
Puis, elle m'a raconté qu'elle avait reçu ..., qu'il allait être ... et ... il voulait faire ... et qu'il aimerait bien que je vienne aussi.
Elle a dit que sa surboum aurait/aura lieu ..., que Frédéric et elle, ils avaient décidé ..., qu'ils pourraient prendre ... parce qu'elle n'en aurait pas besoin, et elle a ajouté que je pourrais y aller avec eux, qu'il y aurait de la place, qu'il suffisait que je le lui dise la veille.
A part ça, elle m'a dit qu'elle avait acheté .... Elle veut absolument que je le lise et elle a dit qu'elle me le prêterait quand elle l'aurait terminé.

2. La visite du Président en Chine

Hinweis Zu b): Die Zeitangaben *hier soir, demain, prochain* sind den Schülern lexikalisch bekannt. Es sollte ihnen hier bewußtgemacht werden, daß diese Angaben sich immer auf den Sprechzeitpunkt und die Redesituation des Sprechers beziehen.

Lösung a) Un journaliste a demandé au Président s'il était content de son voyage ...
Le Président a répondu qu'il avait fait ce voyage parce que la France devait et voulait ... Il a souligné que lui-même et les ministres qui l'avaient accompagné avaient eu ... et il a ajouté qu'ils en auraient d'autres, quand le Premier ministre ... se rendrait ...
Le journaliste a voulu savoir quand ... viendra/viendrait et si la date ... avait été fixée.
Le Président a répondu que ... aurait/aura probablement lieu ...

b) Le porte-parole a dit:
«M. le Président regrette beaucoup, mais il est rentré seulement **hier soir** et **demain,** il a une réunion importante qu'il doit préparer. Mais la semaine **prochaine,** il veut bien vous donner plus de détails.»

3. Georges Brassens et le bonheur

Hinweis In dieser Übung werden gleichzeitig einige geläufige redeeinleitende Verben wiederholt. Besonderer Beachtung bedürfen die Verben, die eine Aktionsart ausdrücken (vgl. GhF **381, B** 3):

commencer
continuer] + **en disant**
terminer

Ebenso: interrompre qn **en disant.**

Lösung
1/5: J'ai commencé ... en lui disant que, pour les Français qui ..., voudraient être à sa place, il représentait ... et que c'était, sans doute, parce qu'il symbolisait à travers ses chansons ... aiment à se reconnaitre.
6/9: Il m'a répondu que son bonheur à lui, c'était de faire .... Il a précisé que le bonheur, c'était deux vers ..., mais il a ajouté que, s'il n'était pas ..., ses enfants auraient ... que ses chansons.
10/11: Il a continué en disant qu'il écrivait/écrit ... et que, ..., il n'existait pas.
12/14: Et il a expliqué que, pour lui, rien ne se passait ..., qu'il voyait mais ne regardait pas et que les vrais ... qu'il avait éprouvés, c'était en écoutant ... qui le touchait.
15/16: Ensuite, ... s'il y avait ... de sa vie dont il ait ...
17/19: Il a répondu qu'il n'évoquait le passé que dans ses chansons, ..., et il a ajouté qu'il avait eu ....
20/23: Quand j'ai mentionné qu'on lui avait reproché de ne pas s'engager, il ... interrompue en disant qu'il avait pris un engagement total et que, ..., il avait dans ses chansons ....
24/25: Mais il a précisé que, seulement, on entendait ... et qu'il se trouvait qu'il ne reconnaissait ... de l'avoir.
26/30: ... qui disait qu'il incarnait ... alors que Jacques Chirac arrivait ... et je lui ai demandé s'il pensait que le maire ... était/soit moins heureux que lui.
31/32: Alors, ... qu'on ne devrait jamais ... parce que c'était indiscret.

Zusatz-übung 2 Umformen der direkten Rede in indirekte Rede der Cartoons
- La jeune droite, PFM, S. 55
- Rien n'est simple dans la vie! PFM, S. 64.

Exercices de perfectionnement

4. La fugue de Marie-Claire

Lösung 1. a) Verbes introduisant le discours direct:
1: demander 3: reprendre
2: répondre 14: dire

b) Verbes introduisant le discours indirect

4/5: nommer; mentir en disant
6: prier
7: dire
9: demander; vouloir savoir; trouver
10: conseiller
11: assurer
24: terminer en disant.

2. a) – Je viens de la ferme de maître Sylvain.
Je vais retrouver ma mère, qui/elle est malade.
Voulez-vous/Voudriez-vous bien me faire entrer dans votre maison pendant la pluie?
– Attends ... Tu es seule? Tu as quel âge?
– J'ai treize ans.
– Tu n'es pas peureuse, puisque tu as traversé ... la nuit.
Marche encore un peu, il y a un village ..., tu trouveras des maisons.

b) Puis il dit en me regardant que c'était heureux pour moi qu'il m'ait rattrapée et que sans cela on m'aurait ramenée ... .
Comme ... il reprit en disant que je ne savais peut-être pas/en demandant si je ne savais pas qu'il y avait ... se sauvent.
Je répondis que je voulais aller voir ...
Il me demanda si j'étais malheureuse chez eux.

L'événement important de ce passage, c'est le fait que maître Sylvain retrouve Marie-Claire et veut la ramener chez lui. La conversation qui s'engage entre Marie-Claire et lui est donc rapportée au style direct.
Les mots que la jeune fille échange avec le propriétaire de la maison sont moins importants: cet homme refuse de l'aider. Il suffit donc, dans cette scène, de rapporter leurs paroles au style indirect.

5. Le centenaire

Lösung a) 1. ... je lui ai dit que j'étais journaliste et je lui ai adressé mes ... pour son centième anniversaire.
2. Il m'a dit de parler ... . Il a ajouté qu'il avait compris qui j'étais et qu'il allait répondre à mes questions.
Puis, il a raconté qu'il avait eu ... parce qu'il n'avait jamais ... et il a précisé que, s'il en avait bu, il n'en aurait pas ... .
3. Il a continué en disant qu'il n'avait pas mangé ..., mais que s'il en avait mangé, il n'en vivrait pas moins, et qu'il ne s'était jamais mis ..., sauf, ... lorsqu'il avait perdu/perdait son sang-froid.
Il a dit qu'il s'était levé et continuait à/de se lever ..., lorsqu'il se levait à midi.
4. Je me demande ... en disant qu'il pensait que s'il avait vécu ..., c'était parce qu'il avait toujours craint ... qu'on lui avait donnés et que, s'il avait fait ..., il serait ...
5. Pour comble ... qu'il ne s'était pas fatigué ... à ses semblables, ..., il ne leur avait jamais fait de bien.
En plus, ... que, toutefois, il avait été ..., à sa commune ..., à qui il donnait ... de l'entretenir.
6. Quand ..., il m'a demandé de ne pas m'en aller et de revenir d'ici un siècle, pour boire (avec lui) un verre à sa santé, ... de son second centenaire si j'étais/je suis encore en vie.

Lösungsvorschlag b) **1. Article neutre**

Après m'être présenté et l'avoir félicité pour son centième anniversaire, le centenaire me pria de parler fort et ajouta qu'il avait compris qui j'étais, en me voyant venir. Il était d'accord pour répondre à mes questions.
Il commença son récit en disant qu'il avait eu une longue vie parce qu'il avait toujours refusé de boire de l'alcool et veillé à ne pas manger beaucoup de viande, mais qu'en fin de compte cela n'avait joué aucun rôle. Il ajouta aussi qu'il s'était toujours levé à l'aube et qu'il continuait à le faire, mais que cinq ou six fois par semaine il se levait à midi.
Selon lui, cette longue vie, il la doit au fait d'avoir toujours craint de suivre les bons conseils des autres: s'il avait fait le contraire, il serait dans la tombe depuis une dizaine d'années. Il affirma ne pas s'être fatigué à ne pas faire de tort à ses semblables, mais ne leur avoir jamais fait de bien non plus.
A ses dires, il a été quand même très utile à la société, à sa commune en particulier, à qui il donne (donnait) depuis cinquante ans la possibilité de l'entretenir ...
Au moment de nous quitter – il ne voulait pas que je parte – il m'invita à revenir dans un siècle pour boire un verre à sa santé, à l'occasion de son second centenaire, si toutefois j'étais encore en vie.

2. Article avec commentaires de l'auteur

5: ... en disant **d'un ton très sérieux** qu'il avait eu ...
9: Il a ajouté aussi, **sans avoir l'air de plaisanter,** qu'il s'était toujours levé ...
mais il a précisé, **en me faisant un clin d'œil,** que cinq à six fois par semaine ...
11: **Tout en gardant son sérieux,** il a fait remarquer que cette longue vie, il la devait ...
13: **Avec un peu de cynisme,** il a avoué ne pas s'être ..
15: ... et il a déclaré aussi, **en ironisant,** qu'il avait été quand même utile à la société
17: **Comme il ne manquait pas d'humour,** il m'a invité, au moment de nous quitter, à revenir ...

Zusatzaufgabe

Lesquels des adjectifs suivants correspondent le mieux à ce que le centenaire a raconté au journaliste?

absurde	cynique	méchant
bête	grotesque	provocateur
comique	idiot	vrai

Qu'est-ce que le centenaire aurait dû lui raconter pour être conforme à ce qu'on attend d'un homme de son âge?

6. L'opération «Neptune»

Hinweis Um die Aufgabe lösen zu können, ist es wichtig, den Sprechzeitpunkt (moment de l'énonciation) zu erkennen.

Lösung

1. Sprechzeitpunkt **4. Juni:** L'opération prévue pour **demain** ... reçus **hier soir** et **ce matin.**
2. Sprechzeitpunkt **heute;** Bezugspunkt **3. Juni 1944:** ... était prévu pour **le surlendemain.** Mais **le lendemain** ...
3. Sprechzeitpunkt **heute;** Bezugspunkt **3. Juni 1944:** En décembre de l'année **précédente** ... lorsque **le surlendemain** ...
4. Sprechzeitpunkt **heute;** 1. Bezugspunkt **4. Juni 1944:** ... débarquer **le lendemain** ...
2. Bezugspunkt **6. Juni 1944**: ait lieu **ce jour-là** ... qu'il avait fait **la veille.**

Zusatzübung 3

Le débarquement des Alliés en Normandie. Text s. **Zusatzübungen** Nr. 31, Seite 179.

Lernziel: Wiedergabe deutscher indirekter Fragen, die an ein Adjektiv oder Nomen angeschlossen sind (GhF **285**).

Lösung

1942. Les Alliés envisagent un débarquement sur le continent européen. Les Américains et les Anglais réfléchissent pendant des mois pour savoir/décider sur quelle côte française l'invasion devra avoir lieu. Ils savent que les Allemands se concentrent sur la défense des grands ports, voilà/c'est (donc) la raison pour laquelle ils choisissent la côte qui se trouve à l'ouest de l'embouchure de la Seine, là où il n'y a pas de ports importants.
Les Alliés réfléchissent minutieusement à la façon dont ils devront procéder pour que/afin que les Allemands ne se doutent de rien. Pour que/Afin que les troupes puissent débarquer, ils construisent en Angleterre les pièces d'un port qu'ils veulent monter/monteront près d'Arromanches.
En mai 1944, tout le matériel est prêt à être transporté. Le seul problème, c'est de savoir si le débarquement aura lieu, comme prévu, le 5 juin/le 5 juin, comme prévu. Tout le monde est curieux de savoir si la construction du port artificiel réussira.

7. L'offre de Thérèse

Lösung **Commentaire grammatical et stylistique**

1. a) 10/12: – Ecoute ... il me semble
b) 4/6: Thérèse **protesta** ... pour finir
7/8: Marie ... **jurait** ... le voulût aussi
c) 1/3: Marie haussait les épaules: ... changer d'avis.
8/9: Mais Thérèse avait réponse à tout: ... désapprouver.
13/15: Thérèse secoua la tête: ... telle qu'elle était.

On reconnaît le style indirect libre à ceci:
- il n'y a pas de verbe introducteur;
- l'emploi des temps et des modes correspond à celui du discours indirect;
- les adverbes de temps et de lieu sont identiques à ceux employés au discours direct;
- souvent le discours indirect libre est précédé d'une phrase se terminant par deux points.

2. a) elle = Thérèse – sa mère.
b) elle = Thérèse – elle-même.
c) elle = Marie – sa fille; elle = Thérèse – elle-même.

▼ 3. Marie haussait les épaules. Elle dit: «C'est impossible. Tu ne peux pas te dépouiller ainsi. Il faut bien que tu gardes de quoi vivre! Tu as cédé à une impulsion. Il suffit que tu y réfléchisses dix minutes et tu changeras d'avis.»
Le style indirect libre permet de résumer les énonciations d'une personne et rend ainsi la lecture d'un texte plus agréable.
En alternant le discours indirect libre et le discours direct, il est possible d'organiser le texte: le discours direct est ainsi réservé aux passages où les interlocuteurs ont des choses importantes ou décisives à se dire.

4. **Marie** (haussant les épaules): C'est impossible. Maman, tu ne peux pas te dépouiller ainsi. Il faut que tu gardes de quoi vivre. C'est vrai, tu as cédé à une impulsion, mais il suffit d'y réfléchir 10 minutes pour changer d'avis.
Thérèse (protestant): J'y pense depuis longtemps. Ce sera pour moi un bonheur inespéré de réparer dans une faible mesure le mal que j'ai fait. Je me contenterai d'une rente très légère et je ne demande plus qu'un coin pour finir.
Marie (plus doucement): Non, je n'accepterai jamais cela, il faut que papa le veuille aussi.
Thérèse (sans hésiter): Mon mari (mieux au discours direct: Ton père ...) n'a rien à voir dans une décision qui l'étonnera peut-être, mais qu'il n'a aucune raison de désapprouver ... Ecoute! veux-tu que je voie ton Georges? que je lui explique le coup?
Marie (fâchée): Ah! non ...
Thérèse (secouant la tête): Non, tu ne me blesses pas, je ne sens plus rien. Mais je crois que ce garçon se fait de moi une idée extravagante, il ne serait pas mauvais qu'il me voie telle que je suis.

8. Partir à tout prix

Lösung

a) Rambert raconta (dit) au docteur Rieux qu'il avait laissé sa femme à Paris. Il ajouta (fit remarquer), qu'à vrai dire, ce n'était pas sa femme, mais que c'était la même chose. Il expliqua qu'il lui avait téléphoné ..., qu'il avait d'abord pensé qu'il s'agissait ... et qu'il avait seulement cherché .... Il dit que ses confrères ..., que la poste ... et qu'une secrétaire .... Il termina en disant qu'il avait fini .... A bientôt. Il reprit que le matin, ..., l'idée lui était venue ... durer. Il déclara qu'il avait décidé .... Il ajouta qu'il n'avait pas ... et (il trouva/se dit) que ce n'était pas .... Il fit remarquer/souligna qu'il se trouvait là ... et qu'il était juste ... quarantaine.

b) J'ai laissé ma femme .... A vrai dire, ce n'est pas ma femme, mais c'est .... Je lui ai téléphoné dès .... J'ai d'abord pensé ... et j'ai seulement cherché ...
Mes confrères ... m'ont dit qu'ils ne pouvaient rien, la poste m'a renvoyé, une secrétaire ... m'a ri au nez. J'ai fini ... où j'ai inscrit: «...».
Mais ce matin, en me levant, il m'est venu brusquement l'idée, ..., je ne sais pas combien ... cela peut/pourra durer. Alors, j'ai décidé de partir .... Je n'ai pas ..., ce n'est pas mon affaire de rester ici, je me trouve ici ... et il est juste qu'on me permette de m'en aller, même si, ..., on doit me faire subir ....

c) Raconté au style direct, ce passage ennuie le lecteur; rapporté au style indirect, il est lourd à cause des nombreux verbes introducteurs.
Le style indirect libre permet d'exprimer toutes les réflexions de Rambert de manière élégante et agréable à lire.
(Le style indirect libre permet d'objectiver le récit, non seulement en atténuant la présence de celui qui parle, mais en sollicitant du lecteur, déjà, un jugement critique sans qu'il y prenne garde. – Profil d'une œuvre 22, Camus: La Peste par Pol Gaillard, p. 59/60.)

Zusatzübung 4

Une résolution difficile. Text s. **Zusatzübungen** Nr. 32, Seite 179.

Lernziel: Stilistische Wirkung des Style indirect libre.

Lösung: Commentaire grammatical et stylistique

1. 1–4: Soudain ... se mit à songer:
   13: Des frissons lui couraient sur la peau.
   14/15: Soudain il pensa ... prisonnier des Français.
   17: Et sa résolution fut prise immédiatement.
   19/20: Il se leva ... par des terreurs nouvelles.
   21/22: Et des images ... dans son âme.

   Les verbes sont au passé simple et à l'imparfait.

2. a) 14: «Si seulement j'étais prisonnier!»
   18: «Je vais me constituer prisonnier.»

   b) Les autres parties du discours sont écrites au style indirect libre.
   On reconnaît le style indirect libre à ceci:
   - Il n'y a pas de guillemets.
   - Le discours est rapporté à la troisième personne; les verbes sont employés aux mêmes temps qu'au style indirect.
   - Les phrases ne sont pas chacune introduites par un verbe introducteur suivi de *que* ou de *si*.
   - Il y a des phrases elliptiques.

   A souligner: 4: se mit à **songer:**
   14: ... de désir, d'un **désir violent ... être Français.**
   20: ... **par des réflexions ... nouvelles.**

3. a) 4ff: Et le soldat se mit à songer:
   «Qu'est-ce que je vais faire? Qu'est-ce que je vais devenir?
   (Dois-je) rejoindre mon armée? ... Mais comment, et par où?
   Et il faudra que je recommence l'horrible vie ... que je mène depuis le commencement de la guerre. Non! Je ne me sens plus ce courage! Je n'aurai plus l'énergie qu'il faut pour supporter ... de toutes les minutes.
   Mais que faire? Je ne peux pas rester ... et m'y cacher ... hostilités.
   Non, certes. S'il ne fallait pas manger, cette perspective ne m'atterrerait pas ...; mais il faut manger ... jours.
   Et je me trouve ainsi ... loin de ceux qui peuvent me défendre.»
   15ff: Il **se dit:** «(Si j'étais) prisonnier, je serais sauvé ... gardée. Etre prisonnier! Quel rêve!»
   21ff: Il **se demanda:** «Où est-ce que je vais me constituer prisonnier? Comment? De quel côté?»

   b) Dans le texte transformé en style direct, toutes les réflexions du soldat sont juxtaposées et ont ainsi la même valeur.
   En limitant le style direct à deux phrases, l'auteur réussit à structurer le discours et à mettre en relief les réflexions décisives de Walter Schnaffs, à savoir:
   «Si seulement j'étais prisonnier!» (14)
   «Je vais me constituer prisonnier.» (18)

4. a) 4ff: ... se mit à songer. Il se demanda ce qu'il allait faire, ce qu'il allait devenir, s'il devait rejoindre son armée.
   Mais il ne savait pas comment ni par où. Aussitôt, il **se rendit compte** qu'il lui faudrait ... guerre et il **se dit** qu'il ne se sentait plus ce courage et qu'il n'aurait plus l'énergie ... toutes les minutes.
   Il **continua à se demander** ce qu'il devait faire. Il **pensa** qu'il ne pouvait pas rester ... hostilités. Et il **constata** que, s'il ne fallait pas manger ... pas trop. Mais il fallait manger ...
   Il **se rendit compte** qu'il se trouvait ainsi ... qui pouvaient le défendre.
   15/16: Il **pensa/constata/remarqua** que s'il était prisonnier, il serait sauvé ... gardée.
   21/22: Il **se demanda** où il allait se constituer prisonnier, comment et de quel côté il allait/devait le faire.

b) La version au style indirect contient de nombreux verbes introducteurs qui interrompent la suite des réflexions du soldat.
Certaines phrases elliptiques ne sont pas reprises ou bien il a fallu les compléter, ce qui les a rendues lourdes ou même superflues.

c) Le style indirect libre permet de juxtaposer les réflexions de Walter Schnaffs d'une façon variée et vive. L'alternance de phrases complètes et de phrases elliptiques rend bien l'état d'âme du soldat: son esprit troublé, ses doutes, son découragement, ses angoisses.
En passant du style indirect libre au style direct, l'auteur réussit à distinguer les réflexions provoquées par la peur et par la résignation de celles où Schnaffs reprend un peu de courage:
«Si seulement j'étais prisonnier!»
«Je vais me constituer prisonnier.»
Enfin, l'absence de verbes introducteurs rend le texte plus élégant et plus agréable à lire.

5. L'écriture réaliste se propose de décrire d'une façon précise et détaillée les événements, les personnes et objets ainsi que les pensées.
Le style indirect libre se prête admirablement à rendre d'une manière naturelle et nuancée les pensées d'une personne ou la série de réflexions qui lui viennent dans certaines circonstances.

9. La vérité sur Bébé Donge

Hinweis *Bébé Donge* ist der Spitzname von Mme Eugénie Donge.

Die resümierende Wiedergabe des folgenden Gerichtsprotokolls erfolgt auf 3 Arten:
a) in vollständiger Form
b) verkürzt, in neutraler Form
c) verkürzt, in kommentierender Form.

Lösung a) Bei dieser Aufgabe geht es darum, den gesamten Dialog in indirekte Rede zu übertragen. Die Übertragung erfolgt aus einer Perspektive, die unabhängig vom Augenblick des Sprechens (Schreibens) ist. Dabei sind die in GhF **400** beschriebenen Tempusverschiebungen vorzunehmen. Die durch das Vernehmungsprotokoll vorgegebenen Bezüge der Gleichzeitigkeit bzw. Vorzeitigkeit bleiben also bestehen: ein Imparfait bleibt ein Imparfait und wird nicht in ein Plus-que-parfait uminterpretiert.

Zu beachten ist folgendes:
14: *Jamais* muß zu einem vollständigen Satz ergänzt werden.
21/23: Hier empfiehlt sich, den Fortgang des Handlungsablaufes durch *(et qu') ensuite (elle était passée ...)* zu signalisieren.
28: *ce jour-là* kann zur Verdeutlichung durch *le jour de sa visite à l'usine* ersetzt werden.

Die Übung kann mündlich und schriftlich (in Gruppenarbeit) gemacht werden.

1: ... à quel moment elle avait formé ... de son mari.
... qu'elle ne savait pas ..., qu'il y avait ...
... pourquoi elle disait
... que c'était ...
5: ... ce qu'elle entendait par ...
... qu'elle sentait qu'ils en arriveraient là, mais qu'elle n'en était pas sûre.
... si la mésentente durait ... dans son/leur ménage.
... qu'il n'y avait jamais eu de mésentente entre son mari et elle.
... quels étaient donc ses griefs contre lui/son mari.
10: ... qu'elle n'avait aucun grief.
... quelle était ... de ses rapports avec son mari.
... qu'ils vivaient ... et qu'ils avaient ...
... si ... éclataient fréquemment.
... qu'il n'y avait jamais de disputes.
15: ... si ... lui donnaient ... que son mari avait ...
... qu'elle ne s'en était pas inquiétée.
... qu'en somme, elle prétendait qu'elle était ... décidée à tuer son mari et qu'elle ignorait ...
... que c'était bien cela.

20: ... où et quand elle s'était procuré ...
... qu'elle ne pouvait lui dire ..., mais que c'était ...
Elle expliqua qu'elle était allée ..., qu'elle avait emporté ... et qu'ensuite, elle était passée ... de son mari ...
... si elle avait l'habitude ...
25: ... qu'elle y allait rarement, que les affaires de son mari ne l'intéressaient pas et que, ce jour-là/le jour de sa visite à l'usine, il n'était pas dans ...
Elle ajouta qu'elle était entrée ... et expliqua que son mari était chimiste et se livrait ... . Elle continua en disant que, ..., elle avait vu ...
... si, jusqu'à ..., elle n'avait jamais pensé ...
30: ... qu'elle croyait que non. Elle déclara que le mot ... l'avait frappée qu'elle avait pris . . et l'avait mis dans son sac.
Le juge constata qu'ainsi, ..., elle avait caché . . Puis il lui demanda ce qui lui avait fait choisir ...
... qu'elle ne savait pas. Puis elle dit qu'elle était ..., qu'elle se reposerait ... si le juge le permettait et que, plus tard, elle serait de nouveau à sa disposition.

▼ b) Im Gegensatz zu Aufgabe a) handelt es sich hier um ein Résumé aus der Perspektive des Schreibers. Sprechzeitpunkt ist also der Augenblick des Sprechens (Schreibens) und die sich daraus ergebenden Bezüge der Gleichzeitigkeit bzw. Vorzeitigkeit (vgl. GhF **380**). Zur Erleichterung der Aufgabe können die wesentlichen Aussagen der Angeklagten vorab exzerpiert werden.

Lösungsvorschlag

Lors de l'interrogatoire, qui a eu lieu hier, Mme Donge, accusée d'avoir essayé d'empoisonner son mari, a déclaré qu'elle ne savait pas exactement à quel moment elle avait décidé (vorzeitig) de tuer son mari. Elle a assuré qu'il n'y avait jamais eu (vorzeitig) de disputes entre son mari et elle. Elle a avoué qu'elle s'était procuré (vorzeitig) le poison et que l'idée lui était venue en voyant des flacons dans une armoire, mais elle a dit qu'elle ignorait (gleichzeitig) la raison de sa décision/détermination. Puis elle a déclaré qu'elle était lasse (gleichzeitig), qu'elle aimerait se reposer un peu et que, plus tard, elle serait (nachzeitig) de nouveau à la disposition du juge d'instruction.

▼ c) **Lösungsvorschlag**

Lors de l'interrogatoire, Mme Donge a prétendu que la décision de tuer son mari avait été un projet assez vague. Elle n'aurait jamais pensé à l'arsenic si elle n'avait (pas) vu des flacons de poison dans le laboratoire de son mari.
Elle a voulu faire croire qu'il n'y avait jamais eu de mésentente entre son mari et elle, et elle a avoué sans gêne que les affaires de son mari ne l'intéressaient pas et qu'elle ne s'était jamais inquiétée des liaisons amoureuses de celui-ci.
Interrogée sur l'origine du poison, elle a raconté sans hésiter/sans le moindre regret comment elle se l'était procuré et qu'elle l'avait caché pendant trois mois.
Quand on lui a demandé pourquoi elle avait choisi juste le dimanche en question pour mettre son projet à exécution, elle n'a pas voulu répondre. Elle a fait semblant d'être fatiguée et a demandé au juge de remettre à plus tard la suite de l'interrogatoire.

D. Anhang Zusatzübungen

Die folgenden Zusatzübungen 1–32 können für Unterrichtszwecke ohne besondere Einwilligung des Verlages vervielfältigt werden.
Über die Zuordnung dieser Übungstexte zu den einzelnen Grammatikkapiteln und die Lösungen der Aufgaben informiert das Inhaltsverzeichnis auf Seite 4.

1. Au téléphone

a) Complétez le dialogue suivant en vous servant des éléments entre parenthèses.
Faites d'abord des phrases aussi courtes que possible, ensuite des phrases aussi complètes que possible.

1. Qu'est-ce que tu fais dimanche?	– (aller chez Janine)
2. Tu pars à quelle heure?	– (après le déjeuner)
3. Et qu'est-ce que tu vas faire le matin?	– (écrire quelques lettres)
4. Vous allez à l'exposition Matisse, Janine et toi?	– (au cinéma). On donne un film de François Truffaut.
5. Ah bon. On le donne au Vox, je crois.	– (au Ciné-Club).
6. Tu sais ce qu'on donne au Vox?	– (un film policier américain).

b) Comparez les deux solutions que vous avez obtenues:

1. Ecrivez-les l'une sous l'autre. – Modèle: Je vais chez Janine.
Dimanche, je vais chez Janine.
2. Lesquels des compléments circonstanciels dans les phrases complètes font partie de l'information demandée par l'interlocuteur? Où est leur place dans la phrase?

2. Une bande de faussaires

Thème ou rhème? – Intégrez les groupes entre parenthèses dans les phrases.

1. La gendarmerie a arrêté deux hommes et une femme	(la semaine dernière).
Il s'agit de membres d'une bande de faussaires.	
La police les avait surveillés	(pendant plusieurs mois).
2. Les gendarmes les ont surpris	(dans une ferme abandonnée).
Ils avaient installé une imprimerie clandestine	(dans la grange).
où ils fabriquaient des billets de 100 F	
3. Les faux billets sont en circulation	(depuis l'année dernière).
La police a découvert les premiers	(sur la côte d'Azur).
4. Le cerveau de la bande, un certain Frédo, se cache	(en Amérique du Sud).
Il est recherché pour différents crimes	(en France).
5. Frédo a pu se dérober aux recherches de la police	(en allant à l'étranger).
Mais il sera arrêté tôt ou tard	(avec l'aide d'Interpol).

3. Définitions

Dans quelles phrases l'emploi de *c'est* est-il obligatoire? Dites pourquoi.

1. Autobiograve:	celui qui emploie, pour écrire sur soi, un ton digne et solennel.
2. Autoraoût f:	coutume française qui consiste à passer en famille, en voiture, et sur une route sans croisements, le mois le plus chaud de l'année.
3. Hebdrolmadaire m:	chameau qui rit tous les lundis.
4. Larmoire f:	meuble servant à ranger les pleurs.
5. Mégoïste m:	celui qui fume beaucoup mais qu'on ne verra jamais offrir une cigarette à ses amis.

D'après Le Petit Fictionnaire d'Alain Finkielkraut, Editions du Seuil, Paris 1981.

4. Initiative pour sauver l'œuvre d'Albert Schweitzer

a) Analyse du texte.

1. **Le proviseur du lycée A.S. de Mulhouse** | **vient de visiter** l'hôpital de Lambaréné. |

(Il a donc fait un voyage en Afrique.)

2. **Ce voyage** | **a été facilité** par l'ambassade du Gabon; |

Il | **a permis** au proviseur de se rendre compte des progrès qui **ont été réalisés** par l'équipe médicale de l'hôpital. |

(Il y a donc des rapports entre Mulhouse et Lambaréné.)

---

3. **Les rapports** entre le lycée qui **porte** le nom de ce grand homme et l'hôpital en Afrique | **ont été établis** il y a deux ans. |

(Ils sont donc relativement nouveaux.)

---

4. (Depuis que ces rapports existent, les lycéens sont très actifs.)

L'année dernière, **les élèves et enseignants** | **ont organisé** une grande collecte en faveur de l'hôpital. |

5. **Ils** | **espèrent** que des collectes de ce genre **se feront/seront faites** régulièrement dans toute l'Alsace. |

6. (La raison:)
En effet, sans aide financière, **le centre médical de Lambaréné** | **risque** d'**être condamné** à disparaître. |

---

7. (Pour empêcher cela, il faut des dons.)
Tous ceux qui veulent soutenir l'œuvre des lycéens de Mulhouse | **sont invités** à envoyer leur don au lycée A.S. |

8. **Ces dons** | **seront versés** sans tarder à l'Association des amis d'Albert Schweitzer. |

b) Voici quelques informations fictives. Lisez-les, puis rédigez un article de journal sur ces faits.

Mulhouse, 7 juillet

1. Après la grande collecte – organiser il y a deux ans – les élèves et enseignants du lycée Albert Schweitzer – rassembler de nouveau une somme considérable pour l'hôpital de Lambaréné.
2. Cet argent – employer à moderniser la salle d'opération et à construire une autre salle de malades – inaugurer le 15 juillet.
3. M. le proviseur – inviter par l'équipe médicale – se rendre au Gabon la semaine prochaine. Il – accompagner de deux élèves – vouloir faire un stage d'infirmier là-bas.
4. La petite cérémonie au centre médical de Lambaréné – téléviser le 16 juillet.

5. Die Überlegungen des Kommissars

Traduisez en français.

1. «In dem Schrank ist nichts Besonderes», sagt der junge Mann.
   Ich (bet.) sage, daß etwas Wertvolles darin ist.
2. Er sagt, daß er nichts Seltsames bemerkt hat, aber er weiß etwas Wichtiges.
3. Nur der Sohn und die Tochter haben einen Schlüssel, sonst niemand.
4. Wer geistert (se promener) [schon] in jemands Wohnung herum, ohne etwas zu stehlen?
5. Es (Ça) muß jemand sein, der etwas anderes sucht. Der Sohn zum Beispiel.
6. Ich frage mich, ob seine Mutter wirklich jemand anders verdächtigt.

6. Village-vacances: une nouvelle formule de vacances GhF **377 A**

Les Laurent ont décidé de passer leurs vacances d'été en village-vacances dans le Cantal.

a) Voici la lettre que leur a envoyée la direction. Complétez-la par les locutions participiales en marge du texte.

Cher Monsieur,

Nous vous remercions de l'intérêt que vous portez à notre formule de vacances et nous vous communiquons avec plaisir nos tarifs pour cet été.

Vous trouverez ... deux dépliants qui vous — ci-joint
permettront d'apprécier nos installations et la beauté du site.

... le grand nombre des intéressés nous — étant donné
vous prions de faire votre réservation le plus rapidement possible en vous servant de la fiche
verte ... . — ci-inclus

- Tarif journalier pour quatre personnes (2 adultes et 2 enfants), utilisation des ins-
  tallations sportives ... : 220 F. — non compris
- Un forfait familial de 15 F par jour, vous permettra de participer à toutes nos activités
  sportives, ... les randonnées à cheval que — y compris
  nous organisons tous les jours, ... les lundis — excepté
  et jeudis après-midi.

Nous vous souhaitons d'ores et déjà un excellent séjour dans notre Village et vous prions d'accepter, Monsieur, l'assurance de nos sentiments les meilleurs.

La Direction.

b) Traduisez cette lettre d'affaires. Faites attention au style.

---

une formule de vacances une manière de passer ses vacances – **le Cantal** département situé dans le Massif central – 6 **un dépliant** un prospectus – 8 **le site** le (beau) paysage – 16 **un forfait** Pauschale, Pauschalpreis – 21 **d'ores et déjà** [dɔrzedeʒa] dès maintenant/aujourd'hui.

---

7. Le dernier séjour à l'hôtel L'AMIRAL GhF 378

Lesquels des participes passés entre parenthèses faut-il accorder?

M. Pinchon ne descendra certainement plus jamais à l'hôtel L'AMIRAL. Voici pourquoi:

1. La chambre qu'on aurait (dû) lui réserver était occupée.
2. Les deux jeunes gens qu'il a (prié) de monter ses bagages l'ont fait attendre un quart d'heure.
3. La douche qu'il a (voulu) prendre en arrivant était froide.
4. Les boissons qu'il s'est (fait) monter n'étaient pas fraîches.
5. La table qu'il avait (demandé) d'installer dans sa chambre était trop basse pour écrire.
6. Les repas qu'il avait (espéré) prendre dans la petite salle à manger reproduite dans le prospectus, on les lui a (fait) prendre dans une grande salle impersonnelle et froide.
7. La jeune femme qu'il avait poliment (invité) à s'asseoir à sa table était muette comme une carpe.
8. La viande qu'il avait (dit) de servir saignante, on la lui servait constamment bien cuite, et puis, on l'avait toujours (laissé) refroidir sur le comptoir.
9. L'ascenseur est tombé en panne le lendemain de son arrivée et les escaliers qu'il lui a (fallu) monter plusieurs fois par jour étaient étroits et très raides.
10. La note qu'il a (eu) à payer était plutôt «salée».
11. Les 1.000 francs que lui ont (coûté) ces trois jours à l'hôtel L'AMIRAL, il ne les oubliera pas.

7. **la carpe** Karpfen – **muet,te comme une carpe** stumm wie ein Fisch – 8. **saignant,e** *Fleisch*: «englisch» – **bien cuit,e** durchgebraten – 9. **raide** steil – 10. **salé,e** gesalzen.

8. Le saviez-vous?

Voici un extrait du livre Le saviez-vous? par François Cavanna (Editions du Square, Paris 1974).
Complétez le texte par l'article qu'il faut.

1. **Perles.** ... perles qu'on trouve dans ... huîtres pendant ... mois sans R sont fausses.
2. **Caméléon.** ... caméléon n'a ... couleur de ...caméléon que lorsqu'il est posé sur ... autre caméléon.
3. **Crocodile.** On peut facilement confondre ... crocodile avec ... tronc d'arbre, surtout si ... crocodile se tient debout sur sa queue et tient ... branche d'arbre avec ... feuilles entre les dents.
4. **Chauve-souris.** ... chauve-souris n'est pas ... oiseau, mais elle ne le sait pas et elle continue à voler et à pondre ... œufs.
5. **Cochon d'Inde.** Si l'on examine ... cochon d'Inde, on s'aperçoit que ce n'est pas ... cochon et qu'il n'est pas de ... Inde. Seul le *d'* est authentique.
6. **Vache.** ... vache n'est pas ... femelle de ... bœuf. La vache est ... femelle de ... taureau. ... femelle de ... bœuf, c'est ... charrue.
7. **Chameau.** On a longtemps cru que la bosse de ... chameau contenait une provision de ... eau. C'est faux. La bosse de ... chameau ne contient pas ... provision de ... eau, mais une provision de ... nourriture. Quand on l'ouvre avec précaution, on y trouve des bottes de ... foin et des paquets de ... sucre.

1. **une huître** Auster – 4. **une chauve-souris** Fledermaus – **pondre des œufs** Eier legen – 5. **un cochon d'Inde** Meerschweinchen – 6. **une charrue** Pflug – 7. **un chameau** Kamel – **la bosse** Höcker – **avec précaution** *f* prudemment – **une botte** Garbe – **le foin** Heu.

9. Informations complémentaires sur les Français

Lisez les informations suivantes, puis racontez à un(e) jeune Français(e) les habitudes correspondantes des habitants de votre région. – Commencez ainsi: Dans la région où j'habite, on ... Chez nous ...

1. En France, on sert du pain à tous les repas.
   Les Français mangent surtout du pain blanc. Ils préfèrent le pain frais et croustillant.
   Les boulangers français font du pain même le dimanche matin.
   Le dimanche matin, les épiceries et les boucheries sont ouvertes également.
2. Les Français aiment beaucoup la bonne cuisine.
   Ils adorent, p. ex., les escargots, les cuisses de grenouilles et les fruits de mer.
   En ce qui concerne la viande, les Français aiment beaucoup le bœuf et le mouton.
   La plupart d'entre eux mangent les steaks saignants.
3. Pour terminer le repas, beaucoup de Français prennent du fromage.
   Dans les restaurants, le garçon apporte alors un plateau de fromages et on choisit ce qu'on veut.
   En France, le fromage se mange par petits morceaux.
   On le coupe avec son couteau et on le mange avec un petit morceau de pain.
4. Avant les repas, les Français prennent l'apéritif. A table, ils boivent surtout du vin.
   Après le déjeuner, ils aiment prendre le café; c'est une petite tasse de café noir et très fort.

10. Vacances individuelles

GhF **42**, 1+2; **253**

Qu'est-ce que vous aimeriez faire pendant les prochaines vacances d'été? – Voici quelques suggestions:

1. Norvège: longer les fjords – bateau
2. Islande: visiter les geysers – cheval
3. Brésil: survoler la forêt vierge – avion de tourisme
4. Etats-Unis: parcourir le sud – moto
5. Suisse: parcourir une région peu touristique – pied/vélo
6. Massif Central: descendre des torrents – kayak
7. Méditerranée: faire la côte – voiture de sport
8. URSS: traverser la partie asiatique – Transsibérien
9. Sardaigne: découvrir l'intérieur – dos d'âne

11. Hypothèses

Ce, il où *cela/ça*? Mettez le pronom sujet qu'il faut.

Daniel: ... est vrai que Dominique a descendu la piste noire hier après-midi?
Odette: Dominique? ... m'étonnerait. Qui est-ce qui t'a dit ...?
Daniel: Marie-Claire. Elle l'a vu prendre le téléski qui va au sommet.
Odette: ... est une erreur. Elle l'a certainement confondu avec quelqu'un d'autre.
Daniel: Mais non! Elle est absolument sûre de l'avoir vu.
Odette: Ecoute. ... fait une semaine qu'il fait du ski. Alors ... est impossible qu'il fasse la piste la plus difficile. Non, non. Marie-Claire s'est trompée, ... est sûr.
Daniel: Mais hier après-midi, il n'était pas avec nous, ... est évident. Alors, ... est bien possible qu'il ait fait la descente avec une jolie monitrice.
Tiens, le voilà qui arrive. On va lui demander.
Odette: Dis, Dominique, ... est vrai que tu as fait la piste noire, hier?
Dominique: ... est une façon de parler. ... est vrai que je suis monté au point de départ. Mais ne me demandez pas comment je suis arrivé en bas. Enfin, ... m'a quand même fait plaisir.

▼ 12. La complainte d'une mère

La scène se passe à Haïti. Une femme pleure son fils Manuel, qu'elle vient de perdre. Elle s'adresse à Papa Legba, un dieu afro-haïtien, et à Saint-Josef pour qu'ils viennent la secourir.

Article défini ou détérminant possessif?
Complétez par le déterminant demandé par le contexte.

«Manuel, ah Manuel, tu étais ... deux yeux, tu étais ... souffle, tu étais ... sang: je voyais par ... yeux comme la nuit voit par les étoiles, je respirais par ... bouche, et ... veines se sont ouvertes, quand ... sang a coulé, ... blessure m'a fait mal, ... mort m'a tuée. Il me reste à attendre dans un coin de la vie comme une pauvre malheureuse qui tend ... main: la charité qu'elle demande, c'est ... mort. Papa Legba je vous appelle, Saint-Josef je vous appelle: ... garçon est mort, il s'en va, il va traverser la mer, il s'en va en Guinée, adieu, adieu.»
Elle lève ... bras au ciel, ... visage défiguré par ... larmes et ... grande souffrance.

D'après Jacques Roumain, LES GOUVERNEURS DE LA ROSÉE, Les Editeurs Français Réunis, Paris 1946.

▼ 13. La femme du pilote

Voici un extrait du livre VOL DE NUIT d'Antoine de Saint-Exupéry (Gallimard, Paris 1931), dans lequel l'auteur décrit la vie dure des pilotes de ligne qui, de nuit, transportent le courrier d'Amérique en Europe.

a) Lisez le passage suivant.

La femme du pilote, réveillée par le téléphone, regarda son mari et pensa: «Je le laisse dormir encore un peu.» Elle admirait *cette* poitrine nue, bien carénée, elle pensait à un beau navire. Il se posait dans *ce* lit calme, comme dans un port [...].
Elle se leva, ouvrit la fenêtre, et reçut le vent dans le visage. *Cette* chambre dominait Buenos-Aires. Une maison voisine, où l'on dansait, répandait quelques mélodies qu'apportait le vent, car c'était l'heure des plaisirs et du repos.

Quel déterminant auriez-vous utilisé au lieu des déterminants démonstratifs en italique?

b) Article défini? déterminant possessif? déterminant démonstratif?
Complétez par le déterminant demandé par le contexte.

... ville serrait les hommes dans ... cent mille forteresses; tout était calme et sûr; mais il semblait à ... femme qu'on allait crier «Aux armes!» et qu'un seul homme, le sien, se dresserait. [...] ... ville endormie ne le protégeait pas: ... lumières lui semblèrent vaines lorsqu'il se lèverait, jeune dieu, de ... poussière. Elle regardait ... bras solides, qui, dans une heure, porteraient le sort du courrier d'Europe. [...] Elle fut troublée. ... homme, au milieu de ... millions d'hommes, était préparé seul pour ... étrange sacrifice. Elle en eut du chagrin. [...] Elle l'avait nourri, veillé et caressé, non pour elle-même, mais pour ... nuit qui allait le prendre.

---

a) 2 **caréné** ici: bombé comme la coque d'un bateau (gewölbt).
b) 1 **une forteresse** Festung – 2 **se dresser** se mettre debout, se lever – 3 **vain,e** inutile – 6 **le chagrin** la tristesse, la peine – **veiller qn** rester éveillé à côté de lui la nuit pendant qu'il dort/quand il est malade.

14. Détruire la Terre ou protéger l'environnement?

Ajoutez les prépositions et les pronoms qui manquent.

a) La terre, planète menacée GhF **173–175**; **197**

1. La Nature doit servir ... l'humanité entière: elle appartient ... tous.
   En nous servant ... ses richesses, nous devons donc penser ... (les) conséquences que cela pourra avoir pour les générations à venir.
2. Commençons ... (le) sol, qui est un bien précieux qu'on ne peut pas reproduire.
   Pourtant, ceux qui ... disposent, souvent ne ... pensent pas.
   Ainsi, l'appât du gain des uns et l'ignorance des autres contribuent ... sa destruction systématique: les uns comme les autres profitent ... (le) sol sans songer ... sa protection.
3. Ensuite, il y a l'eau: toute vie dépend ... ce liquide.
   Or, de nombreuses étendues d'eau se sont changées ... (les) égouts dans lesquels il n'y a plus de poissons: l'homme a réussi ... les faire disparaître.
   Au moment des vacances, nous nous plaignons ... (les) plages sales. Et après? Nous opposons-nous suffisamment ... la dégradation de nos conditions de vie? Nous révoltons-nous vraiment ... (les) entreprises industrielles qui, tout en sachant ... quoi consistent leurs déchets, continuent ... les déverser dans les eaux? ou bien préférons-nous ... écouter ... ceux qui nous avertissent ... la mise en danger des emplois?
4. La pollution de l'air progresse également: ce n'est pas d'hier qu'on s'aperçoit ... (le) progès de certaines maladies et ... la mort des arbres.
   Il est grand temps ... prendre des mesures aptes à combattre la pollution de l'air, même s'il faut accepter ... faire des sacrifices.
   Un certain nombre d'automobilistes consentent déjà, p. ex., ... rouler moins vite, ce qui contribue, en plus, ... réduire la consommation d'essence.
5. La dégradation de la Terre a pris des dimensions alarmantes. Pourtant, il y a de nombreuses personnes qui manquent ... (la) compréhension ou qui se méfient ... (les) avertissements des experts.
   Il faut les «réveiller», car la plupart des gens ne manquent pas ... (la) bonne volonté; ce qui ... manque, c'est les informations.
6. Prenons, p. ex., la destruction des forêts tropicales en Asie et au Brésil.
   On sait que leur destruction changera ... (le) climat de la Terre. On sait également que les régions déboisées, sous l'action de l'érosion, se transformeront infailliblement ... (les) déserts.
   Pourtant, on continue ... abattre les arbres, en se référant ... des soi-disant expertises scientifiques. Seulement, il ne faut pas croire ... ces savants achetés ni ... leurs expertises.
   D'ailleurs, l'Histoire enseigne ... quoi peut mener l'intervention de l'homme: il a changé le Sahara, autrefois une région boisée, ... désert.
   C'est également ... l'homme que la Yougoslavie doit ses régions de Karst: en effet, les Vénitiens ont abattu les arbres, qui devaient ... servir ... matériau de construction pour les bateaux.
7. La menace qui pèse sur la Nature et l'environnement nous concerne tous.
   Insistons tous ... sa protection et ne manquons pas ... exprimer notre volonté en public.
   Il ne faut pas écouter ... ceux qui n'y voient qu'un pessimisme déplacé et il faut contredire ... ceux qui se bornent ... dire que tout finira ... bien s'arranger.
8. La technique est fascinante. Mais il faut éviter qu'elle s'empare ... la vie.
   Il ne s'agit pas ... s'attaquer ... (le) progrès, il s'agit ... croire ... l'avenir de l'humanité.
   L'homme est responsable ... la Terre et a le devoir ... veiller à ce qu'une certaine qualité de la vie soit garantie. C'est en se fiant ... la technique qu'il a inventée qu'il doit s'engager ... la protection de notre planète.

b) Mesures à prendre GhF **198; 202+203**

Ajoutez les prépositions et les pronoms qui manquent.

Qu'est-ce qu'on peut faire pour décider ... l'homme ... arrêter ... détruire sa planète?
Voici quelques propositions:

1. Défendre ... (les) particuliers ... s'enrichir au détriment de tous.
2. Décider ... (les) responsables politiques et scientifiques ... développer des technologies arrêtant ... la pollution de l'air et de l'eau.
3. Encourager ... (les) entreprises ... investir en respectant l'environnement.
4. Forcer ... l'industrie ... prendre toutes les mesures nécessaires pour réduire la pollution.
5. Obliger ... (les) pays riches ... s'occuper plus efficacement ... (le) Tiers-Monde.
6. Aider ... (les) pays du Tiers-Monde ... sortir ... leurs difficultés économiques et sociales.
7. Demander ... (les) leaders politiques du Tiers-Monde ... tirer enfin les conséquences et ... interdire ... (les) soi-disant experts ... continuer leur travail néfaste.
8. Persuader ... (les) habitants du Tiers-Monde ... protéger leurs forêts et ... aider ... convertir nos technologies pour qu'elles ... servent mieux.
9. Charger ... (les) députés ... proposer des lois protégeant la nature.
10. Ne pas s'opposer ... (les) suggestions de lois que font les gouvernements à ce sujet.
11. Surveiller attentivement les décisions et les mesures prises au sujet de l'environnement et demander ... (les) explications ... (les) responsables chaque fois qu'ils manquent ... leur devoir.

c) Slogans GhF **205**

Formulez des slogans en utilisant les éléments suivants.
Faites attention au sens du verbe et à la préposition à employer.

1. Ne plus attendre – être mieux informé – agir!
   Ne pas s'attendre – des miracles.
2. Refuser – supporter ceux qui ... se refuser – supporter vos intérêts.
3. Si nous – ne pas forcer – les responsables – protéger la Terre – nous – être bientôt forcé – émigrer sur la Lune.
4. Se décider (nous) – changer – la façon de voir les choses – sinon les choses – nous décider (futur) – changer – (la) façon de vivre.
5. Pour commencer – construire le monde de demain – il faut commencer – détruire les concepts d'hier.
6. Ceux qui – ne pas se risquer – exprimer leur volonté – risquer – bientôt ne plus avoir l'occasion de le faire.

---

a) **l'environnement** Umwelt – 2. **le sol** (Erd-)boden – **reproduire** vermehren – **l'appât** m **du gain** Geldgier – 3. **un liquide** Flüssigkeit – **une étendue d'eau** Gewässer – **un égout** Abwasser(kanal) – **la dégradation** Verschlechterung, Entwertung – **des déchets** m Abfälle, Abfallstoffe – **la mise en danger des emplois** Gefährdung der Arbeitsplätze – 4. **ce n'est pas d'hier que** nicht erst seit gestern – **apte à (faire qc)** geeignet – **un sacrifice** Opfer – 5. **la compréhension** l'aptitude à comprendre – **un avertissement** l'action d'avertir qn de qc (Warnung) – 6. **déboisé,e** *pour une région*: dont on a abattu les arbres/détruit les forêts – **infailliblement** inévitablement – **soi-disant** sogenannter – **les Vénitiens** Venezianer – **un matériau** Baustoff, Material – 8. **veiller à qc** prendre soin de qc.

---

15. Seul à travers l'Atlantique

Ajoutez les prépositions qui manquent.

a) Les préparatifs et le but de l'entreprise

1. En 1950, le docteur Alain Bombard a décidé ... traverser l'Atlantique sur un canot pneumatique. 2. Il s'est proposé ... prouver que les naufragés ne meurent ni de faim ni de soif, mais par manque de volonté. 3. Comme il tenait ... partir dans les conditions des vrais naufragés, il a passé deux ans ... étudier ces conditions. 4. Après avoir essayé les différentes sortes de canots, il s'est décidé ... acheter un canot pneumatique de 4,50 mètres de long. 5. En 1952, il était enfin prêt ... partir. 6. Il a emporté des harpons et un fusil sous-marin, mais il s'est refusé ... s'en servir pour se procurer de la nourriture. 7. En route, il a appris ... attraper les poissons avec la main et ... les découper avec son couteau de poche. 8. Comme il avait refusé ... emporter de l'eau potable, il s'est habitué ... boire le jus des poissons. 9. Enfin, sans couvertures et sans autres vêtements que ceux qu'il portait, il risquait ... mourir de chaleur ou de froid. 10. Mais grâce à sa volonté, Bombard a réussi ... vaincre tous les dangers de la mer. 11. Il n'a pas été le seul ... traverser l'Atlantique en canot, mais il a été le premier ... le faire dans les conditions des naufragés.

b) Deux épisodes du journal d'Alain Bombard

1. 11. novembre 1952. – Vers 2 heures de l'après-midi, comme j'étais occupé ... étudier ma carte, j'ai senti tout à coup un choc violent: c'était un énorme poisson-épée. Il venait ... heurter mon canot et me suivait à 5 ou 6 mètres. J'ai songé ... me débarrasser de lui. Mais comment? C'était difficile, car si je le blessais seulement, il s'éloignerait un instant pour revenir ... m'attaquer, et ce serait la fin. De plus, dans ma précipitation, j'avais laissé tomber mon dernier harpon à la mer. Je me suis donc dépêché ... fixer mon couteau sur mon fusil sous-marin. Il ne me restait plus que ... attendre. Mais j'avoue ... avoir eu très peur.

Pendant douze heures, le poisson-épée m'a suivi. Plusieurs fois même, son dos a heurté le fond du canot, mais il semblait ... me craindre. Jamais il n'a osé ... approcher le canot par l'avant. Je le voyais ... foncer sur moi, mais au lieu de m'attaquer, il tournait brusquement au dernier moment. Il hésitait ... m'attaquer. Bien sûr, je me suis gardé ... le provoquer et je me suis efforcé ... bouger le moins possible.

Vers minuit enfin, il s'est arrêté ... me suivre, mais j'ai quand même passé une nuit sans sommeil.

2. 22. décembre 1952. – En me réveillant ce matin, je me suis aperçu qu'un gros bateau venait ... me dépasser. Pourquoi ne s'était-il pas arrêté? J'ai décidé ... allumer un feu de Bengale pour essayer ... me faire remarquer. Mais le bateau a continué sa route.

Que faire? Il ne me restait qu'un seul feu de Bengale. J'ai préféré ... l'allumer. Et j'ai eu raison ... le faire: cette fois-ci, le bateau m'a vu et a fait demi-tour. Le capitaine m'a invité ... prendre une tasse de café avec lui. J'ai accepté ... monter à bord, car je m'étais proposé ... lui parler.

– Capitaine, comment avez-vous fait, lui ai-je demandé, pour passer sans me voir?

– Mais nous vous avions vu! Nous sommes même passés tout près de votre canot ... voir s'il y avait des naufragés. Mais ne voyant aucun signe de vie, nous avons pensé qu'il s'agissait ... un canot abandonné.

– Aucun signe de vie, capitaine? et ma voile? et l'antenne de ma radio? Vous n'appelez pas ça des signes de vie? Vous n'avez même pas eu l'idée ... vous servir de votre sirène pour voir si quelqu'un se montrerait.

Le capitaine s'est excusé ... avoir commis une faute et a essayé ... se justifier.

Je me suis borné ... finir mon café, puis je suis redescendu dans mon canot. En regardant ma carte, j'ai été tout étonné ... voir que j'étais déjà tout près de la côte américaine.

D'après Alain Bombard, Naufragé volontaire, Editions de Paris, 1953.

c) Résumé

1. En 1950, Alain Bombard décide ... traverser l'Atlantique.
   Il prend la décision ... faire cette traversée dans les conditions d'un vrai naufragé.
   Il se décide ... partir tout seul, dans un canot pneumatique de 4,50 m de long.
2. Il refuse ... emporter des vivres et de l'eau potable et il se refuse ... attraper des poissons avec un harpon.
3. Il n'a pas l'habitude ... manger du poisson cru, mais il s'habituera même ... boire leur jus.
4. Pendant deux ans, Bombard se prépare ... affronter la mer.
   Il s'occupe lui-même ... tout ce qu'il lui faut.
   Il apprend ... les noms des étoiles et il apprend ... naviguer.
5. En 1952, Bombard est prêt ... partir.
   Il entend ses amis ... lui déconseiller ... faire la traversée.
   Mais il leur explique qu'il s'entend parfaitement ... faire de la voile, et part.
6. Un jour, alors que Bombard est occupé ... étudier sa carte, le canot reçoit un choc: un poisson-épée vient ... le heurter.
   Si la bête revient ... l'attaquer, ce sera la fin.
7. Il regarde le poisson ... suivre le canot.
   Il le voit déjà ... foncer sur lui et sent la peur ... monter en lui.
   Si le poisson attaque, il ne risque ... rien, mais Bombard, lui, risque ... perdre son canot.
8. Mais le poisson n'ose pas ... attaquer.
   Il n'a pas le courage ... approcher le canot par l'avant.
   Il ne se risque pas ... rester tout près.
   Il semble ... avoir peur, lui aussi.
   Il a l'air ... craindre l'homme.
9. En ce qui concerne le capitaine du bateau, Bombard s'étonne ... son comportement.
   Il s'étonne ... voir un bateau continuer sa route sans se soucier de son canot.
   Quand le capitaine lui propose ... prendre un café avec lui, il ne tarde pas ... accepter.
   Il se dépêche ... monter à bord, car il s'est proposé ... parler ... le capitaine.
10. Alain Bombard ne s'est pas repenti ... avoir fait cette traversée.
    Il se rappellera toujours ... avoir passé douze heures en compagnie du poisson-épée.
    Il se souviendra toujours ... avoir pensé que c'était la fin.

---

a) 1. **un canot pneumatique** Schlauchboot – 2. **un naufragé** celui qui a perdu son bateau dans un accident en mer – 8. **potable** qu'on peut boire – 10. **grâce à** dank.

b) 2 **violent,e** très fort – **un poisson-épée** Schwertfisch – 3 **se débarrasser de qn/qc** s'en défaire (sich entledigen) – 4 **s'éloigner** s'en aller – 5 **la précipitation** grande hâte – 9 **craindre qn** avoir peur de lui – 10 **foncer sur qn** aller très vite vers lui – 11 **s'efforcer** faire un effort – 14 **s'apercevoir que** voir que – 15 **un feu de Bengale** [bɛ̃gal] Leuchtpatrone – 18 **faire demi-tour** revenir sur ses pas (umkehren) – 22 **abandonné,e** *ici*: où il n'y a plus personne – 24 **la radio** Funkgerät.

c) 2. **des vivres** m des provisions, de la nourriture – 3. **cru,e** qui n'a pas été cuit – 4. **affronter qn/qc** faire face à qc, s'y opposer avec courage – 5. **s'entendre à faire qc** s'y connaître – 8. **se risquer à faire qc** oser le faire – 9. **tarder** *ici*: hésiter.

---

d) Ne confondez pas GhF **189**

Traduisez en français en utilisant les verbes indiqués en tête des paragraphes.

1. demander

Bombard fragt nach dem Kapitän.
Er verlangt eine Erklärung.
Er bittet den Kapitän, ihm zu erklären, warum er sich nicht um ihn gekümmert hat.
Seiner Meinung nach erfordert der Beruf eines Kapitäns ein hohes Maß (un haut degré de) an Verantwortung.

2. aller

– Wie geht es Ihnen? fragt der Kapitän.
– Danke. Es geht mir gut.
Der Kapitän trägt eine weiße Uniform, die ihm sehr gut steht.
Seine grauen Haare passen gut zu seinem sonnengebräunten (bronzé) Teint.

3. changer

Das Wetter wird sich ändern, aber Bombard hofft, Amerika zu erreichen (gagner) ohne den Kurs (le cap) ändern zu müssen.
Das Segel ist zerrissen: Er müßte es auswechseln.
Er träumt [davon], an Land (à terre) zu sein, sich umziehen zu können und in ein feines Restaurant zu gehen.
Seine Müdigkeit verwandelt sich in Freude, als er feststellt, daß er bereits ganz nahe an der amerikanischen Küste ist.

4. approcher

Das Ende des Abenteuers rückt heran.
Bombard nähert sich dem Ziel seiner Reise.
Da (Voilà que) nähert sich ein Hai (un requin) seinem Boot.
Bombard nimmt sein Unterwassergewehr und schiebt es langsam an den Rand (le rebord) des Bootes.

5. réussir

Die Überquerung des Atlantik ist ohne Komplikationen gelungen.
Bombard hat ein gefährliches Unternehmen erfolgreich durchgeführt.
Es scheint ihm alles zu gelingen.
Er hat Erfolg in seinem Beruf als Arzt, als Buchautor und im Fernsehen.

6. servir

Bombard besitzt [immer] noch seinen Kompaß (la boussole), den er [zwar] nicht mehr braucht, den man aber noch benutzen kann.
Er hat auch noch die Konservendose, die ihm als Teller und als Glas gedient hat, und seine zerrissene Karte, die zu nichts mehr dient.

▼ 16. Le Gendarme des Marquises

Dans son livre LA MAUVAISE ETOILE, Georges Simenon raconte un épisode très drôle.
Complétez par les éléments demandés par le contexte.

1. Dans cette histoire, il est question ... un gendarme qui est chargé ... administrer un groupe d'îles dans l'océan Pacifique.
2. Ce gendarme jouit ... un grand pouvoir, mais il manque ... travail.
3. Un jour, le gouvernement ... envoie un gros colis de papiers administratifs.
4. Dans plusieurs circulaires, on ... explique les nouveaux règlements et on ... ordonne leur application immédiate.
5. Les règlements sont accompagnés de grandes affiches. Celles-ci plaisent ... notre gendarme et il ... garnit les murs de son bureau.
6. Parmi les règlements qu'il a reçus ... son gouvernement, il n'y en a qu'un seul qui soit applicable dans les îles: celui qui concerne le nouvel impôt sur les chiens, que chaque propriétaire doit ... fisc.
7. Notre gendarme est fier qu'on ... ait confié le classement des chiens et se met ... travail.
8. Il réfléchit longuement ... différentes catégories de chiens, puis il trouve qu'il s'agit ... chiens de luxe. Il sera donc obligé ... réclamer 40 F par an ... chaque propriétaire d'un chien.
9. Maintenant, il s'agit ... prévenir les indigènes ... la nouvelle loi. Il fait donc venir les chefs: il ... informe ... l'impôt et ... avertit ... conséquences au cas où ils ne paieraient pas.
10. Puis il attend. Il ne reçoit pas un seul franc ... indigènes: ceux-ci ont préféré ... se débarrasser ... leurs chiens, ils les ont mangés. – C'est ainsi qu'ils se sont vengés ... gendarme stupide.

---

les Marquises groupe d'îles dans l'océan Pacifique (Marquesasinseln) – ε) 4 **une circulaire** une lettre administrative adressée à toutes les personnes concernées – **l'application** f Anwendung – 9 **un(e) indigène** personne qui est née dans le pays en question.

---

17. Heureux de se revoir

GhF **206+207**

Traduisez cette conversation téléphonique entre Marc et Robert.

Bist du es, Robert? Es freut mich sehr, daß du mich besuchen willst. Es ist ja mindestens zwei Jahre her, daß ich dich das letzte Mal gesehen habe.

...

Ob es mir [sonst] gut geht? Ja. Sehr gut.

...

Ja, es gefällt mir sehr in Tours. Tours ist eine wunderschöne Stadt. Aber ich habe noch keine Gelegenheit gehabt, die Umgebung zu sehen. Mir fehlt ganz einfach die Zeit [dazu].

...

Nein. Aber weißt du, es liegt mir viel daran, in der Firma einen guten Eindruck zu machen.

...

Du bist umgezogen! Das habe ich nicht gewußt. Mir gefiel dieses alte Haus sehr.

...

Im Winter war es zu kalt in der Wohnung? Bei mir ist es genau umgekehrt. Es ist zu heiß, und ich kann die Heizung nicht kleiner stellen. Abends ist mir oft so warm, daß ich sämtliche Fenster aufreißen muß.

...

Toll, daß du [schon] zum Mittagessen bei mir bist! Dann bleibt mir dann nichts anderes übrig, als schnell ein paar gute Flaschen Wein zu holen.
[Du], es klingelt. Ich muß hinuntergehen. Es ist bestimmt der Briefträger. Bis morgen [also]!

18. Terminus: Internat

Accordez les verbes entre parenthèses.

1. Yves-Marie est un des garçons les plus sympathiques que je (connaître). C'est un garçon qui (ne pas être) comme les autres. Mais il a beaucoup changé cette année, et je me demande ce qui en est la cause.
2. Il a bien quelques copains, mais parmi eux, il n'y en a plus un seul qui le (comprendre).
3. Ainsi, il se renferme sur lui-même. Le seul garçon qu'il (voir) de temps en temps, c'est son vieil ami Jean-Paul, qu'il (connaître) depuis l'âge de six ans.
4. Yves-Marie s'ennuie de tout. Il a bien une bibliothèque considérable, mais depuis un bon moment, il ne lit plus: il ne trouve aucun livre qui (être) vraiment passionnant, dit-il.
5. En ce qui concerne le sport, rien à faire non plus: autrefois, il faisait de la course à pied et il existe même une médaille qu'il (avoir gagné) à l'âge de 13 ans. Mais maintenant, le sport est le passe-temps le plus stupide qu'il (connaître).
6. Ce qui énerve sa mère, c'est qu'il porte toujours le même vieux jean, car, d'après lui, il n'y a pas de costume dans lequel il (se sentir) à l'aise. Pourtant, il a de jolis vêtements qui lui (aller) très bien.
7. Au lycée, c'est la même chose: il ne fait que le strict minimum, ce que démontrent les notes qu'il (obtenir).
8. Evidemment, ses parents sont désolés d'avoir un fils qui leur (donner) tant de soucis. Mais que voulez-vous? Avec une mère qui (travailler) et un père qui (être) souvent en voyage, Yves-Marie est souvent tout seul, trop souvent pour un garçon comme lui.
9. Ses parents voudraient maintenant le mettre dans un internat. Ils pensent qu'il a besoin d'une autre éducation qui lui (faire) changer d'idées.
10. Il y a, en effet, des internats qui (avoir) des méthodes d'éducation modernes: mais d'abord il faut qu'ils en trouvent un qui leur (convenir) et qu'ils (pouvoir) payer.

19. Leçon de choses

Le sang est un liquide compliqué
Qui circule. Il est d'un rouge
Qu'on ne voit pas ailleurs et changeant
Comme une plaine sous plusieurs lunes.

Le sang contient des corps nombreux
Dont quelques personnes savent la formule.

C'est notre sang. C'est lui
Qui tourne et qui revient,
Qui alimente.

Le sang s'épanche facilement,
Il lui suffit d'une ouverture.

Le sang d'un mort par accident
N'est pas le même, sur la chaussée,

Que celui d'un mort pour la liberté,
Répandu aussi sur la chaussée.

Ils ont, chacun d'eux, une autre façon
D'être rouge et de crier.

Eugène Guillevic, Gagner, Gallimard, Paris 1949

20. Opinions

Préposition ou conjonction? – Traduisez en français.

1. Der Fahrer des Lieferwagens erklärt: «Ich bin um 7.45 Uhr losgefahren, um zwei Pakete zur Post zu bringen. Ich sollte sie um Punkt 8 Uhr aufgeben (poster), damit sie morgen früh ankommen (être à destination).
   Ich habe meinen Führerschein seit fünf Jahren und habe bis jetzt keinen einzigen Unfall gehabt.
   Seit ich als Fahrer arbeite, fahre ich noch vorsichtiger. Ich trinke niemals, bevor ich mich ans Steuer setze (prendre le volant). Ich trinke auch nicht während der Arbeit.
   Ich (c'est ... qui) habe den Unfall nicht verursacht. Ich bin langsam gefahren, bis die Ampel grün war, und dann habe ich Gas gegeben (accélérer).»
2. Die Zeugen des Unfalls sind nicht dieser Meinung. Sie sagen, der Lieferwagen habe die Kreuzung (le carrefour) überquert, während die Ampel rot war, und er sei herangekommen ohne abzubremsen.
3. Der Fahrer des Lieferwagens sagt nichts mehr. Er bittet die Polizisten nur, die Sache (l'affaire) zu regeln, ohne daß sein Chef [etwas davon] erfährt (être mis au courant).

21. Campagne en faveur des forêts

a) Mettez les verbes au temps et au mode demandés par le contexte.
b) Reconstruisez les phrases en remplaçant *si* par les conjonctions données entre parenthèses.

S'il n'y (avoir) pas de forêts sur la Terre, les forces de l'érosion la (avoir transformé) en un désert sans vie depuis des millions d'années. – (supposé que).
Les forêts tropicales sont des laboratoires chimiques, des jardins botaniques et des zoos naturels. S'il n'y (avoir) pas ces laboratoires naturels, nous ne (avoir) pas d'air à respirer. – (à supposer que).
Entre les arbres et les animaux, il existe un échange naturel; ils se nourrissent les uns les autres. Si l'on (abattre) les arbres, les animaux ne (pouvoir) plus vivre et si l'on (supprimer) les animaux, les plantes ne (pouvoir) plus pousser . – (au cas où).
Or, on est en train de détruire les grandes forêts tropicales. Ainsi, de vastes régions de la Terre (être menacé) de famine, si nous (ne pas arriver) à arrêter cette évolution dangereuse. – (à moins que).
Il est donc grand temps d'employer tous les moyens possibles pour combattre l'ignorance et l'égoïsme qui ont mené à ces destructions irresponsables.
Celles-ci ne (pouvoir) être arrêtées que si tous les responsables (se mettre) ensemble pour établir et réaliser un programme mondial de conservation. – (à condition que/à moins que).
Si seulement ils pouvaient y arriver! – (pourvu que)

22. «Les Justes»

Mettez les verbes entre parenthèses à la forme demandée par le contexte, en tenant compte de ce que vous avez appris sur Kaliayev et ses camarades dans la scène que vous venez de lire.

1. Si les neveux (ne pas accompagner) le grand-duc, Kaliayev (lancer) la bombe.
2. Si Stepan (être) à la place de Kaliayev, ce jour-là, il (exécuter) l'ordre sans hésiter.
3. Stepan (être) peut-être moins dur, s'il (ne pas avoir souffert) sous le régime du tsar.
4. S'il (ne pas être traité) de façon extrêmement brutale en prison, il (faire) peut-être une différence entre les enfants et les adultes de la famille du grand-duc.
5. Quelques-uns de ses camarades (recommencer) sans tenir compte des enfants, si Annenkov, le chef du groupe, (ne pas en décider) autrement.
6. Dora est contente: elle (prendre) la même décision, si elle (être) à la place d'Annenkov.

▼ 23. Le Rhinocéros

a) Voici le début de la nouvelle *Rhinocéros,* d'Eugène Ionesco.

Nous discutions tranquillement de choses et d'autres, à la terrasse du café, mon ami Jean et moi, lorsque nous aperçûmes, sur le trottoir d'en face, énorme, puissant, soufflant bruyamment, fonçant droit devant lui, frôlant les étalages, un rhinocéros. [...]

b) Le dimanche suivant, le narrateur rencontre son ami, de nouveau, à la même terrasse.

La discussion allait fâcheusement tourner, lorsque nous entendîmes un barrissement puissant [...]; presque simultanément nous vîmes apparaître [...], sur le trottoir opposé, un rhinocéros soufflant bruyamment et fonçant, à toute allure, droit devant lui.

Commentaire grammatical et stylistique

1. Relisez la phrase a), puis indiquez la principale et la subordonnée.
   Soulignez le sujet de la principale et le complément direct de la subordonnée.
   Que constatez-vous? Qu'est-ce que les groupes soulignés suggèrent?
2. Remplacez, dans la subordonnée, les participes présents par une autre construction.
   Quel effet l'emploi du participe présent produit-il sur les plans syntaxique et stylistique?
3. Lisez la phrase b) et expliquez la place des participes présents.
   Pourrait-on les remplacer par une relative sans changer la perspective fonctionnelle de la phrase?
   Si oui, pourquoi l'auteur a-t-il préféré les constructions participiales?

24. Vive les vacances!

Les Crépin racontent leurs mésaventures.
Mettez les verbes entre parenthèses aux temps du passé demandés par le contexte.

1. L'hôtel (être) une catastrophe.

- Quand nous (arriver), les chambres (ne pas encore être nettoyé).
- Quand on (ouvrir) la fenêtre, on (sentir) les mauvaises odeurs qui (monter) des poubelles.
- Et puis, pendant que nous (faire) la sieste, nos voisins (écouter) la radio à tue-tête.
  Cela (durer) quinze jours.
- Quand on (payer) la note, à la fin du séjour, on (s'apercevoir) que le prix de la chambre (avoir augmenté) de 5 %.
- De plus, ils nous (facturer) des consommations que nous (ne jamais commander).

2. La plage (être) sale et pleine de gros cailloux.

- Cette plage qu'on nous (tellement recommander), (être) dégoûtante.
- Il (falloir) payer 5 F pour une plage qui (ne même pas être surveillé).
- Les boissons qu'ils (vendre) aux kiosques, (coûter) les yeux de la tête et (ne même pas être) fraîches.
- A part ça, on nous (voler) notre sac de plage et notre argent, pendant que nous (se baigner).
- Quand nous (vouloir) déclarer le vol au commissariat de police, le fonctionnaire de service (se moquer presque) de nous: pendant qu'il (prendre) notre déposition, il nous (dire) que les touristes (n'avoir que) à faire attention.

▼ 25. Le corbeau et le renard

Maître Corbeau, sur un arbre perché,
Tenait en son bec un fromage.
Maître Renard, par l'odeur alléché,
Lui tint à peu près ce langage:
«Hé! bonjour, monsieur du Corbeau!
Que vous êtes joli! que vous me semblez beau!
Sans mentir, si votre ramage
Se rapporte à votre plumage,
Vous êtes le phénix des hôtes de ces bois.»
A ces mots le corbeau ne se sent pas de joie;
Et pour montrer sa belle voix,
Il ouvre un large bec, laisse tomber sa proie.
Le renard s'en saisit, et dit: «Mon bon monsieur,
Apprenez que tout flatteur
Vit aux dépens de celui qui l'écoute:
Cette leçon vaut bien un fromage, sans doute.»
Le corbeau, honteux et confus,
Jura, mais un peu tard, qu'on ne l'y prendrait plus.

Jean de La Fontaine (1621–1695)

Commentaire grammatical et stylistique

1. Expliquez a) l'imparfait *tenait* (2); b) le passé simple *tint* (4).
2. Transformez en propositions les constructions participiales
   a) sur un arbre perché (1); b) par l'odeur alléché (3); c) honteux et confus (17).
3. La Fontaine a dit de ses fables qu'elles étaient une «ample comédie à cent actes divers»; d'autres y voient des drames en miniature.
   a) Dégagez, dans cette fable, la partie comique ou dramatique.
   b) Indiquez la fonction des vers 1 à 4 et des vers 17 et 18.
4. a) Quel temps verbal l'auteur emploie-t-il pour relater la scène dramatique?
   b) Mettez les verbes de ces phrases au passé simple.
   Comparez les deux versions et indiquez l'effet stylistique que La Fontaine obtient en faisant alterner le passé simple et le présent.
5. a) Quel type d'homme le renard représente-t-il?
   Trouvez, dans ses paroles, des mots et expressions qui permettent de le caractériser.
   b) Analysez les phrases qui encadrent l'action.
   En quoi se distinguent-elles, au point de vue style, des paroles du renard?

---

1 **être perché,e** *oiseau*: être assis – 3 **allécher qn** l'attirer – 4 **tenir un langage à qn** *vieux*: lui faire un discours – 5 **M. du Corbeau** H. v. Rabe – 7 **le ramage** chant de certains oiseaux – 8 **se rapporter à qc** *vieux*: ressembler/correspondre à qc – **le plumage** ensemble des plumes d'un oiseau – 9 **le phénix** [-ks] l'oiseau le plus beau/le plus important – **un hôte** *poétique*: animal qui vit habituellement à un endroit – 10 **ne pas se sentir de qc** *vieux*: être excité par qc – 12 **il ouvre un large bec** il ouvre son bec autant que possible – **la proie** ce qu'on a volé/enlevé à qn – 13 **se saisir de qc** le prendre – 14 **flatter qn** lui dire ce qu'il aime entendre – 15 **aux dépens de** auf Kosten – 17 **honteux,se** qui a honte – 18 **on ne m'y prendra plus** je ne me laisserai plus tromper.

▼ 26. La fête du ministre

GhF **381**; **388**; **395**

Mme Loisel est mariée avec un petit fonctionnaire de ministère. Se sentant née pour vivre dans le luxe, elle est très malheureuse et reproche sans arrêt à son mari la vie modeste qu'elle est obligée de mener avec lui.
Or, un jour, M. Loisel réussit à obtenir une invitation pour une soirée donnée par le ministre. Mme Loisel nage dans la joie: enfin, elle va pouvoir se montrer dans la société et réaliser ainsi son plus beau rêve.

Le jour de la fête arriva. Mme Loisel eut un grand succès. Elle était plus jolie que toutes, élégante, gracieuse, souriante et folle de joie. Tous les hommes la regardaient, demandaient son nom, cherchaient à être présentés. Tous les attachés du cabinet voulaient valser avec elle. Le Ministre la remarqua.
Elle dansait avec ivresse, avec emportement, grisée par le plaisir, ne pensant plus à rien, dans le triomphe de sa beauté, dans la gloire de son succès, dans une sorte de nuage de bonheur fait de tous ces hommages, de toutes ces admirations, de tous ces désirs éveillés, de cette victoire si complète et si douce au cœur des femmes.
Elle partit vers quatre heures du matin. Son mari, depuis minuit, dormait dans un petit salon désert avec trois autres messieurs dont les femmes s'amusaient beaucoup.
Il lui jeta sur les épaules les vêtements qu'il avait apportés pour la sortie, modestes vêtements de la vie ordinaire, dont la pauvreté jurait avec l'élégance de la toilette de bal. Elle le sentit et voulut s'enfuir, pour ne pas être remarquée par les autres femmes qui s'enveloppaient de riches fourrures.
Loisel la retenait:
– Attends donc. Tu vas attraper froid dehors. Je vais appeler un fiacre.
Mais elle ne l'écoutait point et descendait rapidement l'escalier.
Lorsqu'ils furent dans la rue, ils ne trouvèrent pas de voiture; et ils se mirent à chercher, criant après les cochers qu'ils voyaient passer de loin.
Ils descendaient vers la Seine, désespérés, grelottants. Enfin, ils trouvèrent sur le quai un de ces vieux coupés noctambules qu'on ne voit dans Paris que la nuit venue, comme s'ils eussent été honteux de leur misère pendant le jour.
Il les ramena jusqu'à leur porte, rue des Martyrs, et ils remontèrent tristement chez eux.
C'était fini, pour elle. Et il songeait, lui, qu'il lui faudrait être au Ministère à dix heures.

Extrait de Guy de Maupassant, LA PARURE, Scènes de la vie parisienne, 1884.

3 **un attaché de cabinet** membre haut placé dans un ministère – **valser** danser une valse – 5 **l'ivresse** *f* état dans lequel se trouve celui qui a trop bu; **avec ivresse** comme ivre – **l'emportement** Erregung – **grisé,e** ivre – 7 **un hommage** Ehrerbietung – 9 **désert,e** (presque) vide – 12 **jurer avec qc** *contraire de* aller avec qc (in Widerspruch stehen) – 13 **une fourrure** Pelz(mantel) – 15 **un fiacre** voiture tirée par des chevaux – 18 **le cocher** celui qui conduit un fiacre – 19 **grelotter** (vor Kälte) zittern – 20 **un coupé** une sorte de fiacre – **noctambule** qui sort pendant la nuit.

Commentaire grammatical et stylistique

1. a) Soulignez les phrases ou parties de phrase dont le verbe est au passé simple.
   b) Justifiez l'emploi de l'imparfait dans le passage «Il lui jeta ... de riches fourrures» (11–13).
   c) Relevez (et soulignez) tous les imparfaits du texte qui ne tolèreraient aucun autre temps et dites pourquoi.

2. a) Indiquez les événements que Maupassant présente comme accomplis et successifs, c'est-à-dire vus de l'extérieur.
   De quelle façon relate-t-il ces événements?
   b) Soulignez les phrases suivantes, puis expliquez l'emploi de l'imparfait.
   - «Tous les hommes la regardaient ... Tous les attachés ...» (2/3)
   - «Elle dansait avec ivresse ...» (5)
   - «Loisel la retenait.» (14)
   - «Mais elle ne l'écoutait point ...» (16)
   - «Ils descendaient vers la Seine ...» (19)
   - «C'était fini pour elle. Et il songeait, lui, ...» (23)

   c) Comment l'auteur aurait-il présenté les événements s'il avait voulu rédiger un compte-rendu sur la soirée?

3. a) Résumez les valeurs et fonctions du passé simple et de l'imparfait.
   b) Résumez comment Maupassant se sert du passé simple et de l'imparfait dans ce texte et dites quel effet stylistique il obtient ainsi.

▼ 27. La Marseillaise

Voici le texte qui accompagne un tableau d'Isidore A. Pils, intitulé «Rouget de Lisle chantant pour la première fois la Marseillaise».

C'est dans le salon de Frédéric de Dietrich, maire de Strasbourg, que le jeune capitaine Rouget de Lisle, qui avait appris, deux jours auparavant, la déclaration de guerre votée par l'Assemblée nationale, a chanté l'hymne qu'il avait composé au cours de la nuit du 25 au 26 avril 1792 et qu'il a dédié, sous le nom de «Chant de guerre», à l'armée du Rhin, dont il faisait partie.
Transmis de bouche à oreille à travers toute la France, ce chant a été révélé à Paris par les volontaires recrutés à Marseille: il est devenu «Le Chant des Marseillais», puis «La Marseillaise».

a) Récrivez le premier passage du texte sans employer de propositions relatives.
b) Comparez votre texte à l'original et décrivez l'effet qui résulte de l'emploi de relatives.
c) Le texte contient trois constructions grammaticales qui pourraient être remplacées par une relative. Trouvez-les et faites l'opération.
   Quel avantage présente la construction employée dans l'original?

28. Lettres

Nicolas Petit fait son droit à Paris. Depuis un bon moment, M. Petit est fâché contre son fils. Il pense, en effet, que celui-ci passe son temps à s'amuser.
Hier soir, en rentrant chez lui, M. Petit a demandé à sa femme et à sa fille Odette:

– Est-ce que Nicolas a écrit?
– Non.
– Vous voyez: il avait promis d'écrire régulièrement.
Mais il n'est pas capable de tenir ses promesses.
– Il a téléphoné: il a besoin d'argent.
– Encore? On n'est que le 15 du mois et il a déjà tout dépensé?
C'est comme je vous l'ai dit: il ne sait pas gérer ses finances.
Moi, je travaille comme un fou et lui, il jette l'argent par les fenêtres.
– Il a été obligé d'acheter plusieurs livres.
– Des livres? Vous y croyez? Avez-vous oublié les dettes qu'il a faites le mois dernier?
Non, non. On le connaît. Au lieu de suivre régulièrement ses cours, il s'amuse.
S'il prenait ses études au sérieux, il n'aurait pas le temps de courir après les filles et d'aller dans les discothèques.
C'est un faible qui se laisse entraîner par ses copains.
S'il continue comme ça, il ne sera jamais reçu à l'examen au mois d'octobre.
Dimanche, je vais lui écrire une lettre salée ...

a) Le soir même, Odette, qui aime beaucoup son frère, lui écrit une lettre pour le prévenir et pour lui dire que leurs parents se font du souci.

Mon cher Nicolas,
Cela t'étonne peut-être que je t'écrive, mais je crois qu'il est nécessaire de te mettre au courant de ce qui s'est passé.
Papa est furieux. Il est très mécontent que tu ...

Continuez cette lettre. Employez au moins
- trois verbes ou expressions qui déclenchent le subjonctif
- trois verbes ou expressions qui déclenchent l'indicatif
- trois verbes qui entraînent l'emploi de l'infinitif
- trois verbes à l'impératif.

Voici quelques verbes et expressions qui pourraient vous être utiles:

ne pas aimer/détester	être sûr/certain/	il est dommage
dire/penser	convaincu	il convient
savoir bien		il suffit
reprocher		
douter	être mécontent	conseiller/recommander
avoir peur/craindre	fâché	promettre
ne pas accepter/approuver	furieux	s'habituer/essayer/faire un effort

b) Si vous le préférez, rédigez la lettre de M. Petit.

---

faire son droit faire des études de droit – 7 **gérer ses finances** *f* sein Geld verwalten, damit umgehen – 10 **les dettes** *f* l'argent qu'on doit à qn – 15 **être reçu à l'examen** eine Prüfung bestehen – 16 **salé,e** gesalzen.

29. Le procès de Patrick Bonneau

Indicatif ou subjonctif? Subjonctif présent ou subjonctif passé?
Mettez les infinitifs entre parenthèses au mode et au temps qui convient.

a) Les débats

1. Patrick (17 ans) avoue qu'il (prendre) part au cambriolage.
   Il reconnaît qu'il (commettre) une grosse faute et jure qu'il ne (recommencer) plus.
2. La mère de Patrick regrette que son fils (ne pas avoir) la force de résister à l'influence de ses copains.
   Mais elle n'accepte pas que son fils (être) un criminel.
   Elle espère bien qu'il (être acquitté).
3. Le père de Patrick a honte de ce que son fils (comparaître) devant un tribunal.
   Il critique le fait que le gouvernement ne (faire) pas assez pour intégrer les jeunes dans le monde du travail et il s'indigne que de nombreux jeunes qui veulent travailler (être condamné) à ne rien faire.
4. L'ancien patron de Patrick assure que celui-ci (s'être toujours beaucoup engagé) dans ce qu'il faisait et ajoute qu'il (toujours travailler) à sa plus grande satisfaction.
   Il est désolé que sa situation financière ne lui (permettre) pas de garder le jeune homme.
5. Son avocat craint qu'un séjour en prison ne (servir) pas à résoudre le problème.
   Il pense qu'il (valoir) mieux donner une nouvelle chance à son jeune client et demande que celui-ci (être acquitté).
6. Le procureur reproche à Patrick d'avoir fréquenté des criminels. Mais il apprécie que Patrick (regretter) sa mauvaise action.
   Il demande que l'accusé (être condamné) à six mois de prison avec sursis.

b) Le jugement

1. Le juge ne conteste pas que Patrick (être) un jeune homme qui manque de volonté.
   Mais il n'est pas d'avis que ce (être) un criminel.
2. Il est convaincu que Patrick (tenir) parole.
   Il ne doute pas que sa mère (être) une personne plutôt faible, mais il espère qu'elle ne (être) pas trop indulgente avec lui.
3. En ce qui concerne le père, le juge se rappelle bien qu'il (critiquer) le gouvernement.
   Mais il estime que M. Bonneau (comprendre) son fils et la situation dans laquelle se trouve ce dernier.
   Il ne doute pas que ce père compréhensif ne (faire) l'impossible pour aider son fils.
4. De plus, il a beaucoup apprécié que l'ancien patron de Patrick (venir).
   Il imagine mal que ce brave homme lui (raconter) des histoires.
5. Il ne pense pas, comme l'avocat, que Patrick (devoir) être acquitté, mais il est d'avis qu'il (falloir) lui donner une chance. Il soutient donc que le jeune homme (mériter) une punition et le condamne à six mois avec sursis.
   Ensuite, il lui propose une place dans un centre d'apprentissage, car il est certain que Patrick (accepter).

---

a) 1. **commettre une faute** einen Fehler begehen – **recommencer** *ici*: rückfällig werden – 2. **être acquitté** freigesprochen werden – 3. **comparaître** devoir se présenter – 6. **le procureur** Staatsanwalt – **avec sursis** mit Bewährung.
b) 2. **indulgent,e** nachsichtig – 5. **un centre d'apprentissage** Lehrlingsausbildungsstätte.
c) 1. **la tâche** travail que qn doit faire – 2. **innocent,e** qui n'est pas coupable.
d) **une plaidoirie** Plädoyer, Verteidigungsrede.

c) Entendu en sortant du tribunal

1. Une jeune femme: Je comprends bien que l'avocat (demander) l'acquittement du jeune homme. Mais supposons que celui-ci (être) vraiment un criminel ...! Je ne sais pas ce que je (faire) à la place du juge. Mais il faut admettre qu'il (ne pas se faciliter) la tâche.
2. Un monsieur: J'admets que le jugement (être) sévère. Mais un acquittement suppose que l'accusé (être) innocent, ce qui n'est pas le cas.
3. Une autre dame: Moi, je suis d'accord pour que le jeune homme (être puni). Mais je trouve bon que le tribunal lui (avoir accordé) un sursis.
4. Une jeune fille: Moi, je fais confiance à Patrick. Je ne peux pas supposer qu'il (redevenir) criminel. Je suis contente que le juge lui (donner) une chance.

d) Plaidoirie en faveur de Patrick

Traduisez en français.

1. Es ist unbestreitbar, daß Patrick Bonneau einen Fehler begangen hat, aber ich akzeptiere nicht, daß er als Verbrecher angesehen wird (considérer qn comme).
2. Ich glaube, Patrick zu kennen, und bin sicher, daß er nicht rückfällig wird.
3. Es erscheint mir sehr wichtig, daß der junge Mann ein neues Leben anfangen kann (refaire sa vie) und daß er einen Beruf erlernt.
4. Aus diesen Gründen und um zu verhindern, daß er mit wirklichen Verbrechern Kontakt hat (être en contact avec qn), bin ich dagegen, daß er zu einer Gefängnisstrafe (à la prison) verurteilt wird.
5. Ich empfehle daher dringend (vivement), Patrick Bonneau freizusprechen.
6. Ich erwarte, daß das Gericht diesem Antrag stattgibt (donner suite à une demande).

30. Comment réduire le nombre des accidents

Voici quelques propositions qui ont été faites dans le but de rendre les routes plus sûres:

1. Le gouvernement devrait combattre plus efficacement l'ivresse au volant.
2. On devrait permettre aux policiers et gendarmes de faire des contrôles sans annoncer à quelles dates et sur quelles routes ils auront lieu.
3. On devrait prendre des sanctions pénales très sévères contre les conducteurs qui ont trop bu.
4. On devrait retirer définitivement le permis en cas de récidive.
5. On devrait rendre le réseau routier plus sûr en supprimant les points particulièrement dangereux.
6. On devrait réduire la vitesse dans les agglomérations à 30 km/h.
7. On devrait interdire aux moins de 21 ans de passer leur permis
8. On devrait prescrire aux débutants de ne pas dépasser 80 km/h pendant la première année.
9. On devrait punir les infractions plus sévèrement.
10. On devrait soumettre les plus de 60 ans à un examen médical chaque année.
11. On devrait exclure de la circulation routière ceux qui sont obligés de prendre certains médicaments et ceux qui prennent de la/une drogue.
12. On devrait saisir la voiture de celui qui a provoqué un accident mortel.

a) Que pensez-vous de ces propositions? Donnez votre avis.
Exemple: Je recommanderais de ..., mais je m'opposerais à ce que ....
Je trouve très important que ..., mais à mon avis, il est inefficace de ....

b) Résumez votre opinion. Rédigez un texte contenant au moins 120 mots.

5. **le réseau routier** l'ensemble des routes d'un pays – 11. **exclure qn de qc** lui défendre d'y participer – 12. **saisir** *ici*: enlever – **mortel,le** qui cause la mort.

▼ 31. Le débarquement des Alliés en Normandie GhF **285**

Traduisez en français.

1942. Die Alliierten planen eine Landung auf dem europäischen Festland. Die Amerikaner und Engländer überlegen monatelang, an welcher Küste Frankreichs die Invasion stattfinden soll. Sie wissen, daß die Deutschen sich auf die Verteidigung der großen Häfen konzentrieren, und das ist der Grund, weshalb sie die Küste westlich der Seinemündung wählen, an der es keine wichtigen Häfen gibt.
Die Alliierten denken bis ins kleinste (minutieusement) darüber nach, wie sie vorgehen (procéder) müssen, damit die Deutschen nichts merken (se douter de qc). Damit die Truppen an Land gehen können, bauen sie in England die Teile (la pièce) eines Hafens, den sie bei Arromanches errichten (monter) wollen.
Im Mai 1944 ist das gesamte Material transportfertig (prêt à être transporté). Das einzige (seul) Problem ist, ob die Landung am 5. Juni, wie vorgesehen, stattfindet.
Alle sind gespannt (curieux), ob der Bau des künstlichen (artificiel) Hafens gelingt.

▼ 32. Une résolution difficile

Pendant la Guerre de 1870–1871, Walter Schnaffs, un soldat prussien qui aurait préféré rester chez lui au lieu de se battre contre les Français, avance avec son corps d'armée vers la Normandie. Un jour, comme il explore la région avec quelques camarades, une troupe de francs-tireurs surgit. Seul Schnaffs réussit à se cacher dans un fossé plein de broussailles couvertes de feuilles sèches et à échapper ainsi à la mort.

Soudain quelque chose remua contre lui. Il eut un sursaut épouvantable. C'était un petit oiseau qui, s'étant posé sur une branche, agitait des feuilles mortes. Pendant près d'une heure, le cœur de Walter Schnaffs en battit à grands coups pressés.
La nuit venait, emplissant d'ombre le ravin. Et le soldat se mit à songer: Qu'allait-il faire? Qu'allait-il devenir? Rejoindre son armée? ... Mais comment? Mais par où? Et il lui faudrait recommencer l'horrible vie d'angoisses, d'épouvantes, de fatigues et de souffrances qu'il menait depuis le commencement de la guerre! Non! Il ne se sentait plus ce courage! Il n'aurait plus l'énergie qu'il fallait pour supporter les marches et affronter les dangers de toutes les minutes.
Mais que faire? Il ne pouvait rester dans ce ravin et s'y cacher jusqu'à la fin des hostilités. Non, certes. S'il ne fallait pas manger, cette perspective ne l'atterrerait pas trop: mais il fallait manger, manger tous les jours.
Et il se trouvait ainsi tout seul, en armes, en uniforme, sur le territoire ennemi, loin de ceux qui le pouvaient défendre. Des frissons lui couraient sur la peau.
Soudain il pensa: «Si seulement j'étais prisonnier!» et son cœur frémit de désir, d'un désir violent, immodéré, d'être prisonnier des Français. Prisonnier! Il serait sauvé, nourri, logé, à l'abri des balles et des sabres, sans appréhension possible, dans une bonne prison bien gardée. Prisonnier! Quel rêve!
Et sa résolution fut prise immédiatement:
«Je vais me constituer prisonnier.»
Il se leva, résolu à exécuter ce projet sans tarder d'une minute. Mais il demeura immobile, assailli soudain par des réflexions fâcheuses et par des terreurs nouvelles. Où allait-il se constituer prisonnier? Comment? De quel côté? Et des images affreuses, des images de mort, se précipitèrent dans son âme.

Guy de Maupassant, L'AVENTURE DE WALTER SCHNAFFS, Les Contes de la bécasse, 1882.

Commentaire grammatical et stylistique

1. En lisant le texte, vous avez remarqué qu'il s'agit d'un récit dans lequel sont intercalés plusieurs discours. Soulignez au crayon les passages qui forment le récit et dites quels temps verbaux y sont employés.

2. Etudiez les passages qui font partie du discours.
   a) Soulignez au crayon bleu les phrases au discours direct.
   b) Dans quel style sont écrites les autres parties du discours? A quoi le reconnaît-on? Soulignez au crayon rouge les verbes ou expressions qui annoncent qu'un discours au style indirect libre va suivre.

3. a) Transformez tout le discours en discours direct. N'oubliez pas d'ajouter des verbes introducteurs là où il le faut.
   b) Comparez votre version avec le texte original. Quel effet stylistique l'auteur obtient-il en limitant le discours direct aux deux phrases dans lesquelles il l'emploie?

4. a) Mettez tous les discours au style indirect.
   b) Comparez votre texte avec l'original et dites en quoi il diffère de celui-ci.
   c) Justifiez la façon dont Maupassant rapporte les réflexions de Walter Schnaffs en tenant compte de la situation dans laquelle celui-ci se trouve.

5. D'après la critique littéraire, le style indirect libre est la caractéristique majeure des écrivains réalistes. A quoi reconnaît-on l'écriture réaliste? Quel est le but qu'elle se propose? Pourquoi le style indirect libre lui convient-il particulièrement?

---

un franc-tireur Freischärler – 1 **avoir un sursaut** zusammenzucken (vor Schreck) – 2 **agiter qc** le remuer – 4 **un ravin** un fossé – 6 **une angoisse** une grande peur – **une épouvante** une horreur – 9 **les hostilités** *f* les actes de guerre – 10 **atterrer qn** l'accabler (bedrücken, belasten) – 12 **qui le pouvaient défendre** *vieux:* qui pouvaient le défendre – 13 **un frisson** Schauder – 14 **frémir (de qc)** trembler, être agité – 15 **immodéré,e** qui dépasse la mesure – 16 **un sabre** Säbel – **l'appréhension** *f* l'inquiétude, l'angoisse – 18 **se constituer prisonnier** se faire faire prisonnier, se livrer à l'ennemi – 19 **être assailli par qc** être accablé par qc – 22 **se précipiter** se jeter; *ici:* se suivre.
